英国商业500年

陈润　王晶　著

浙江大学出版社
·杭州·

图书在版编目（CIP）数据

英国商业500年 / 陈润, 王晶著. -- 杭州：浙江大学出版社，2024.10
ISBN 978-7-308-24998-0

Ⅰ. ①英… Ⅱ. ①陈… ②王… Ⅲ. ①商业史－研究－英国 Ⅳ. ①F735.619

中国国家版本馆CIP数据核字(2024)第099160号

英国商业500年
陈　润　王　晶　著

策　　　划	杭州蓝狮子文化创意股份有限公司
责任编辑	黄兆宁
责任校对	朱卓娜
封面设计	袁　园
出版发行	浙江大学出版社
	（杭州市天目山路148号　邮政编码　310007）
	（网址：http://www.zjupress.com）
排　　　版	杭州林智广告有限公司
印　　　刷	杭州钱江彩色印务有限公司
开　　　本	880mm×1230mm　1/32
印　　　张	9.125
字　　　数	221千
版 印 次	2024年10月第1版　2024年10月第1次印刷
书　　　号	ISBN 978-7-308-24998-0
定　　　价	72.00元

版权所有　侵权必究　　印装差错　负责调换

浙江大学出版社市场运营中心联系方式：0571-88925591；http://zjdxcbs.tmall.com

总序

真正的以史为鉴，是为了超越历史

一

世界之变、时代之变、历史之变相互交织形成的百年变局，正在以前所未有的方式和速度展开。世界经济复苏举步维艰，全球发展遭遇严重挫折，各种安全问题层出不穷，局部冲突动荡此起彼伏。世界又一次站在历史的十字路口：和平还是战争？发展还是衰退？开放还是封闭？是合作还是对抗？

20世纪90年代初，冷战结束，全球化不断推进。自从加入世界贸易组织之后，中国经济飞速发展，中国成为全球化的受益者，更是贡献者。在过去30多年的时间内，全球局势的不确定性越来越强，国与国之间的相互对抗越来越严重，科技竞争越来越激烈，这种国际脱钩、断供断链、倒退下滑的逆全球化进程成为常态，并将长期存在。在这种情况下，企业应该如何制定生存和发展策略？个人应该如何平衡工作与生活？这是亟待回答的现实问题。

美国作家马克·吐温（Mark Twain）说，历史不会简单重复，但总在押韵。其实，在人类发展的漫长进程中，商业文明始终在障碍丛生、贸易困难、危机频发、混乱动荡的坎坷曲折中缓慢推进。到了16世纪，随着科学技术蓬勃发展，国与国之间的距离被拉近，不同国家的商业文化开始碰撞、交融，经济开始飞速发展，经济强国在世界舞台上扮演的角色走马灯似的变幻。当然，有些规律永恒不变，不会随人类的意志转移而更迭，比如在历史长河中所沉淀的人类精神财富——企业家精神、契约精神、信用体系、创新观念、商业逻辑、管理思想等，从长远来看，绝不会被人类所背弃。

由商业、财富、生活融合交织的大历史看似随意偶然，发展逻辑却严密细致。"世界是部商业史"系列丛书所研究的对象几乎全部都是世界500强企业，本丛书相当多的篇幅被用于记录企业的发展轨迹与企业家的成长过程。他们是商业史的主角，也是改变世界的重要力量。在阅读的过程中，读者会发现，现在及将来的全球产业格局和经济趋势，在过去的市场博弈与利益分割中早已形成。

不过，真正的以史为鉴，不是为了写历史而写历史，而是要超越历史。本丛书旨在以叙述人物、故事为途径，回到历史现场，探寻商业规律、经济趋势，立足当下、回望历史、启迪未来。我们将围绕以下四个问题，给读者一些启发与思考。

第一，中国成为全球第一大经济体已进入倒计时阶段，为什么中国能成为世界第一大经济体？中国的"全球第一"能持续多久？从英国、法国、德国、美国、日本、韩国等国家崛起的历史中可以得出结论：国家的较量关键在于企业，企业的较量关键在于企业家。"大商崛起"与"大国崛起"互为前提，彼此促进。商业兴旺才能造就"大国"，开放自由才能孕育"大商"。

第二，面对逆全球化、科技竞争、局部冲突等国际危机，企业家应该如何制定短期计划与长期战略？如何应对不确定的现在、拥抱不确定的未来？过去500年的商业发展史可供借鉴：世界500强企业都是在危机与灾难中成长起来的，不管是在一战、二战等战局动荡时期，还是在金融危机、经济萧条时期，成功企业需要找到不断战胜危机、超越自我的逆势增长之路，善于把握危机中的机会。

第三，如何看待企业家的时代责任与历史价值？如何看待政商关系？全球商业史也是一部政商博弈史，繁荣昌盛是政府与商人博弈形成的难得的双赢局面。企业家是推动社会发展、人类进步的主要力量之一，要尊重、关爱企业家。如今，中国的经济地位达到前所未有的高度，民族复兴、大国崛起的呼声一浪高过一浪，我们理应给企业家、创业者更多尊严与荣耀，给予更多包容与鼓励。

第四，如何弘扬企业家精神？如何发挥企业家作用？增强爱国情怀、勇于创新、诚信守法、承担社会责任和拓展国际视野这五条企业家精神，曾被世界级企业家验证过，是对中国企业家的要求和倡议。大力弘扬企业家精神，充分发挥企业家作用，对于持续增强国家经济创新力和竞争力具有重要意义。

"于高山之巅，方见大河奔涌；于群峰之上，更觉长风浩荡。"本丛书就是要以全球优秀企业家、卓越企业为标杆，助力中国企业家、创业者、管理者以史为鉴、开创未来。

全球商业史是一部大公司发展史，也是一部顶级企业家的创业史、成长史。

在波澜壮阔的商业历史变迁中，很多国家都曾站在世界商业舞台中央，发号施令、影响全球，直至被后来者超越。当下，商业世界波云诡谲，国际格局风云变幻，身处乱象之中的我们如何阔步前行？

在本丛书中，我们以国家为分类，以著名企业家与代表性企业为主体,以时间为顺序、以史料为标准,真实记录,熔国别体与编年体于一炉。选取国别的依据是各国 GDP 的全球排行。通过长期研究,我发现国家 GDP 排名与世界 500 强企业排名、全球富豪榜排名等各种榜单的排名次序高度正相关,它们反映了商业潮流、经济趋势、投资方向,真实反映了国家经济实力和产业分布格局。如果延伸到更长远的历史跨度去考量,这就是一张张近代全球商业史最珍贵的底片。

思辨得失、总结规律,这是本丛书的首要意义和价值所在。观察全球大公司的创业史、变革史是研究全球商业史的重要方法之一。在几百年的商业变迁中,美国、英国、德国、日本、法国、韩国一直是光鲜闪亮的主角,与这种局面相呼应的是各国公司的超强实力。

美国 400 余年的财富变迁遵循从农业、工业到服务业的规律,财富增长与经济发展、公司进化的逻辑完全吻合。富豪的财富挡不住时代洪流的冲击和涤荡,老牌大亨终将退出,富过三代的家族都是顺势而为的识时务者,今日若想在农业、工业领域通过辛勤劳作成为美国富豪已十分困难。从安德鲁·卡内基、约翰·洛克菲勒到比尔·盖茨、沃伦·巴菲特、埃隆·马斯克,美国的超级富豪都是大慈善家。从本质上来说,所有的富豪都是财富管理者而非拥有者,只有让财富流动起来,创造更多的财富,财富才具有意义。

在并不算漫长的全球商业史中,英国人长期主宰世界的工业、商业、金融和航运业,他们曾是真正的世界经济霸主。巅峰时期,英国在全球 GDP 中的占比超过 1/3。时至今日,作为国际金融中心的伦敦掌握着全球 30% 的外汇交易,英国拥有世界三大能源公司中的两家,"罗罗公司"(罗尔斯·罗伊斯公司)的航空发动机占据发动机市场的半壁江山,ARM 的芯片统治全球……昔日的"日不落帝国"依然光芒万丈,它所崇尚的冒险、创新精神永不过时。

"德国制造"的华丽蜕变以及德国品牌的全球声誉,并不是在短暂的二三十年中迅速实现的,这是一段以工业立国、品牌强国为核心的漫长而艰难的修炼之路。德国工业制造始终大而不倒、历久弥新，其背后正是德国工业文化和企业家精神的力量。德国提倡埋头苦干、专注踏实的工匠精神，对每件产品都精雕细琢、精益求精，追求完美和极致。德国人穷尽一生潜修技艺，视技术为艺术，既尊重客观规律，又敢于创新、拥抱变革，在自身擅长的领域成为专业精神的代表。

回望500年日本商业史，地处海陆之间、崇尚东西方文化交融的日本，受到外部各种潮流的冲击，也由此快速完成了现代化进程。尽管饱受地震、台风等自然灾害侵袭，并且在很长一段时期处于战争阴霾的非正常状态之中，但日本却在二三十年里脱颖而出，快速崛起，此后一直繁荣昌盛，拥有与世界经济强国抗衡的实力，至今仍是全球经济强国。这种举世瞩目的现象确实值得深入思考和研究，在这个过程中，日本企业家精神及其不可忽视的文化力量值得关注。

法国的企业家精神，从中国式智慧角度可将其总结为"外圣内王"。换句话说，就是外表优雅、内心霸道。溯本清源，霸道与优雅源自法国人对技艺、品质、创新的不懈追求，源自法国人的严谨务实、精益求精，是法国企业家对商业规律和客户需求的尊重，是国有企业与私人企业在市场竞争中持续创新的产物，也是家族企业日积月累沉淀的硬实力。往更深处说，则是"自由、平等、博爱"的法兰西精神在数百年间形成的商业基因。

韩国资源匮乏，是严重依赖外贸的外向型经济体。同时，国内政权更迭频繁，不确定因素往往成为决定企业生死的隐形炸弹。因此，韩国企业家都有很强的危机意识，随时做好力挽狂澜、东山再起的准备。三星、现代、LG、起亚、乐天等品牌家喻户晓，其决胜全球、基业长青的辉煌成就来之不易。而我们若想从韩国"小国大商"的逻辑中找到发展密码，仍需沉淀与修炼。

本丛书按照国别划分，在内容上各有千秋。商业史如长河浩荡，波涛滚滚向前。它既孕育新的繁荣，也埋葬昔日英豪，兴盛衰亡的故事每日都在上演。我们不仅关注国家与企业的关系,而且更关注企业家的价值。

"说来新鲜,我苦于没有英雄可写,尽管当今之世,英雄是层出不穷,年年有、月月有,报刊上连篇累牍,而后才又发现,他算不得真英雄。"

这是英国伟大诗人拜伦(Byron)在《唐璜》中的感慨。的确如此,因受视野和阅历之限,活跃于商业杂志上的企业家经常被读者奉若神明,却不知在喧嚣与浮华之外的故纸堆中,一群头戴礼帽、身着西装的"熟悉的陌生人",正穿越几个世纪的烽烟与过往缓缓走来,其自信的笑容中透着不易被察觉的傲慢与威严。他们都是改变世界的商界巨子,是纵横天下的真英雄。

商业不应该是枯燥的规则与固化的面孔,数据和理论不过是速写式的轮廓勾勒,只有对人物故事的渲染和描述才会让画面生动鲜活。我们创作本丛书,就是希望呈现一场波澜壮阔且激荡人心的历史大戏:500年来与全球商业有关的人物和故事先后闪亮登场、各领风骚,读者将在宏大背景和细微故事中洞察人性、体味人心。

战争与危机是这套书贯穿始终的重要线索。有意思的是,几乎每次战争与危机都会引起行业洗牌与产业变革,一大批商界奇才横空出世,伟大的企业从此诞生。事实证明,内外因素的碰撞与融合,总会让偶然成为必然,让小人物成为大英雄。大商人的精彩创业故事透露出深刻规律,通过对数百年来全球大公司基业长青之道的观察与研究,本丛书总结出全球大企业的发展变迁史,对时代变革、商业趋势和国家实力的沉浮起落作速写呈现。

纵观当今时势,全球商业进步的引擎依旧在美国,美国人始终以科技创新和商业变革掌控全球经济走向和财富命脉。与此同时,在20世纪80年代,有"亚洲四小龙"之称的韩国、新加坡、中国台湾、中国香港的经济腾飞震惊全球,中国以改革开放厚积薄发,与巴西、俄罗斯、印度等新兴经济体一起飞速成长。这时候，大量跨国企业诞生，经济全球化和互联网化打破时间和空间界限，万象更新。

共享与共赢成为新时代的商业主流，跨界融合不断增强，爆炸式增长成为常态。大公司以多元化和国际化做大做强的传统路径被颠覆，新型企业以并购换时间、以扩张换空间，其创业十年的规模和市值动辄超过老牌公司百年积累，行业巨头轰然坍塌的悲剧与日俱增，王者更替的频率越来越快，许多百年企业盛极而衰，亡也忽焉。

温斯顿·丘吉尔说："你能看到多远的过去，就能看到多远的未来。"过去数百年是商业变革步伐和人类财富增长最快的一段历史时期，市场经济的电光石火让商业史五光十色、不可捉摸。在宏大叙事中追寻企业轨迹与商人命运，很难说清究竟是时代造就英雄还是英雄造就时代，时代洪流的巨大冲击与商业环境的瞬息万变使企业显得渺小而脆弱。

"欧元之父"、1999年诺贝尔经济学奖获得者罗伯特·蒙代尔（Robert Mundell）教授认为："从历史上看，企业家至少和政治领袖同样重要。那些伟大的企业家们，曾经让欧洲变得强大、让美国变得强大，如今也正在让中国变得强大，他们是和政治领袖一样重要的人物。"这是历史规律，也是大势所趋，企业家应该成为"和政治领袖一样重要的人物"，因为他们是改变世界的重要力量。

尽管我们离这个目标路途遥远，但仍应一往无前。于商业史作家而言，商业发展与公司成长轨迹始终纷繁复杂、模糊不清，任何探本溯源的追寻都注定艰辛漫长，且很可能无疾而终。但即便如此，我也愿意埋首于历史的故纸堆里，从曾经的光荣与梦想中囊萤成灯，哪怕只有一丝微光，也能让中小企业坎坷崎岖的道路不再昏暗，让大企业扬帆远航的身影不再孤寒。

全球商业变迁的历程就像一个巨大的试验场，人们干得热火朝天、豪情万丈。在各大国崛起的辉煌之路上，是数以万计创业者夜以继日拼搏奔波的身影，失败是这场伟大试验的正常结果。但正因为有这种喧嚣与宁静、挣扎与沉沦的镜头交替出现，商业史的故事才显得生动鲜活，这种向上、不屈的力量才激荡震撼、摄人心魄。

正是这股催人奋进的力量让我坚定了策划出版本丛书的信念，尽管过程极其艰苦、资料庞杂而凌乱，虽然全球局势一如过去那般动荡不安、瞬息万变，但我依然对未来充满希望。

陈润

序言

1485年，亨利·都铎（Henry Tudor）在博斯沃斯荒原战役中击毙理查三世（Richard Ⅲ），结束了长达30年的玫瑰战争。亨利·都铎被加冕为亨利七世（Henry Ⅶ），建立了都铎王朝。英国开始向民族国家的方向发展，这标志着英国近代史的开端。

从亨利八世起，都铎王朝就沉迷于奢侈品中，比如华丽的服装、珍贵的珠宝、罕见的食物等，总而言之，凡是能彰显皇室尊贵的东西，他们都想拥有。可是，当时英国国力空虚，没有那么多钱来维持这种奢华的生活，怎么办呢？

1492年，哥伦布发现"新大陆"，西班牙皇室因为投资哥伦布而摇身一变成为欧洲的霸主。面对西班牙的威胁，没有钱扩军的伊丽莎白一世灵光一现：起用海盗，让他们一方面去对付西班牙，另一方面去探险，拓展海外版图。

伊丽莎白一世起用的海盗头子叫弗朗西斯·德雷克（Francis Drake）。德雷克出生于英国德文郡一个贫苦的渔民家庭，为了谋生存，德雷克从小跟着渔船出海。一开始是过着捕鱼的正经日子，后来在表兄约翰·霍金斯（John Hawkins）的影响下，德雷克走上了贩卖奴隶的道路。有一次，德雷克和表兄带领五艘贩奴船前往墨西哥，因为受到恶劣天气影响，不得不向西班牙人求助，结果西班牙人非但没有帮助他们，反而欺骗他们。德雷克险些丧生，从此和西班牙结下梁子，他发下毒誓，有朝一日一定要向西班牙复仇。于是，伊丽莎白一世和德雷克一拍即合。

伊丽莎白一世给德雷克和他的"兄弟们"配备了船只、资金和武器，并颁发了"私掠许可证"，"德雷克们"奉旨打劫。从1577年到1600年，英国每年派出的专门用来洗劫西班牙运输船队的海盗船不下百艘。面对西班牙政府的抗议，伊丽莎白一世竟然理直气壮地回复：海洋和空气属于全人类，英国人和西班牙人一样有在海上活动的自由。就这样，西班牙人从殖民地辛辛苦苦搬来的金银珠宝，被英国皇室收入囊中。

有了财富，就有了底气。英国皇室一方面拿抢夺过来的财富组建舰队，正面击退西班牙，争夺海上霸主地位；另一方面，也像西班牙皇室资助哥伦布一样，资助商人去开拓殖民地，发展贸易。以德雷克为首的海盗，因为击败西班牙的无敌舰队有功，成为英国皇室的亲信。他们在女王的特许下，以共同持股的方式合资成立了大名鼎鼎的东印度公司。通过他们的探险，英国的触手逐渐从非洲、美洲伸到了亚洲。德雷克率领商船从麦哲伦海峡穿过南美洲的时候，因为暴风雨天气意外发现了新海域，也就是著名的"德雷克海峡"，他也因此成为继麦哲伦之后，第二位完成环球航行的人。

英国就是以这样的奇特方式敲开了现代商业的大门。虽然英国商业的起步并不光彩（其实西班牙和葡萄牙巨额财富的获得本身也不光彩），但效果十分明显。15世纪以前，英国只是一个没有存在感的岛国，然而却在击败了殖民先驱西班牙之后顺势而上，凭借强大的经济实力，陆续击败了"海上马车夫"荷兰以及欧陆霸主法国，成为名副其实的"日不落帝国"：殖民地和保护国遍布全球，总面积超过3300万平方公里，24时区的每一个时区内都有大英帝国的领土。广袤的领土，为英国提供了源源不断的生产资料和庞大的消费市场。为了制造更多商品并倾销到世界各地，英国率先进行工业革命，成为第一个迈入工业社会的国家。

在英国最为鼎盛的时期，其GDP在全球的占比超过1/3。尽管后来英国的世界霸主地位一再被挑战，但它始终是全球主要的经济体。

作为主宰过一个世纪的世界强国，英国为世界做出了巨大的贡献。许多影响世界的科学发现和发明都出自英国，比如蒸汽机、电视、青霉素、喷气式飞机、万维网、可编程计算机、CT机、人工智能等。英国人的伟大在于，他们不仅发明了这些新事物，还把这些发明第一时间投入商业应用，通过将之产业化来改变人类的生活。

在推动世界商业前进的道路上，英国诞生了无数家优秀企业，如英国石油公司、汇丰银行、TESCO、沃达丰、葛兰素史克、力拓集团、巴克莱银行、保诚集团、康帕斯集团等。商业变幻、时代沉浮，在百余年时间里，它们始终保持着稳健发展的态势，呈现出旺盛的生命力，同时在世界舞台上发挥了重要的作用，也推动了商业文明的前进。

即便是在今天，英国经济看上去是衰落了，但"瘦死的骆驼比马大"，其商业余威犹存，对世界的影响力也比一般人想象的要大。比如，世界三大能源企业，英国占两家；伦敦是国际金融中心，全球30%的外汇交易都会在这里进行，全世界的许多顶级富豪选择居住在这里；"罗罗公司"的航空发动机，占据发动机市场的半壁江山；苹果、三星、华为等智能手机的芯片，都离不开ARM公司；"阿尔法狗"（AlphaGo）的幕后开发团队来自英国……可以说，目前除了美国，其他国家要想超越英国的商业地位，还需要一段时间的努力。

英国商业史浩荡500年，从发展脉络和关键节点来判断，大致可以分为六个阶段。

第一阶段，从1500到1760年，重商政策推行，"第一帝国"崛起。

从都铎王朝开始，英国大力推行重商主义政策，并通过外交手段为商业发展创造有利条件。英国商人积极拓展海外贸易，扩大殖民地，打击海上贸易对手，从而构建起以贸易为主的"第一帝国"。

第二阶段，从1760年到1914年，工业革命发力，跃居"世界工厂"行列。

通过海外扩张，英国商品的通路越来越广，对供应量提出了更大的挑战。怎么能填满不断增长的市场需求呢？英国的工业革命应运而生，英国也因此成为第一个迈入工业社会的国家。工业革命给英国带来了先进的生产力，将它推向了以世界工厂为标志的"第二帝国"的宝座。

第三阶段，从1914年到1960年，由于内忧外患冲击，霸主地位难以保持。

第二次工业革命在世界范围内推广开来，美国、德国后来居上，英国被甩在了后头，逐渐失去了工业霸主的地位。但凡走上了下坡路，停下来就太难了。接下来的两次世界大战和周期性爆发的经济危机，使英国的商业发展雪上加霜。基础设施因战争被损毁，经济生产接连遭到破坏，国家外债越积越多，英国一路跌落，沦为了二流国家。唯一值得庆幸的是，英国商业并没有因此而停滞不前。

第四阶段，从1960到1997年，实施铁腕改革，晋升欧盟最强经济体。

战后，崇尚国家干涉的凯恩斯主义抬头。在凯恩斯主义影响下，英国开始向建设"福利国家"和混合经济的方向努力，战后初期英国商业出现了短暂的繁荣。随着通货膨胀和"英国病"[①]的发作，衰败之势出现在了社会的每一个领域，英国在国际上的影响力也难以为继。"铁娘子"撒切尔夫人上台后，果断推行了一系列的改革。英国的国企改革盘活了一批英国企业，英国经济持续增长，成为欧盟中强大的经济体之一。

第五阶段，从1997年到2013年，创意创新频出，开辟"第三条道路"。

撒切尔主义改革逐渐出现了弊端，英国人于是把希望寄托在工党的

---

① 所谓"英国病"，是指在第二次世界大战结束后，英国经济出现了滞涨，而且这种状态持续了近30年，被一些经济学家戏称为"英国病"。

第三条道路之上。布莱尔政府在经济方面成绩斐然。在这一阶段,新兴的创意产业把英国商业带到了一个全新的起点。以2008年为例,当年,英国的创意企业超过了15.7万家,直接就业人数为110万,间接就业岗位达80万,创意产业年产值达到了国民生产总值的8%,超过任何制造业对国民生产总值的贡献。[①] 出版领域的《哈利·波特》、动漫领域的《酷狗宝贝》、音乐领域的辣妹合唱团都曾成为火热IP,在全世界范围内都颇具文化影响力。

英国人对由创意产业带动的新一轮经济发展恢复了信心,也为他们随后脱欧埋下了伏笔。

第六阶段,从2013年至今,"脱欧单飞",再次未雨绸缪。

英国1973年正式加入欧盟,成为会员国;却在2013年开始筹备脱欧行动,于2020年1月31日正式脱离欧盟。英国脱欧,不是一时兴起,而是筹谋已久的结果。在经历了"日不落帝国"的辉煌之后,英国人一直对"二流国家"的尴尬现实抱有排斥心理。为了恢复商业霸主地位,英国政府和英国企业家都在不遗余力地努力。

一个小岛国,人口不过数千万,为什么会率先闯进现代文明的大门,成为现代世界的开路人?被赶超之后,在世人皆不看好的情况下,为什么还对恢复"日不落帝国"不死心呢?英国的底气何在?

其一是崇尚冒险、热衷创新的企业家精神。如上所述,英国商人脱胎于"海盗",这种"海盗"基因根深蒂固。与东方企业家普遍追求经营之道有所不同,英国企业家更加注重进取与创新。得益于初代企业家的冒险主义精神,英国建立起了世界上最大的殖民主义国家;在工业革命的发明创新下,英国提前进入了现代工业社会,并成为世界霸主;在创意竞赛和掌握高科技核心技术的推动下,英国正走在工业复兴的道

---

① 英国创意产业,https://baike.baidu.com/item/%E8%8B%B1%E5%9B%BD%E5%88%9B%E6%84%8F%E4%BA%A7%E4%B8%9A/15967312?fr=Aladdin。

路上。

英国作为一个岛国，国土和资源有限，这导致英国企业家危机意识很强。他们信奉"进攻是最好的防守"，一方面总是在本国之外寻找新的机会和尽可能大的市场，另一方面又追求在技术上实现大的突破创新，力争站到产业链上游，唯有此，方安心。另一个危机意识强的表现是，英国企业家非常重视专利。英国是世界上最早建立专利制度的国家，英国商人和企业家的专利意识尤甚于其他国家。在这种根深蒂固的危机意识的作用下，英国企业家热衷于冒险和创新，英国的企业则热衷于全球扩张、不断转型并力争上游。

其二是彼此制衡、互相成就的共生式政商关系。世界上没有哪个国家政商关系的紧密程度能比得上英国的政商关系。从雇佣海盗抢掠西班牙商船开始，英国政府对商人和企业家的依赖就形成了。"光荣革命"后，英国议会逐渐成为利益群体的代言机构。政治上强硬如丘吉尔和"铁娘子"撒切尔夫人，他们背后都有像"罗罗公司"、英国石油公司和英国宇航系统公司这样的公司在支持。

当然，英国政府对本国企业和企业家的重视和支持力度，也是别国所不能比的。从给海盗商人配备船队、颁发许可证，到重金奖励发明创新，到"脱欧"后的巨额财务拨款，再到 2020 年新冠疫情暴发后对中小企业的资金扶持，英国政府一直都在为企业服务。英国政府对企业家的推崇也举世瞩目。英国重要企业家的名字前面都会加有一个"Sir"，以示尊重。不管企业家之前的身份是海盗、裁缝还是非法移民，只要在商业上为英国做出巨大贡献，英国都会对其封爵。这种不看出身、只看贡献的封爵方式也是英国的一大特色。

崇尚冒险、热衷创新的企业家精神和和谐共生的政商关系，是英国不断创造经济奇迹的根源，而这正是中国过去比较欠缺的。

见贤思齐，借古鉴今，让我们一起走进英国波澜壮阔的商业发展史吧！

目录

第1章
政府特许催生商业萌芽（1550—1650） / 1

一切从海外探险开始 / 3

世界上第一家股份有限公司诞生 / 8

政商博弈催生近代公司制度 / 11

东印度公司为现代公司树立标杆 / 15

奠定美国建国基础的殖民公司 / 20

第2章
贵族大佬挟资本以令天下（1651—1720） / 25

一杯咖啡改变欧洲 / 27

乔纳森咖啡馆与股票交易所 / 30

劳埃德咖啡馆与世界第一家保险公司 / 32

更牢固的保险：商人与贵族联姻 / 35

金匠与英国最古老的银行 / 38

牛顿与南海泡沫 / 41

第3章

金融改革孕育商业成熟（1721—1760） / 45

南海泡沫终结 / 47

第一家中央银行 / 49

各式银行遍地开花 / 50

政府出面"割韭菜" / 52

贵族与精英角逐伦敦 / 56

世界上最古老的拍卖行：苏富比 / 60

第4章

工业革命加速世界文明进程（1761—1840） / 65

詹姆斯·哈格里夫斯夫妇与珍妮机 / 67

发明家瓦特与他的蒸汽机厂 / 69

"近代工厂之父"理查德·阿克莱特与他的纱厂 / 73

"铁路之父"乔治·斯蒂芬森与英国第一家机车厂 / 77

第5章
殖民扩张成就"日不落帝国"（1841—1914） / 83

《谷物法》的废除与维多利亚全盛时代 / 85

活跃在东方的怡和洋行、渣打银行、汇丰银行 / 88

雄霸北美的英美烟草集团和菲利普·莫里斯公司 / 93

殖民非洲的钻石垄断组织——戴比尔斯 / 97

维多利亚女王指定的巧克力公司吉百利 / 100

第6章
战火硝烟中孕育出"老字号"（1915—1933） / 103

发现青霉素的葛兰素公司 / 105

军火企业维克斯公司 / 108

为战争提供保险的英国保诚集团 / 111

劳斯莱斯与罗尔斯·罗伊斯公司 / 114

为军人提供战衣的博柏利 / 118

在战争中走红的路透社和BBC / 122

第7章
滞涨时代逆势而生的疯狂零售（1934—1970） / 129

马厩市场里诞生的TESCO / 131

杂货铺出身的威廉莫里森超市 / 137

5英镑起家的玛莎百货 / 141

黄油和香皂"催生"的联合利华 / 144

第8章
"铁娘子"开创国企改革风潮（1971—1996） / 151

撒切尔夫人挥刀砍向"英国病" / 153

英国石油夹缝求生 / 157

皇家军械的私有化之路 / 164

电信行业的双寡头垄断 / 167

煤气公司的变革之路 / 170

第9章
创意产业再造帝国辉煌（1997—2007）（上） / 175

布莱尔首相与"新英国" / 177

因创意而生的戴森电器 / 180

奥美母公司——WPP广告与传播集团 / 184

默多克、邓文迪与布莱尔 / 188

商界大佬角逐足球产业 / 192

第10章
强强联合让"大象"席地而坐（1997—2007）（下） / 201

捷利康和阿斯特拉"制胜的结合" / 203

英美烟草集团收购乐富门烟草 / 207

沃达丰收购曼内斯曼：史上最大并购案 / 211

苏格兰皇家银行蛇吞象 / 215

第11章
不遗余力抢夺世界能源（2008—2013） / 221

石油之争：BP与壳牌 / 223

铁矿之争：力拓与必和必拓 / 227

钻石之争：英美资源集团与戴比尔斯 / 232

电力之争："六巨头" / 237

第12章
不甘做"二流强国",抢夺科技高地(2014—2023) / 243

英国"脱欧"后的现代工业战略 / 245

"人工智能之父"图灵与"阿尔法狗" / 248

ARM芯片抢占技术高地 / 254

"硅环岛"与独角兽公司 / 258

维珍"上天" / 262

致谢 / 269

第1章
政府特许催生商业萌芽（1550—1650）

16世纪之后,随着海外贸易的发展,英国成为继葡萄牙、西班牙、荷兰之后又一实力雄厚的大国。为了换取财政支持,英国政府以授予特许状的形式为商人排除国内外的竞争对手和海外航运的不安全因素,而这也正是商人所需要的,特许公司这种半公半私的特殊经济组织顺势而生。在这一时期,实力雄厚的特许公司有莫斯科公司、利凡特公司、东印度公司和弗吉尼亚公司等。它们充当了英国重商政策的急先锋,一方面带有殖民主义原罪,另一方面也孕育出了近代商业文明:股份公司、法人组织、现代管理、契约精神……世界格局也因为这些特许公司的存在而发生了重大改变。

一切从海外探险开始

从古至今，商业与冒险就如同一对孪生兄弟。也可以说，商业是人类冒险行为的副产品。

14世纪，有一本旅游书风靡欧洲，人们谈论它如同谈论《圣经》和《希腊神话》。书的作者大讲特讲了他在东方最富有的国家——中国的所见所闻。有人相信这是他的亲历口述，有人说这是他的道听途说，不管怎样，书中描绘的盛世景象，彻底刷新了欧洲人的认知：原来世界这么大！原来一个国家可以富有到如此程度！

这本旅游书就叫《马可·波罗游记》，又名《东方见闻录》。马可·波罗（Marco Polo）到底有没有来过元大都，一直存在着争议，但这并不重要，重要的是他在无意间改变了世界。经过一个世纪的传播与发酵，欧洲人的冒险精神被彻底激发起来。不甘心做白日梦的冒险家，开始了"划船到东方淘金"的行动。

15世纪，欧洲出现了一批航海探险家，在这里面，克里斯托弗·哥伦布（Christopher Columbus）最为出名。1492年，哥伦布发现"新大陆"，让整个欧洲沸腾了。毕竟，辛苦探险了一个世纪，总算找到了新航道。尽管"新大陆"和《马可·波罗游记》中描述的中国格格不入，尽管哥伦布错把古巴当作中国的大西北……但这些统统不重要，因为他们真的找到了黄金。

作为哥伦布地理大发现的投资者，欧洲穷国西班牙摇身一变成为世界上第一个"日不落帝国"。西班牙的华丽变身，刺激了欧洲诸国，尤其是英国。作为海上之国，英国人本来可能成为新大陆的最早发现者,并建立起殖民帝国的,却被西班牙抢了先,这让英国政府非常不甘心。

1485年,都铎王朝的开创者亨利七世登上了英国王位,当时英国的人口还不到300万,只有西欧大国法国的1/5、西班牙的1/2,领土面积也比它们小很多,英国本身还没有常备军,并不具备角逐欧洲霸权的资本。不过,英国虽然小,可地理位置非常优越,是欧洲地区最大的贸易中心……综合考虑各种因素,亨利七世确定了这样的对外政策:"不去角逐欧洲霸权,而是谋求扩增贸易利益。"当时,英国的造船技术在整个欧洲地区都是比较先进的,所制造的船只可以满足远航需求,也就是说,它是具备航海的客观条件的。

在这种背景下,亨利七世决定复制西班牙政府的做法,在大航海时代用小投资获得大回报,通过资助航海探险来建立一个新的"日不落帝国"。

那么,西班牙政府是怎么做的呢? 1491年12月,哥伦布临出发前,西班牙皇室与他签订了一份"伟大事业"协议,授予哥伦布海军大将军衔,封他为远洋舰队司令和未来发现土地的总督,允许他抽取航海所获利益的1/10。除了承诺之外,西班牙皇室和商人协会还给哥伦布一次性投资约200万马拉维迪,为他打造了3艘超级大航船,并建立了浩浩荡荡的探险队,备足了航行用具和物资。

哥伦布发现新大陆的5年后,英国政府如法炮制,给予哥伦布的热那亚老乡约翰·卡伯特(John Cabot)几乎一模一样的待遇。英国的商业探险之旅由此开启。

约翰·卡伯特是马可·波罗的疯狂崇拜者。他从小就喜欢了解马可·波罗的探险经历,对遥远的中国充满热切的向往。约翰·卡伯特最大的梦想是成为像马可·波罗一样的探险家,但他的父亲却希望他成为一名不折不扣的威尼斯商人。他曾经跟着父亲经商，在各地奔走，最远到达阿拉伯人的圣地麦加。一路上，父亲悉心教导他各种经商知识，并尽可能向他展示经商的妙处。可约翰·卡伯特却一刻也没有动摇，走得越远、看得越多，他探索未知的、神奇国土的欲望越是强烈，航海探险的梦想越是旺盛地燃烧。

1484年，约翰·卡伯特效法他的同乡哥伦布，向西班牙兜售自己的航海计划，但他没有哥伦布幸运，西班牙政府没有给他提供足够的资金支持。接着他向葡萄牙政府兜售，也没有成功。葡萄牙国王若昂二世（João II）对他宏伟的横渡大西洋航海计划压根儿就不感兴趣。一个不愿意出钱，一个不屑一顾，让约翰·卡伯特只好转向既有钱又觊觎大航海的英国王室。1494年，约翰·卡伯特举家搬迁到英国繁华港市布里斯托尔，在那里，他的探险梦想得以实现。英国政府和布里斯托尔的商人们接受了他的航海计划，并资助他为英国打开殖民扩张的海上通道。

布里斯托尔商人联合出资给约翰·卡伯特筹备大航船、探险队和所有必需品，一如哥伦布当初的待遇。当时西班牙驻伦敦大使听说此事后，第一时间向西班牙政府打报告。西班牙政府立即给亨利七世施压，但亨利七世置若罔闻。1496年5月，亨利七世给约翰·卡伯特父子颁发了特许状，批准他们的海外探险行动。

在拿到布里斯托尔商人的赞助和亨利七世颁发的特许状后，1497年5月，约翰·卡伯特带着自己的探险队，乘着"马太号"，离开了布里斯托尔港口，按计划先向高纬度的北方航行，然后向西航行。"马太号"是约翰·卡伯特用《圣经》中的"马太"命名的，船上装满了货物，还承载着18名船员的发财梦，以及亨利七世的强国梦。时至今日，布里斯托尔港口还陈列着复制的"马太号"船，供游人参观。

经过50天航程,"马太号"行驶到一个气候寒冷的地方。约翰·卡伯特以英国人的名义占领了它,在上面插上了标有英王亨利七世、教皇亚历山大六世(Alexander Ⅵ)、威尼斯圣马可徽章的旗帜。这是英国第一次在殖民地插上自己的旗帜。这块地方后来被称作"纽芬兰"。这次探险虽然没有淘到黄金,但是发现了丰富的鳕鱼资源。

中世纪,森严的教规要求人们在斋戒日不能吃猪牛羊这类"红肉",但可以吃鱼类这种"白肉",而一年里斋戒日占据了大半,内陆的欧洲人想要摄取蛋白质只能依靠鱼。卡伯特的发现吸引了各国的捕鱼船队,很长一段时间里,纽芬兰鳕鱼都是欧洲人民膳食中蛋白质的主要来源之一。渔业后来一度成为北美殖民地的"支柱产业"。

远航归来后,约翰·卡伯特受到亨利七世的热情款待,并获得了海军上将的称号。此外,他还获得了巨额奖赏。亨利七世还表示愿意无条件支持他接下来的远航计划。[1]

1498年5月,约翰·卡伯特率领船队再次出发了。这一次,他向英国政府郑重承诺,一定会找到富饶的中国和日本城市,带回丝绸、香料、瓷器和白银。但是,事情并没有想象的那么乐观。和哥伦布一样,他们错把北美当成亚洲,直到被身穿兽皮而非丝绸的印第安人打破最终幻想。第二次探险,耗费了大量的资金,却没有带来任何收益,这让英国政府消沉了,在接下去的几十年时间里,再也没有委派船队去大规模探险。

亨利八世(Henry Ⅷ)继位后,约翰·卡伯特的第二个儿子塞巴斯蒂安·卡伯特(Sebastian Cabot)成为王室御用探险家。塞巴斯蒂安·卡伯特的探险之旅同样不顺。1508年,塞巴斯蒂安·卡

---

[1] 阿诺德.地理大发现[M].闻英,译.上海:上海译文出版社,2003.

伯特的船队先是朝西北方向寻找通往东方的航路。它经冰岛、格陵兰岛到达北美洲的拉布拉多半岛，随后沿海岸向南行驶，到达了今天的弗吉尼亚沿海，绕了半天，也没搞清楚哪边是东。

大乌龙事件让塞巴斯蒂安·卡伯特在英国彻底失去信任，之后，他与一名西班牙贵妇结了婚，借此为西班牙国王查理一世（Charles I）效力。1518年塞巴斯蒂安·卡伯特被任命为西班牙领航长，在后来的25年中，一直为西班牙宫廷效力。世事就是这么奇妙，在西班牙，塞巴斯蒂安·卡伯特的主要职责是培训船长，开发导航设备，还有一个不太重要的工作——把各航海家们新发现的地理信息记录下来。正是因为这个"不重要"的工作，塞巴斯蒂安·卡伯特掌握了当时西班牙皇室在世界各统治地区的最佳、最新、最全的信息，并因此绘制出大名鼎鼎的1544年版《世界地图》。

信息就是生产力，塞巴斯蒂安·卡伯特作为"活地图"，他的价值赢得了亨利八世的重视，1547年塞巴斯蒂安·卡伯特重返英国，再度得到英王和商人们的资助，于1551年任冒险商人协会主管，多次派出船队探寻通往东方的东北航路。其结果是开拓了英、俄之间的贸易，催生出世界第一家股份公司——莫斯科公司（又叫"俄国公司"）。

莫斯科公司的诞生，与"血腥玛丽"鸡尾酒的主人公直接有关。在坊间传说中，"血腥玛丽"是一位擅长诅咒的女巫。实际上，她的原型是亨利八世和凯瑟琳王后唯一的女儿，也是著名的伊丽莎白一世（Elizabeth I）同父异母的姐姐——英国玛丽一世（Mary I）女王。

亨利八世去世后，王位传到了年幼的儿子爱德华六世（Edward VI）手中。塞巴斯蒂安·卡伯特就是被爱德华六世召回英国的。可惜，爱德华六世只在位6年就去世了。他的继任者简·格雷

（Jane Grey）则更惨，是历史上著名的"九日女王"。简·格雷只当了9天继承人，就被玛丽发动政变废黜并处死了。玛丽一世即位后，对新教徒采取了高压政策，屠杀300余名激进分子，因此获得了"血腥玛丽"的外号。玛丽一世的做法可能比不上尼禄（Nero）、伊凡雷帝（即伊凡四世，Ivan Ⅳ）、马达加斯加女王拉纳瓦洛娜一世（Ranavalona Ⅰ），这些暴君动辄屠杀千万人，但因为她是英国历史上第一位女王统治者，所以民间用这个不怀好意的外号称呼她。玛丽一世对英国的影响其实很大，正是在她的推动下，一直处于民间化的商人组织得到了官方认证，现代商人组织——公司出现了。

世界上第一家股份有限公司诞生

为了扩大英格兰的贸易、振兴英国经济，玛丽一世命令英国航海探险队向世界各地寻觅新的营商港口。塞巴斯蒂安·卡伯特麾下的一支探险队，因此获得了与俄国通商的成果。不过，这一成果的取得，可谓代价惨重。

这支探险队由军人出身的休·威洛比（Hugh Willoughby）爵士率领、航海家理查德·钱塞勒（Richard Chancellor）协助。在挪威北部罗弗敦群岛附近的一次风暴中，休·威洛比爵士率领的两艘船与理查德·钱塞勒乘坐的"慈善号"走散了。双方事先有约定，如果走散就在瓦尔德海湾会合。休·威洛比爵士在瓦尔德海湾等了几天，没等到理查德·钱塞勒，就继续前进。在一个名叫诺库耶夫岛的小岛上，休·威洛比爵士和所有船员被严寒夺走了生命，无人生还。

理查德·钱塞勒的"慈善号"到达瓦尔德海湾后，也选择继续探险。1553年8月，理查德·钱塞勒船队幸运地摸到了阿尔汉格尔斯克这个俄国白海的重要港口。沙皇伊凡四世隆重地接见了他，随后还派了专人护送理查德·钱塞勒回国。

理查德·钱塞勒返回英国后，受到了玛丽一世的大赏。一直在背后资助航海探险的布里斯托尔商人协会，也因此得到了英国政府的正式承认。1555年，世界第一家股份有限公司——莫斯科公司经玛丽一世批准成立。

莫斯科公司由大约160人组成，设有董事会，在莫斯科和伦敦都设有代理人。塞巴斯蒂安·卡伯特成了公司的董事会代表。

莫斯科公司拥有对俄贸易的垄断权。它的成立，不仅改变了英国商业史，也改变了俄国历史，乃至世界历史。

伊凡四世为什么会高调接待理查德·钱塞勒，并欣然同意开通贸易呢？原来，在理查德·钱塞勒航海到俄国的前一年，伊凡四世刚远征消灭了喀山汗国。消灭喀山汗国，是俄国历史的大转折，之前鞑靼人的力量强于俄国，俄国经常受其欺凌。消灭喀山汗国，也为伊凡四世进军更加辽阔的西伯利亚扫平了道路。

在俄国对外扩张之际，理查德·钱塞勒送上门了。借助英国开辟的航路，伊凡四世将扩张的目标延伸到了欧洲。此前，俄国和欧洲的联系被地跨欧、亚、非三洲的奥斯曼帝国切断。英、俄开通贸易后，俄国商人在伊凡四世的大力扶持下，成为沙俄对外扩张的"急先锋"。伊凡四世允许商人组建武装和免缴贡赋，俄国商人由此发展成为一股影响世界的力量。

俄国商人得以壮大的利器是什么？答案是毛皮。

根据英、俄双方达成的贸易协定，莫斯科公司负责向俄国输出呢绒和火器等，从俄国输入毛皮和海军军需品等。呢绒一直是布里斯托尔商人称霸欧洲的商品，毛皮从此成为俄国商人影响世界的工具。

除了丝绸之外,欧洲人对毛皮的需求历来旺盛。数世纪以来,欧洲的富贵阶层都在通过毛皮制作的衣物彰显自己的尊贵地位,毛皮越是鲜亮,越是不容易得到,他们就觉得越有面子。为了防止毛皮的廉价化,英格兰、苏格兰都曾下达过限奢令,只允许有一定资产和身份的人穿着皮毛制成的衣服,不满足条件的人穿就触犯法律。

市场需求越被压制,反而越旺盛。西欧涌现出了越来越多的毛皮商,毛皮日渐成为抢手商品。英俄开通贸易后,俄国供应商为了满足欧洲社会对毛皮的大量消耗,开始大肆猎杀动物。国内的野生动物灭绝后,俄国商人将猎杀范围扩展到了北美。为了从原住民那里获得毛皮,沙俄曾在加利福尼亚和阿拉斯加等地建立殖民地和商站,臭名昭著的加利福尼亚和阿拉斯加皮毛公司由此诞生。通过售卖毛皮,俄罗斯赚取了大笔外汇,还获得了西欧的先进技术,综合国力得以大大提升。

莫斯科公司在俄罗斯站稳脚跟后,就继续将贸易范围扩大到中亚和波斯,直逼它的终极目标——中国。而背后扶持它的大英帝国,从此在殖民路上一去不复返。玛丽一世女王下令印刷的进口商品关税"税率表",被沿用了半个世纪。

可惜,理查德·钱塞勒并没有看到这些。1555年,莫斯科公司指定理查德·钱塞勒率船队前往俄国正式通商,在返回英国的路上,理查德·钱塞勒的航船失事,他不幸遇难。失事船只上,还有俄罗斯人意外在北冰洋找到的休·威洛比爵士及其船员们的骨灰。最终,这支半路失散的探险队以这样悲壮的方式"重聚"到了一起。只有休·威洛比爵士的航海日志和理查德·钱塞勒的"慈善号",流传在大航海时代,激励着后来者继续冒险,继续书写传奇。

历史总是以意想不到的方式留给人类惊吓或惊喜。马可·波罗怎么也想不到，自己一本虚虚实实的游记，竟然能在世界商业史上引发如此大的"蝴蝶效应"；约翰·卡伯特怎么也想不到，自己一生那么羡慕同乡哥伦布，但在死后造成的商业影响竟然超越了哥伦布；理查德·钱塞勒怎么也想不到，因为他一手搭起的桥梁，让英国和俄国这两个原本游离在欧洲大陆之外的边缘国家，因为商业贸易而走上了世界舞台。

人类自古不缺商人，也不缺冒险家，但当二者结合起来，商业就诞生了。就商业所产生的核能般的影响而言，莫斯科公司仅仅是个开始。给英国政府树立"日不落帝国"信心的莫斯科公司，直到第一次世界大战结束才关闭，而"股份制"这种商业形态则永存了下来。

政商博弈催生近代公司制度

在英国殖民公司中，利凡特公司是比较特殊的。英王于1592年、1600年和1605年颁发的三份特许状，确立了它的法人地位。

利凡特，是指地中海东部诸国及岛屿，即包括叙利亚、黎巴嫩等在内的自希腊至埃及的地区。顾名思义，利凡特公司就是英国政府为了开通这一区域的海上贸易所特许经营的公司。

16世纪之前，英格兰和东方是完全隔绝的。国与国的外交、来往通商这些都还没有。到16世纪前期，英国的船只开始定期前往地中海地区的西西里岛、干地亚岛、克里特岛和希俄斯岛开展贸易。

因为土耳其帝国的侵略与扩张，英国和地中海地区的贸易从

1552年到1573年被迫中断。1573年，经济形势有了好转，英格兰的船只又重返地中海。在托斯卡纳大公的邀请下，一艘代号"朗代尼"的英格兰商船把"3包呢绒、2桶精炼锡、一些棉布、37箱破损的钟、5只完整的钟、380块铅和1桶腌口条等货物"[1]运到里窝那[2]。呢绒是英国主要的出口产品，而铅和锡则是制造火炮不可缺少的原料。此时的地中海处于政治混乱阶段，这些东西都是紧缺物品。

1578年，伦敦商人爱德华·奥斯本骑士（Edward Osborne）和理查德·斯特普（Richard Staper）自费派人到君士坦丁堡，迂回获得通过土耳其帝国的准许。这侵犯了威尼斯商人对这一地区的垄断，爱德华·奥斯本和理查德·斯特普连忙向伊丽莎白女王提出了请求，希望得到英国政府的保护。1581年，伊丽莎白女王授予了他们特许状，下令组建土耳其公司。作为交换，土耳其公司要负担一个土耳其宫廷认可的大使的花费，并且每年要交500英镑的关税。

在1581年的特许状中，包括爱德华·奥斯本、理查德·斯特普、托马斯·史密斯（Thomas Smyth）、威廉·加勒特（William Garrett）在内一共12名商人被提名。他们拥有与土耳其进行垄断贸易的特权，为期7年，而其他的英国臣民禁止在这一地区航行。特许状还授予他们制定与贸易相关的法律和命令的特权。当然，这些法令不能与王国的法令相矛盾。

土耳其公司最初是一个合股公司，股东上至女王、枢密院的高级官吏，下至地方议员和商人。莫斯科公司作为一个法人团体

---

[1] 布罗代尔.菲利普二世时代的地中海和地中海世界[M].唐家龙，吴模信，等译.北京：商务印书馆，1996：909..

[2] 里窝那：位于意大利托斯卡纳西部，是意大利西岸第三大港口城市。

也向土耳其公司进行了投资。在土耳其公司的成员中，有3/4的人来自莫斯科公司，还有一部分来自商人冒险家公司。这种特许公司之间互相投资的现象，在这一时期很常见。土耳其公司的股东后来也投资了东印度公司，利凡特商人也成为东印度公司的骨干成员。

1582年，威尼斯商人对土耳其公司进行报复。第二年，女王伊丽莎白一世授予在威尼斯地区贸易的英国商人一个长达6年的特许状，允许他们在威尼斯领土上进行垄断贸易，这就是英国威尼斯公司。这里面也有重开与土耳其贸易的先驱商人托马斯·科德尔。威尼斯公司摆平了威尼斯商人的困扰之后，英国在1581年到1588年期间就有两家商业公司与东方进行贸易。由于进出口货物都差不多，它们之间产生了摩擦。

1592年，女王伊丽莎白一世再次颁布特许状，土耳其公司和威尼斯公司正式合并为利凡特公司，并首次获得法人地位，为期12年。公司法人观念的出现是一个巨大进步，这样公司就有了法律人格，能更好地进行内部管理。根据规定，由理查德·奥斯本出任公司的第一任管理者，任期一年后，则由公司的成员大会选举产生管理者。成员大会还负责处理决定公司的日常事务。公司内部有独立的会计系统，来管理公司股东的注资、公司应付的关税和其他费用支出，如此一来，公司建立了统一的内部管理制度。

利凡特公司成立后，它有实力可以承担更大规模的船运，来往贸易日益繁荣。英西战争（1585—1604）过程中，利凡特的贸易没有中断，并持续保持着增长态势。1599年，公司雇用船只达到了20艘，一年后，又增加了16艘。公司贸易的繁荣引起了其他商业圈的嫉妒，他们对利凡特公司垄断贸易越来越不满。

1600年12月31日，女王向利凡特公司颁发了新的特许状，内容与1592年的特许状大致相同，只是强化了限制条款：利凡公司需每年缴纳4000英镑的关税和维持大使的花费，如果超出规定时间40天还没有缴齐，那么这份特许状将被视为无效。这笔巨额费用对利凡特公司是一笔重压，可他们又不得不咬牙扛起来。

1603年，女王伊丽莎白一世去世，利凡特公司宣布放弃特许状并解散公司，给出的解释是公司无法负担每年4000英镑的必缴费用。实际上，公司是以激进的方式讨价还价，想从新国王那里获得更有利的贸易条件。但詹姆斯一世（James Ⅰ）对此并不买账，毫不退让。

双方一通拉扯，最终达成共识。1605年，詹姆斯一世再次颁发特许状，取消公司在利凡特地区的贸易垄断地位，授予它在利凡特地区所有地方挑选领事及副领事的权力，调整公司为规约公司，有权对公司的成员进行罚款及监禁。1661年，查理二世（Charles Ⅱ）重申了这份特许状，直到1825年。

利凡特公司的探索与实践，对英国海外扩张和近代社会转型都有深远的影响。

利凡特公司不仅为英国开通了与地中海地区的直接商业贸易联系，扩大了英国对外原料进口和输出商品的海外市场，推动了英国的贸易扩张和海外殖民，还沉重地打击了其他国家的竞争，以及有效地对抗了海盗的侵扰，保证了航运的安全，它对英国的海外贸易格局有着深远的影响。

利凡特公司的法人治理结构，也对近代英国公司制度的形成有直接的影响，公司作为一个独立组织在获得法人地位后，就具备了团体人格，可以作为一个整体享有权利并承担相应的义务。贸易法人在"其所垄断的贸易区域日益获得了各种政治、经济特权，甚至有权制定法律、设立法庭、雇佣军队，俨然是一个国家统治机构的翻版"[①]。

此外,利凡特还起到了标杆作用,东印度公司就是效仿利凡特公司而设立的。

东印度公司为现代公司树立标杆

1600年12月31日,英国政府再次重拳出击,女王伊丽莎白一世正式颁发特许状,允许一家民营公司成立,给予他们对东印度21年的贸易专利许可。

这家民营公司,就是彻底改变中国命运的英国东印度公司。东印度公司成立的使命,就是彻底实现英国在中国淘金的梦想。

东印度公司的成立与一位名叫拉尔夫·菲奇(Ralph Fitch)的探险家有关。他是第一个穿越了印度和东南亚的英国人。拉尔夫·菲奇出生于1550年,家世很普通,不过,他成年后进入了一家著名的皮革公司工作,经常有机会到国外洽谈生意。

1583年,菲奇和几位商人一起乘坐"老虎号"商船,途经叙利亚、巴格达,顺着阿拉伯河到了通向印度洋的口岸巴士拉[②],在这里,他们换乘了阿拉伯人的传统商船,结果倒了大霉。同船的威尼斯商人为了讨好葡萄牙人,就举报说菲奇一行人是英国商业间谍。当时葡萄牙人对觊觎海洋霸权的英国政府早就心怀不满,于是拘捕了菲奇和他的同伴。

[①] 杨美艳.16世纪后期英国的外贸公司及其历史作用[J]. 史学月刊,2000(2):70-77.

[②] 巴士拉:伊拉克第一大港及第二大城,建于638年,是连接波斯湾和内河水系的唯一枢纽,曾被称为"东方的威尼斯"。

菲奇等人被一路羁押到了葡萄牙统治的果阿邦，以尴尬的身份抵达印度。幸运的是，菲奇遇到了救星——英国大名鼎鼎的传教士托马斯·史蒂文斯（Thomas Stevens）。在史蒂文斯的帮助下，葡萄牙人同意释放菲奇等人，但不准许他们离开。1584年，菲奇等人终于找到了潜逃路子，他们放弃葡萄牙完全控制的海路，通过陆路找到了莫卧儿帝国首都阿格拉，并成功拜见了帝国历史上的最著名君主——阿克巴大帝（Akbar）。

阿克巴大帝早就对葡萄牙人心存不满，但碍于葡萄牙强大的海军实力而不敢与其正面交锋，于是尽可能招揽葡萄牙的敌人，接见英国商队就是为了和英国搭上线。英国探险队中的珠宝商人利德斯（Lueders）选择留在印度的宫廷内任职，菲奇和其余人则顺着印度河继续向北，游历了北印度、孟加拉地区、缅甸、马六甲和锡兰等地，只差一点就进入明朝统治下的云南。

马六甲是葡萄牙人的一个重要的东方据点，也是其前往澳门的必经之路。当时，西班牙舰队正联合葡萄牙舰队进攻英格兰本土，双方打得如火如荼。菲奇等人很清楚，在这个敏感时期继续前行，一旦落到葡萄牙人手中，必定是死路一条。左右衡量之后，菲奇和同伴们决定避开葡萄牙人，踏上回国之路。

从1588年到1591年，历经4年时间，菲奇终于返回英国。他的家人看到他，震惊得说不出话来。原来，因为常年没有消息，家人早就认定他去世了。而他在旅途中记录下的见闻则成为英国进一步开拓远东的重要参考资料。他自己也凭借着一路上的所见所闻，成为英国人开拓东方世界的重要参谋。

菲奇的探险经历吸引了很多人，其中一个就是航海家詹姆斯·兰开斯特（James Lancaster）爵士。兰开斯特曾组织过3支英国船队前往印度洋冒险，遗憾的是，3次探险都失败了。1600年，兰开斯特拜访了拉尔夫·菲奇，亲耳听他讲述了东方的繁荣与辽阔后，开拓东方的梦想重新被点燃。很快，他招揽了共计125名商人作为持股人，牵头成立了英国东印度公司，并从英国女王伊丽莎白一世手中拿到了在印度进行贸易的皇家特许状。

1603年，女王伊丽莎白一世去世后，野心勃勃的詹姆斯一世即位。他派出了探险商队，期望王室能借此建立起与东印度群岛、马来半岛、明朝海岸和日本列岛的贸易通路。1605年，王室重金资助的商队在经过廖内群岛海域时，遭到日本倭寇的袭击，英国海员经过一番苦战，总算击沉了倭寇的帆船，可最终获得的微薄收益远远低于资金和军力的投入。詹姆斯一世的探险期望落空，他果断放弃了这条路。1609年，詹姆斯一世向东印度公司发放了不设期限的许可状，给予它与印度贸易的特权。东印度公司拿到了政府特许，不仅可以在途经海域进行垄断贸易，还有权进行殖民扩张。

1612年，东印度公司在坎贝湾海战中击败了葡萄牙舰队，莫卧儿帝国统治者很高兴，慷慨允许它在印度本土建厂定居。在莫卧儿帝国的保护下，东印度公司接连建立起几十个工厂基地，大多位于孟买、金奈等核心城市的核心地段，影响力超过了在果阿和孟买建有基地的葡萄牙人。

在印度站稳脚跟之后，东印度公司不断挑战荷兰人通过马六甲海峡建立的香料贸易垄断。所谓树大招风，迅速崛起的东印度公司招来了一群商业竞争者和敌对势力。为了更好地保护集团利益，东印度公司再次向王室求助，要求自建武装，并很快得到了查理二世的首肯。

东印度公司因此建立了自己的军事武装力量，从一家民营企业变成了一家具备威胁力量的军事组织。事实上，它的实力比一个国家还强大，其贸易业务从棉花、丝绸、靛青、硝酸钠和茶，扩充到军械和鸦片。东印度公司的军事化，带给世界两大灾难性后果：西方贸易垄断和东方殖民统治。

随着东印度公司日渐强大，发了财的股东开始回到英国建立本土势力，涉及资产、企业及政治各方面。渐渐地，他们在国会有了话语权。一些富有野心的小股东，希望建立像东印度公司那样的私人公司，以便获得更多的利益。于是，1698年，一个新的平行公司——"英国东印度贸易公司"诞生了。然而东印度公司的大股东怎么会坐视不管？他们通过各种渠道买下了平行公司的股份，平行公司再次被他们主宰。1702年，两家公司合二为一，商业实力更加壮大。东印度公司逐渐在中国、印度和英国建立了一条呈三角关系的贸易航线，几乎垄断了茶叶和丝绸等传统货物的交易。

势力膨胀之后的东印度公司，开始涉足硝石（制造火药的原料）贸易，为英国军队殖民世界提供服务；并取得鸦片贸易的独占权，通过源源不断走私鸦片到中国广州等地，打破了中国对外贸易的长期优势。本来中国通过输出茶叶和丝绸维持着贸易顺差，却因为鸦片交易而形成庞大逆差。意识到鸦片的危害之后，清政府开始禁烟，但禁烟运动最终宣告失败，中国被迫割让香港岛给英国。

一家原本旨在打通东西方贸易的民营公司，最终在巨人的利益面前，变成了殖民统治的工具。东印度公司不仅让印度和中国人民陷入水深火热，也让美洲人民苦不堪言。1773年12月16日，轰轰烈烈的波士顿倾茶事件爆发了。东印度公司辛苦运来的整船茶叶被反抗者愤怒地倾入波士顿湾，东印度公司成为人人喊打的过街老鼠，而英国殖民统治也变得岌岌可危。

曾经为英国殖民扩张立下汗马功劳的东印度公司，在为英国政府打开北美和中国大门之后，沦为弃子。1858年，东印度公司解散。不过，它并没有完全离开历史舞台，而是以新的商业形态影响着世界。例如,东印度公司的员工在伦敦成立了东印度会,该会在当代仍然存在;头号鸦片贩子威廉·渣甸(William Jardine)建立了怡和洋行,延续着英国商人对东方世界的影响;还有咖啡商人在1987年以"东印度公司"命名自己的公司,并申请以原东印度公司的纹章当商标。无论从形式还是实际影响力来说,东印度公司都在现代世界长存着。难怪《泰晤士报》如此评价东印度公司:"在人类历史上,它完成了任何一个公司从未肩负过,和在今后的历史中可能也不会肩负的任务。"

一个积极的影响是,虽然东印度公司是一家承担着殖民掠夺任务的公司,但它对现代金融和现代企业管理的影响却是不容忽视的。作为一家股份公司,它促成了股票和现代金融的诞生。东印度公司也为现代公司打造了模型,从一开始就有自己的标识,红十字加横杠的公司旗帜甚至影响到美国国旗的设计;随着组织规模越来越大,管理也越来越有经验,在激励人、处理劳资关系上,为现代企业管理提供了参考;东印度公司对印度的行政管理,成为英国公务员制度的原型。

如同理查德·钱塞勒一样,探险家拉尔夫·菲奇也想不到,自己在东方世界的一次冒险经历,竟然能无意间改变东西方世界格局;自己的东方漫行日志,居然能像《马可·波罗游记》一样,引起资本扩张的热情。

奠定美国建国基础的殖民公司

"谁控制了海洋,谁就控制了贸易;谁控制了世界贸易,谁就控制了世界的财富,最终也就控制了世界本身。"[①]这句名言的提出者叫沃尔特·雷利(Walter Raleigh),英国天才政治家、军人和探险家。英国人正是通过努力践行这句话,最终实现了其海上霸权的梦想。

沃尔特·雷利在经历了艰苦的航行后,发现了现今美国弗吉尼亚州的罗阿诺克岛。他在这里留下了117名英国人,建立了第一个北美殖民地。为了取悦探险的赞助者——"把贞操献给国家"的英国女王伊丽莎白一世,沃尔特·雷利把这块殖民地命名为"弗吉尼亚"(英语:Virginia,字面意思为"处女地")。

1590年,留在弗吉尼亚殖民地的117名英国人神秘失踪了,仿佛人间蒸发了一样。英国政府派搜索队去当地寻找,结果一个人也没能找到。弗吉尼亚殖民地的失败,让沃尔特·雷利摊上了牢狱之灾。他在1603年被下狱。英国政府从此对发展北美殖民事业充满警惕。

1606年,詹姆斯一世在授予东印度公司许可权之后,还特许两家专门开发北美殖民地的公司——伦敦公司和普利茅斯公司成立。詹姆斯一世将北美一分为二,规定大西洋沿岸南段的大部分地区归伦敦公司开发,大西洋沿岸北段的大部分地区归普利茅斯

[①] 这句话出自英国历史学家哈尔福德·麦金德(Halfold Mackinder)发表于1904的著名论文《地理学的宏伟设计》(The Geographical Pivot of History)中。在这篇论文中,麦基达提出了他的地缘政治理论,强调了地理位置对于国际政治和世界格局的重要性。

公司开发。特许状规定，在美洲发现的殖民地或其他领地属英王所有，但公司对本殖民地的一切事务拥有全部治理权。也就是说，这两家公司不仅有贸易特权，还有政治实权。

先说伦敦公司，伦敦公司全称为"伦敦城弗吉尼亚第一殖民地冒险家与殖民者公司"，也叫"弗吉尼亚公司"，其股东都是伦敦人，以理查德·哈克吕特（Richard Hakluyt）、托马斯·史密斯（Thomas Smith）为首。

1606年12月，弗吉尼亚公司在拿到詹姆斯一世的特许权之后，立即组织了144名移民，在探险家巴塞洛缪·戈斯诺德（Bartholomew Gosnold）和约翰·史密斯（John Smith）的带领下，从英国出发，开始了长达5个月的漫长航行，于1607年5月6日在切萨皮克湾（美国面积最大的海湾）登陆。为了躲避西班牙海盗，他们选择了一条向西北方向的河流航行，想要找到通往亚洲的路，这条河流后来被命名为"詹姆斯河"。在厌倦航行后，他们选择在距离沿岸64千米的内陆地区驻扎下来，把这个地方取名为"詹姆斯镇"，也就是后来的詹姆斯敦。

弗吉尼亚公司的移民在詹姆斯镇建造城堡、房屋、仓库和教堂，开始在这里定居，詹姆斯敦于是成为英国在北美的第一块永久殖民地。

弗吉尼亚公司的使命是来北美淘金的，结果发现这里等待他们的只有疾病、饥饿、纷争和死亡。为了生存下去，他们只好和印第安人开展贸易，换取耕种经验。约翰·史密斯深入印第安人的领地进行食品贸易，并解决了大家的生存问题。1608年9月，约翰·史密斯正式成为詹姆斯敦殖民地的领导者。他上任后规定不劳动者不得使用公共储物仓，不劳动者不得食。移民们的激情一下被调动起来。但在看似合理的管理措施背后，其实隐藏着巨大的阴谋——掠夺和屠杀印第安人。这一做法激化了双方矛盾，在1609年的一次镇压印第安人的武装冲突中，约翰·史密斯身负重伤，被迫返回英格兰。失去了约翰·史密斯这个核心人物，弗吉尼亚公司的管理陷入了混乱。

詹姆斯敦殖民地在举步维艰中坚持了7年，直到最后找到了出路：种植烟草。烟草在西印度群岛早就有种植，吸烟当时在欧洲已经成为时尚。1612年，弗吉尼亚公司从西班牙那里选出了口感更佳的优质种子，建立许多烟草种植园。到了1616年，烟草已成为当地主要的出口产品。

1618年，英国议会议员埃德温·桑兹爵士（Sir Edwin Sandys）成为弗吉尼亚公司的首脑，他为弗吉尼亚公司起草了第一份宪章，即著名的《弗吉尼亚大宪章》，并实行了一项影响重大的改革措施——"人头权"授予（Headright Land Grants）制度：只要在弗吉尼亚公司购得一份股份并且前往弗吉尼亚，每个人就可以得到0.2平方千米的土地；如果购买者为服役期满的仆役，还能再多得0.2平方千米。这一制度在急需人口的时候发挥了强大的刺激作用，后来纽约、新泽西、卡罗来纳及马里兰、宾夕法尼亚和佐治亚的部分地区都得以参照执行。

1619年，公司放宽了对殖民地的军事化管制，并承诺移民将享有包括参与议会在内的"英国人的权利"。1619年7月30日，在詹姆斯敦教堂内，第一届弗吉尼亚大议会召开，与会者包括总督、6名参事会成员以及22名居民代表。会议持续了5天，最终商谈的结果是：输入更多的女人。弗吉尼亚第一批移民没有带家眷，一直没有妇人到殖民地来过。于是1619年，一艘载有90多名年轻女人的小船抵达了弗吉尼亚。就在同一年，第一批非洲奴隶也到达了詹姆斯敦。这20名黑奴是由一艘荷兰船运到弗吉尼亚，卖给公司的。

凭借烟草生意，弗吉尼亚公司渐渐在美洲站稳脚跟。他们开始对印第安人进行新一轮屠杀,名声越来越糟;同时,公司内部的腐败也越来越多,住在伦敦城的弗吉尼亚公司高层,想要遥控北美的管理团队,实在是太难了,盗用公司财务、垄断契约工人等事情频发,少数人在烟草贸易中暴富,多数人在殖民地断送了性命,于是,英国国王派人进行调查,并在1624年解散了伦敦公司;公司建立的弗吉尼亚殖民地也改为皇家殖民地,由皇室派人管理。

相比于东印度公司,弗吉尼亚公司的名气并不大,但是弗吉尼亚公司的殖民活动,某种程度上奠定了美国建国的基础。弗吉尼亚公司的议会制度,也成为美国的政治传统。

再来说说普利茅斯公司。公司股东为英国西部普利茅斯、布里斯托尔和埃克塞特等地人士。

眼看弗吉尼亚公司在北美登陆成功,普利茅斯公司也于1607年年中派遣两艘船,载着120人前往美洲地区。后来,他们在缅因州上岸,建立了波帕姆殖民地,开始发展这些地区以及加拿大魁北克。但由于内部派系斗争严重,殖民地管理混乱,普利茅斯公司的人员相继于1608年、1609年撤离。普利茅斯的殖民活动,就此失败。

后来,英国本土的清教徒,因为思想行为完全不为英王詹姆斯一世所喜,被迫害和驱赶,他们迫切需要给自己找一个地方。1620年7月,35名清教徒和67名非清教徒人员乘坐著名的"五月花号"(May Flower)轮船,前往弗吉尼亚殖民地,因为弗吉尼亚公司允许他们居住在那里。结果,一场暴风雨意外地把他们带到了科德角(今马萨诸塞州普罗文斯敦)。这里不允许清教徒居住,清教徒只好继续漂流,寻找弗吉尼亚公司。

1620年12月,清教徒在普利茅斯登陆。因为那里有淡水,有可耕种粮食的土地,还有易于防守的高地,在这里建设定居点再好不过了。

在正式登陆之前，这些清教徒在船上开了一个紧急会议，一致决定组建一个自治政府，并缔结"五月花盟约"，不再需要皇家的特许。"五月花盟约"的内容包括两个要点：组织公民团体，拟定公正的法律、法令、规章和条例。当时船上有41名成年男子签了字。

1620年12月25日，清教徒们在普利茅斯开始建造小木屋。在饥饿、寒冷、疾病的共同侵袭下，死亡接二连三地发生，4个月内，"五月花号"上的殖民者有一半人死去。不过，他们的坚持却给当地的印第安人传达了一个信息：这些人要长住下来不走了。印第安人想过用暴力驱逐他们，可又惧怕他们的枪炮，最终，在清教徒们崩溃之前，当地人做出了与他们合作的决定。1621年3月21日，一个名叫萨默塞特的人独自来到殖民者营地，用英语对他们说："欢迎你们，英国人！"这成为镌刻在北美殖民史上的一句名言。

印第安人救下清教徒后，双方签订了互不侵犯、互相帮助的协议，从此清教徒在北美扎根。也就是说，清教徒意外帮助普利茅斯公司完成了大西洋沿岸北段的殖民任务，而这仅仅是一个开始。

第2章
贵族大佬挟资本以令天下（1651—1720）

随着海上贸易的繁荣，商人的经济实力和他们的社会地位产生了不匹配现象。他们开始努力摆脱王权的束缚，1640年资产阶级革命和光荣革命由此爆发。在封建君主和新兴商人、贵族的争夺中，商人阶层越来越掌握话语权，连贵族也开始和商人联姻。在海外殖民地兴旺发展、国内陷入内乱的这段时期，英国本土出现了世界第一批保险公司、银行公司、金融机构。本土商业的繁荣，让王室坐立不安，他们为了寻找新的财务支持，批准了中央银行和股市交易中心的建立，国债和股票成为社会追捧的对象，泡沫经济由此产生。

一杯咖啡改变欧洲

大文豪巴尔扎克（Balzac）说过："我不在家，就在咖啡馆；不在咖啡馆，就在去咖啡馆的路上。"西方人一直有在咖啡馆里消磨时光的传统。1971年，第一家星巴克在西雅图创立，咖啡馆正式开始走向普罗大众。但是，在此之前咖啡馆已经有至少300年历史了。

咖啡最早起源于非洲。咖啡树最早被发现于非洲埃塞俄比亚的卡法省（Kaffa）。发现的途径很意外：一种说法是，牧羊人发现羊吃了咖啡果后非常精神，也开始食用咖啡；一种说法是，一次野火烧毁了咖啡树林，人们发现烧烤咖啡有一种特别的香味。总之，咖啡在非洲至少有上千年历史了。

公元13世纪，埃塞俄比亚军队入侵也门，咖啡果随着它们的步伐进入了阿拉伯世界。阿拉伯人起初把咖啡当作胃药服用，后来作为酒精的替代品来保持头脑的清醒。在伊斯兰教的教义中，酒精是被禁止的。1517年，苏丹谢里姆一世（Salim I）征服了埃及，将喝咖啡的习惯带回了伊斯坦布尔。1530年，伊斯坦布尔诞生了世界上第一家咖啡馆，人们会聚在咖啡馆里谈天说地，有点类似于中国古代的茶肆。

1615年，威尼斯商人将咖啡豆带到了欧洲，维也纳和巴黎的人们用从土耳其人那里得到的烹制经验加工咖啡豆，进而学会了喝咖啡。1683年，意大利第一家咖啡馆在威尼斯开张。教皇克莱门特八世（Clement VIII）品尝之后，觉得非常美味可口，并情不自禁地说："让咖啡受洗成上帝的饮料吧！"于是咖啡在意大利流行起来。他们发明了把羊奶泡加入咖啡的喝法,也就是现在的卡布奇诺。咖啡成为人们日常生活中不可或缺的一部分,意大利人贡献最大。

1616年,荷兰商人发现咖啡能带来极高的利润,就偷偷把咖啡苗木和种子运出了戒备森严的也门摩卡港。他们先在本国尝试种植,但因为荷兰的冬天过于漫长,咖啡树无法规模化栽培,尝试失败。然而荷兰人没有因此而放弃,他们转而把咖啡带到他们的殖民地爪哇群岛种植,最终大获成功。荷兰的殖民地曾一度成为欧洲咖啡的主要供应地,直到现在,印度尼西亚仍旧是世界第四大咖啡出口国。荷兰人对于咖啡种植产业化,发挥了重要的推动作用。

在欧洲人当中,英国属于较晚接触咖啡的国家,但咖啡馆却是在伦敦流行起来的。1650年,伦敦第一家咖啡馆由商人托马斯·霍基斯(Thomas Hodges)开设,用来招待他生意上的伙伴。霍基斯主要经营与土耳其之间的生意,他将英国的火药、罐头、羊毛等物品出口到奥斯曼帝国,从奥斯曼帝国进口英国人所需的各种日常生活用品。通过与奥斯曼帝国的贸易,霍基斯迅速积攒下了大量的财富。他既任职于东印度公司委员会,又担任利凡特公司的董事会助理,地位很高。

为了方便招待来自土耳其的生意伙伴,霍基斯赞助他的仆人帕斯夸·罗塞(Pasqua Rosée)开设了英国第一家咖啡馆。咖啡馆一炮而红,人们都跑来喝咖啡,酒馆的生意都做不下去了,当地的酒馆主人甚至因此向市长提出抗议。虽然帕斯夸·罗塞因为不是自由人身份[1],后来被赶出了英国,但是咖啡的魅力已经无法阻

---

[1] 16、17世纪的英国,贵族拥有很多特权,包括自由拥有财产、自由买卖财产、自由参加政治活动等,他们被称为"freeman",也就是自由人,普通人则没有这些特权。

挡了，伦敦的咖啡馆遍地开花。

1650年到1700年，伦敦的咖啡馆数量达到了2000多家，伦敦因此成为世界上名副其实的"咖啡之都"。

1673年，被咖啡业务挤压得生存困难的酒业老板，向议会提交了一份请愿书，主张禁止茶和咖啡的交易，倡导人们多饮用啤酒、白酒；1674年，有妇女牵头请愿来抱怨咖啡使得男人懒散和虚弱；1675年12月，查理二世的一个声明要求镇压所有咖啡馆，理由是"人们在咖啡馆花费了很多时间，以至于耽误了他们的本职工作，另外，人们聚在咖啡馆里经常讨论政治、造谣诽谤政府"。这一声明很快遭到了抵制。

此时的咖啡馆已经成了伦敦商业和政治生活中不可替代的存在。咖啡店主们团结在一起，请愿、抗议。财政大臣是他们的支持者，他向国王强调，咖啡馆给政府带来了巨额的税收。国王很快收回了成命，抵制声明仅仅存活了不到10天的时间。

伦敦咖啡馆不仅是个喝咖啡的地方，还是信息的交流中心。人们在咖啡馆里阅读新闻报纸、戏剧剧本、文学著作等，还会就政治、宗教、文学等各个话题进行讨论交流，有人因此将咖啡馆称为"便士大学"。英格兰的咖啡馆文化愈发蓬勃兴盛。

咖啡馆能在伦敦盛行，有一个至关重要的原因：咖啡当时是英国东印度公司的主要贸易物之一。然而世事变幻，到了19世纪，英国东印度公司从中国进口的商品中，茶叶占了90%以上，茶叶贸易占英国国库收入的10%。茶叶全面取代了咖啡，下午茶成为英伦流行文化。

东印度公司把咖啡带到牙买加，于是世间有了蓝山咖啡；东印度公司把茶叶带到了北美，茶叶却在这里翻车了。茶叶被美国人视为压迫者饮料，在波士顿倾茶事件中，茶叶被美国人愤怒地扔进海水中，以此来抗议大英帝国对美国殖民地的征税和统治。

而被英国人冷落的咖啡，反被美国人抬爱，奉为国民饮品。之后，随着美国的世界影响力增强，咖啡逐渐成为国际饮品。

乔纳森咖啡馆与股票交易所

经济学上有一个很经典的原理："劣币驱逐良币。"如果优和劣两种货币同时在市场上流通，最终劣币将成为市场主宰，优良货币会被完全驱逐。这个观点的提出者名字叫托马斯·格雷汉姆（Thomas Gresham）。他是伊丽莎白一世时期的财政大臣，也是英国极富头脑的商人。

1559年，作为财政大臣的格雷汉姆发现，英国市场流通的货币多是成色不足的货币，而成色足的货币反而被藏了起来，于是他就向伊丽莎白一世汇报了这一真相，并请求对通货实行管制，重铸货币。伊丽莎白一世接受了他的建议。

1565年，格雷汉姆又提议修建一个交易中心。这一提议立即得到了响应。因为当时商人们长期只能在室外交易，伦敦天气又经常不好，非常不方便。格雷汉姆亲自为交易中心设计了一个大蚱蜢标识，期望业务像蚱蜢一样蹦得高、跳得远。

1569年，交易中心正式开业。当时法国爆发战争，许多商人转而前往伦敦交易，促进了这一交易所的兴盛。1571年，伊丽莎白女王来访后，将交易中心改名为"皇家交易所"（Royal Exchange）。交易中心由此奠定了自己的历史地位。

不过，虽然叫交易所，但它和股票并没有太大的关系。当时，股票交易方兴未艾，但皇家交易所并不太欢迎这种金融产品入驻。那么，股票交易在哪里进行呢？咖啡馆。

第 2 章 贵族大佬挟资本以令天下（1651—1720）

皇家交易所附近有一条咖啡巷子，巷子里有许多咖啡馆。热爱股票的人就聚集在那里私自交换信息。在这些咖啡馆中，有一家非常出名——乔纳森咖啡馆。

皇家交易所先后遭遇了两次大火，多次重建。到交易所来进行期货交易的商人特别多，常常人满为患，无处可待的人就聚集到乔纳森咖啡馆，交流信息和玩拍卖。一开始，乔纳森咖啡馆以拍卖木材、咖啡、香料、船舶等来吸引商人。

1694年，按照英王的特许状，英格兰银行（Bank of England）开始发行国债、股票等各类证券，主要目的是为政府向社会募集资金。英国政府也发行国家彩票，在承诺一定的年金回报率之外，还保证有长期的巨额奖金赠送。鸟为食亡，人为财死，每个人都幻想着一夜暴富，于是咖啡馆就成为投机活动的中心。

1697年，逃避宗教迫害的胡格诺教徒约翰·卡斯塔因（John Castaing）从法国来到了乔纳森咖啡馆。卡斯塔因很有生意眼光，他办了一份名为《交易过程及其他》的报纸，每两周出版一期，上面全都是证券市场信息，内容涵盖英国国内和国外一些上市公司的经营情况，以及债券价格、国家彩票的价格，等等。这份报纸受到了伦敦人的热烈欢迎。

股票投资者在乔纳森咖啡馆里面，喝着咖啡，争相传阅、谈论卡斯塔因的报纸。畅销书《每个人都是他自己的经纪人》的作者托马斯·莫蒂默（Thomas Mortimer）这样描述光顾乔纳森咖啡馆的客人："每个进入乔纳森咖啡馆做交易的人在酒吧自付6便士，凭借这6便士，他便有权烘烤，获取墨水和纸，以及一小杯巧克力；如果他懂业务，那么这一天他是最好的经纪人。"

久而久之，《交易过程及其他》报纸就成为股票交易市场的晴雨表。报纸印行了30年时间，投资者们一如既往地时刻关注它。中间，乔纳森咖啡馆因为一场大火意外烧毁，100多名股票掮客自动集资重建了一个咖啡馆，取名"新乔纳森咖啡馆"。后来大家觉得这个名字不太吉利，直接改名为"股票交易所"。遗憾的是，新建的乔纳桑咖啡馆，在1778年还是被大火烧毁了。

"皇家交易所"和"股票交易所"，后来就演变成了伦敦证券交易所。到现在，作为世界四大证券交易所之一，伦敦证券交易所受理了超过2/3的国际股票承销业务，它为世界各地的公司及投资者提供了一个通往欧洲的理想门户。

劳埃德咖啡馆与世界第一家保险公司

伴随着殖民主义和商业贸易的繁荣，伦敦成为欧洲各国商贸大佬的聚集地。各式咖啡馆广受船长们的欢迎。品一杯咖啡，畅谈航海见闻，成为商人返航或者出行前的消遣。

1687年，爱德华·劳埃德（Edward Lloyd）在靠近泰晤士河和海军办公楼的塔楼街开设了劳埃德咖啡馆。这个时候，竞争对手已经很多了。当时，伦敦市内的加罗韦咖啡馆、乔纳森咖啡馆、威尔斯咖啡馆等名店，已经成为东印度公司的高管、船长和投资家们聚集的场所。为了招揽这些顾客，各家咖啡店展开了激烈的竞争。

后加入的劳埃德咖啡馆，另辟蹊径，率先执行了24小时营业的经营体系，丰富了饮料、食品品类供大家选择，还很贴心地在店内一角预备了在当时算得上珍贵物品的墨和纸张，供顾客取用。为了保证服务质量，店里保证时刻有5名店员提供服务。

劳埃德咖啡馆为东印度公司的相关人士保证了舒适的空间，顾客就算是待上一整天也不觉得乏味。方便工作的环境，可供休憩的角落，精心准备的各种各样的空间，而且还有远洋航海归来的船长召开的有关海外信息的小型演讲会，等等，劳埃德咖啡馆一心一意为顾客提供服务。此外，在劳埃德咖啡馆还召开了商品拍卖会。如此一来，伦敦的富人就渐渐汇集到了劳埃德咖啡馆。

开业后的第五年即1691年，劳埃德咖啡馆从塔楼街搬迁到邮局附近的伦巴第路，拥有了更大的店面。这个咖啡馆临近海关、海军部和港务局，聚集了经营航运的船东、船长、商人等人群。经纪人、银行高利贷者也聚拢了过来，这里成了大家经常会晤和交换信息的地方。

在科技不发达的条件下，航运尤其是远洋航运，风险是非常大的，只要一个巨浪，船只就有可能葬身大海。做海航生意的商人深知自己的风险很大，却无能为力。劳埃德抓住机遇，一方面为远洋船长专门收集航运信息，另一方面为商人提供租借船只的信息，再通过报纸广告将消息散播出去，一时间名声大噪。劳埃德咖啡馆生意火爆到让英国王室充满警惕，因为当时新闻的发布需要得到政府的检阅，所以《劳埃德新闻》[1]很快就被禁止发行。

1713年，爱德华·劳埃德去世，他的女婿继承遗志，发行了经政府批准的经济信息报《劳合社动态》，报道商、经、政、法、文娱各界的最新信息，最后，发展成为英国几大传媒巨头之一。《劳合社动态》后来改名为《劳合社日报》，直到今天仍在伦敦发行。

劳埃德咖啡馆从一开始就不只是一家单纯的咖啡馆，而是东印度公司向海外发展据点时不可或缺的场所。劳埃德咖啡馆成为东印度公司调度帆船，筹集购买、租借贸易船只的费用，以及签

---

[1] 1696年9月，劳埃德自办了一份两面印刷的小报《劳埃德新闻》，每周出版3次，主要登载最新的海事信息。

订贸易船只的保险合同和支付费用的宝地。拥有雄厚资金、能够承担起大型保险的贵族在这里轮番登场。劳埃德咖啡馆实际上是一个与东印度公司命运与共的会员俱乐部。

刚开业的阶段,一般人只要支付现金就能获得一杯咖啡,在劳埃德咖啡馆随意待上一整天;后来,劳埃德咖啡馆就只对担保人会员开放了。后来,咖啡馆的商人们在劳埃德咖啡馆原业务的基础上合资成立了劳合社,记录并传递各种信息,帮助贸易各方分散风险。为了减轻个人投资者对帆船投资时的贸易风险,他们还开发了以船舶和贸易商品为对象的特别保险。劳合社大厅中央有一本泛黄的手册,每当有重大航海事故发生,工作人员就会在上面记录一笔,这个传统到现在都没有中断。

劳合社的大厅还有一只小铜钟,是1799年从荷兰沿海一艘沉船上打捞上来的,它担负着一项重大使命。但凡这个小铜钟一响,就说明劳合社有大业务了。小铜钟响一下,表示公司赚了一大笔钱;小铜钟响两下,表示公司的某项保险亏了血本。

1871年,英国议会专门通过了《1871年劳合社法案》,劳合社被批准成为保险社团组织,取得了法人资格,只不过当时的劳合社只限经营海上保险业务。直到1911年,劳合社再次得到英国议会批准,可以经营一切保险业务。经过300多年的发展,如今劳合社已经成为世界保险巨头。

劳埃德保险能有今天的地位,不是因为它的传奇来历,更多是因为它敢于承担风险很大的保险。在多次震惊世界的大灾难中,我们都可以看到劳埃德的担当。1906年,美国旧金山大地震发生后,劳埃德保险同样损失惨重,可它没有任何推诿,让保户们及时领到了赔偿金;1912年,英国巨型客轮"泰坦尼克号"意外触冰沉没,劳埃德保险二话不说共计支付了250万美元的赔偿费;1983年,劳埃德保险承保的民航客机失事,它共计赔偿了3亿多美元。基于这些良好信誉，劳埃德保险被评为"保天下第一险"。

在世界保险史上，劳合社设计了世界上第一张盗窃保险单；第一辆汽车和第一架飞机的保单也出自劳合社；近年来，劳合社还成为石油能源保险和卫星保险的先驱者。对保险从业者来说，劳合社设计的保险条款和保单格式是行业的标杆，它制定的费率是行业的标准。总之，劳合社对整个保险行业都有举足轻重的地位，并被举世公认。

让创始人爱德华·劳埃德始料未及的是，他一手创办的咖啡馆，竟然能影响到世界海商法、保险业以及新闻业的发展。

更牢固的保险：商人与贵族联姻

咖啡文化也改变了英国人的认知，过去老死不相往来的阶层坐到了一起。在一起喝咖啡的社会氛围中，阶层固化得到了缓冲。曾经对海盗和商人不屑一顾的传统贵族，因为利益的驱使，开始和这些财富群体联姻了。

传统的英国社会结构呈金字塔形状，等级界限分明。贵族位于塔尖，数量不多，却占据着英国大部分的地产和财富，享受着统治阶级的特权。贵族们认为四处钻营赚钱是一件很跌份儿的事情，不符合自己的贵族身份。

16—18世纪期间，由于大量财富被用于建造豪宅、举办宴会等事务，部分贵族在经济上陷入危机。[①]为了追求财富，贵族们改变了只在阶层内部通婚的观念，力图与富商联姻。对商人来说，

---

① 王雪松，刘金源."时髦婚姻"：近代英国贵族与商人的联姻[J].光明日报，2017-06-05（14）.

在掌握了大量财富后，他们也渴望提高社会地位，于是愿意和拥有贵族血统，并仍处于社会上层的贵族通婚。正如法国史学家保尔·芒图（Paul Mantoux）所说："当血统贵族力求通过商业致富时，商业贵族则想获得权力和威望。"在当时的英国，商人们还可以通过置办大宗土地房产、购买爵位等方式完成阶层跨越，不过，最便捷的途径还是与爵位继承人联姻。

在贵族与商人的联姻中，最著名的莫过于丘吉尔家族与羊毛商斯宾塞家族的联姻。

约翰·丘吉尔（John Churchill）的父亲老丘吉尔是一个保王党，与王室来往非常密切。成年后，他通过关系进宫，谋得了查理二世的听差一职。约翰的姐姐阿拉贝拉·丘吉尔（Arabella Churchill）先是在国王的弟弟约克公爵（Duke of York）夫人身边做事，后来又和约克公爵暗通款曲，还给他生了一个儿子，虽然没有婚姻关系，可母凭子贵，连带着约翰·丘吉尔在上流社会也如鱼得水。

1672年，约翰跟随约克公爵参加了索尔湾海战，凭借在战场上的表现成功晋升上尉；1673年，他在法荷战争中，随法国大帝路易十四（Louis XIV）御驾亲征，影响力进一步提升。1677年，他在公爵府中遇上了15岁的贵族小姐萨拉·詹宁斯（Sarah Jennings），两人很快坠入爱河，并不顾双方家长的反对秘密结婚。萨拉·詹宁斯是约克公爵的爱女安妮公主的闺蜜，两人有很深的姐妹情谊，凭借这层关系，约翰和王室有了更为密切的交往。

1685年，约克公爵即位，他就是詹姆斯二世。查理二世的私生子蒙默斯公爵（Duke of Monmouth）对皇位虎视眈眈，他不甘失败而起兵造反，约翰·丘吉尔率兵镇压。在战斗中，约翰展现了过人的军事才能，他指挥得当，骁勇善战，最终击溃了叛军，还将蒙默斯公爵捕获，并送上了断头台。约翰·丘吉尔凭借战功被封为马尔博罗公爵,一步跃入贵族阶层,成为英国王室以外的排名最高的公爵。

约翰·丘吉尔没有男性继承人,为了巩固家族利益,他把次女安妮嫁给了商人家族——斯宾塞家族。

斯宾塞家族靠羊毛贸易起家。1508年,斯宾塞家族在英格兰北安普敦郡的奥尔索普定居,并在那里建造了庄园(戴安娜王妃就成长于此)。老祖宗亨利·斯宾塞(Henry Spencer)一直往返于澳大利亚和英国,做羊毛生意。有一次,亨利·斯宾塞向王室进贡了一件世间罕有的贴身羊毛马甲,国王查理一世很高兴,大大奖赏了一番,从此斯宾塞家族和王室的联系密切起来。

1643年,在英国内战期间,斯宾塞家族的后人亨利·斯宾塞(同名)取得了战功,又花费3000英镑,得到了第一代桑德兰伯爵的封号。他的儿子罗伯特·斯宾塞(Robert Spencer)继承了这个花钱买来的爵位,后在政坛扶摇直上,成为查理二世的左右手;光荣革命之后,又成为新国王顾问,后来出任了内廷宫务大臣。

尽管罗伯特·斯宾塞为斯宾塞家族争得了荣光,但在传统贵族眼中,斯宾塞家族始终是一个羊毛商,一个靠金钱上位的暴发户。事实上,斯宾塞家族确实一直用"薅羊毛"的钱维持着贵族身份。直到第三代桑德兰伯爵查尔斯·斯宾塞(Charles Spencer)与马尔博罗公爵、约翰·丘吉尔的次女安妮·丘吉尔(Anne Churchill)联姻,这个家族才彻底显贵起来。

约翰·丘吉尔的长女过世之后,查尔斯·斯宾塞和安妮·丘吉尔的次子小查尔斯继承了马尔博罗公爵的爵位。这一分支将姓氏改为了"丘吉尔·斯宾塞",后来诞生了温斯顿·丘吉尔(Winston Leonard Spencer Churchill)首相。查尔斯·斯宾塞的长子继承了斯宾塞家族的桑德兰伯爵的爵位,这一分支后来诞生了戴安娜王妃(戴安娜·弗兰西斯·斯宾塞,Diana Frances

Spencer）。这两位都是英国历史上举足轻重的人物。

在16世纪末，只有那些经济窘迫的贵族才偷偷与商人联姻。因为在当时越过阶层界限，与"贱商"联姻还是一件上不了台面的事儿。到了17世纪，贵族与商人的联姻频繁了起来。双方通过联姻各取所需、合理谋利，成了一件理所当然的事儿，重商主义开始传播开来。

英国传统贵族为了保证家族有足够强大的实力，不会轻易拆分家族财产，于是采用长子继承制。也就是说，家庭里的多个子女同根不同命，长子可以继承家族的财富和爵位；而其他子女可以继承的财产则很有限，生活经常陷入窘迫境地。当贵族与商人联姻慢慢被接受后，两个阶层深度融合，各方的生活和工作方式相互渗透，贵族们开始鼓励长子以外的孩子经商谋生，重商主义得到了进一步传播。

金匠与英国最古老的银行

众所周知，世界上最早的纸币是中国北宋初期（10世纪末）的"交子"；英国的纸币则诞生于17世纪，名称是"banknote"，译为"银行券"。顾名思义，"银行券"的发行主体是银行。那么问题来了，英国的银行是什么时候诞生的呢？

我们先来了解一下，银行出现前富豪是怎么储存财富的。在纸币未出现前，人们用的是金属铸币，不方便携带也不好储存，尤其是对那些从事商贸活动的商人来说，小偷、劫匪防不胜防。于是，商人们都会找一个安全的存放点，把金属铸币寄存在那里。

泰晤士河是伦敦人的母亲河，而坐落于泰晤士河畔的伦敦塔总是吸引着络绎不绝的游客。在这座千年古堡里，你可以看到英国皇室的历代珍宝：全世界最大的钻石，重达530克拉的库利南一号，被镶嵌在英王的权杖上，现在储藏在伦敦塔里；西敏寺教堂的重建者——忏悔者爱德华国王戒指上的蓝宝石，被镶嵌在英王的王冠上，现也储藏在这里；充满神秘色彩的卡伊诺钻石光之山，如今被镶嵌在伊丽莎白二世（Her Majesty Queen Elizabeth Ⅱ）的母亲伊丽莎白王太后的王冠上，储藏在伦敦塔里。伦敦塔，一直是英国的"宝库"。在金属铸币流通的时代，伦敦塔就是商人们常去的一个寄存地。

伦敦塔最早是英国皇家铸币厂所在地。当时实行自由铸币制度，公民可以把金块拿到铸币厂里铸造成金币，铸币厂不收取任何费用，或收取较低的熔炼打造成本；也可以把黄金直接存放在铸币厂。这种自由铸币制度，我国西汉时期也实行过，不过是铜钱币；美国在1880年到1896年也实行过。

然而，查理一世让富豪们对伦敦塔失去了信任。1638年，查理一世同苏格兰贵族开战。为了筹措军费，他强行征用了伦敦塔里人们存放的12万英镑金银币。后来经激烈抗议，才发还给民众。

从此，人们便不再信任由国王控制的"伦敦塔"，转而把手中的黄金存放在伦敦的金匠那里。金匠会收取一定的保管费，并为存钱人开具纸质凭证；后期商人凭借凭证，就可以取出黄金。纸质凭证相当于商人和金匠之间的私人合同，没有法律效力，纯靠储户对金匠的信任。金匠会对收据做一个副本备份，这样就能防止在兑取时发生纠纷，当商人来兑取黄金时，金匠翻开备份资料，核实后就为其提取存金。这一商业行为很快就发展到了"认票不认人"的地步。

金匠在接受大量存货的时候，发现了商机：因为商人取钱的时间不等，金匠就可以把他们的金币拿出一部分来，以高利贷的形式发放出去,然后把放贷利润再分给存放商人,这样来存放的商人就越来越多。

慢慢地,原本只负责鉴别和铸造黄金的伦敦金匠摇身变为专门帮助有钱商人存放货币、开设存款票据并提供贷款的金匠银行家。一些守信用、声誉好、经营能力强的金匠铺,就逐渐演变成了私人银行。

1690年,金匠约翰·弗雷姆(John Frame)和托马斯·古尔德(Thomas Gould),在伦敦的伦巴第街联合创办了一家私人银行,专门为顾客保管黄金,还向有信誉的商人提供贷款。英国最古老的银行(具有逾300年历史)、全球规模最大的商业银行之一、全世界第一家拥有ATM机的银行、英国第一家世界500强企业——巴克莱银行(Barclays Bank)由此诞生。"巴克莱"的名字是约翰·弗雷姆的女婿詹姆斯·巴克莱(James Barclays)掌权后正式改名的。

巴克莱银行带动了一批私人银行的诞生,很快伦敦出现了几百家小银行。巴克莱银行通过兼并这些小银行而变身为巴克莱集团。1896年,巴克莱银行共有182家支行。1925年,巴克莱开始在世界范围内扩展,设有2100多家分行。1966年,巴克莱银行发行了全英第一张信用卡。2008年9月,巴克莱银行趁着金融危机,收购了投资银行雷曼兄弟的核心业务,以及雷曼兄弟在纽约市曼哈顿的办公大楼。2022年,巴克莱银行在全球一类资本银行排名中位列第24位,在《财富》世界500强企业榜单中排名第374位。此为后话。

面对以巴克莱银行为代表的私人银行,英国王室不可能无动于衷。1691年,伦敦的金匠商人威廉·帕特森(William Paterson)与几个合伙人向王室申请成立国家银行。他们请求政府认定他们发行的票据为法定货币,作为交换,他们承诺以极低的利息向王室提供100万英镑的贷款。这个报告没有被批准。

1693年,威廉·帕特森再度提交申请,贷款120万英镑给王室政府,希望政府允许他们发行120万英镑的纸币。1694年3月,英国议会通过了《英格兰银行法案》,采用股份认购方式组建了英格兰银行,国王威廉三世(William III)为他们颁发了"皇家特许状"。

在《英格兰银行》一书中,英国金融专家丹·科纳汉提出一个观点:英格兰银行影响了英国、欧洲乃至世界的经济。还有一种说法认为,正是英格兰银行的成立才让英国最终战败法国,登上了海洋霸主的位置。

从当下来看,英格兰银行跟巴克莱银行也没有太大的不同,只是它的顾客身份有点特殊,别的银行针对的是有钱的商人,它针对的是英国王室,英格兰银行到底发挥了什么作用呢?在后面的章节中,我们再一一揭晓。

牛顿与南海泡沫

当时的咖啡馆内,不仅云集了大批商贾文人,还不乏科学家们的身影。其中一个就是我们熟悉的艾萨克·牛顿(Isaac Newton)。他曾经坦言:"快乐的生活,是由快乐的思想构成的;而当下的快乐,就来源于这杯咖啡。"

牛顿是英国最早的科学机构——皇家学会的成员,而皇家学会就是几位科学家在咖啡馆里自发成立的。1684年初,牛顿和另外两位科学家在咖啡馆里讨论万有引力的理论,谈着谈着竟然直接在咖啡桌上进行了一场解剖实验。1687年,牛顿发表《自然哲学的数学原理》，系统描述了万有引力和三大运动定律，这些描述奠定了此后三个世纪里物理世界的科学观点，"牛顿"这个名字从此在科学界闪闪发光。

学而优则仕。1689年，牛顿当选为国会议员。1696年，牛顿经财政大臣推荐，当上了伦敦皇家铸币厂的监管，负责主持英国货币重铸工作，一直到去世。

牛顿入仕的这些年，正好是英国政府财政较艰难的时期。从1650年起，英国走上了对外殖民扩张的道路，在扩张过程中，英国与荷兰、法国之间多次爆发大规模战争，最终英国获得胜利，确立了海上霸权。但代价是，英国国库亏空、财政困难。1689年到1714年之间，英国政府因为战争欠下了1000万英镑的债务，日子过得艰难，无奈之下，英国政府找上了南海公司（South Sea Company）帮忙。

南海公司全称为南海股份有限公司，于1711年成立，它创立的初衷是对南美和太平洋诸岛开展贸易活动，并担负着国家证券投机的使命。当时，长期的经济繁荣使得英国私人资本膨胀，大家手里有钱，却没有好的投资机会，太需要有个机构能给大量闲置的资金找个出路。

南海公司一开始确实帮了英国政府的大忙。它认购了总价值近1000万英镑的政府债券，解了英国政府的燃眉之急。南海公司也没有吃亏，它从英国政府手中拿到了永久性退税政策和对南海（即南美洲）的贸易垄断权。当时，社会上疯传南美洲的地下有巨大的金银矿藏，如果南海公司把技术人员带过去，就能挖出一座金山来。

因为看好南海公司，1719年，英国政府允许中央债券与南海公司股票进行转换。同年年底，南海公司打开南美贸易通路，社会舆论对南海公司股票看涨，大家纷纷将手里的中央债券转换为南海公司股票。1720年，南海公司承诺接收全部国债，作为交换，英国政府要逐年向公司兑现。同时，南海公司还允许民众以分期付款的方式来购买公司的新股票。英国政府欣然同意，就连国王也认购了价值10万英镑的股票。上行下效，全国购买股票的热情被调动起来，南海公司股票价格一路狂飙。

其他股份公司的股票也跟着被带动起来，一时间全民昏头，包括牛顿在内。很快，股票价格先是在6个月内猛涨700%，又在6个月内暴跌回起点，无数被套牢的人陷入了愤懑与绝望。政府调查后发现，南海公司为了圈钱，故意编造虚假信息，给投资者描绘了一幅金灿灿的致富图，靠吹嘘吊足大家的胃口。事实上，南海公司只派过三艘船前往南美贸易，其间因为英国与西班牙交恶而中断。也就是说，南海公司本身几乎没有贸易业务，是标准的"皮包公司"。

正如银行家约翰·马丁（John Martin）所言："当其他人都发疯的时候，在某种程度上我们不得不去模仿他们。"牛顿一开始买了南海公司的股票，并在上涨阶段及时卖掉，赚了5000英镑；随后，他又忍不住重新买入，结果亏了20000英镑。痛定思痛，牛顿禁不住感叹："我能算准天体的运行，却无法预测人类的疯狂！"

1720年，英国国会通过了《泡沫法案》。自此，许多公司被解散，南海公司的资产也被清理，公众才彻底清醒过来。从此，公众对股票交易避而远之，经过长达一个世纪的时间，英国人民才走出"南海泡沫"的阴影。

第3章
金融改革孕育商业成熟（1721—1760）

"光荣革命""金融革命""工业革命"是把英国推向现代化进程的"三驾马车"。1688年的"光荣革命",推动英国建立了君主立宪制,工业革命有了政治基础。随后的"金融革命"则为工业革命提供了经济动力。英国政府在"南海泡沫"的刺激之后,开始对国债、税收、银行、保险等进行规范化管理,英格兰银行从私人合股银行变身中央银行;纸币开始流行;作为临时创收措施的关税、消费税、财产税成为常规税收;国有保险诞生;证券交易规范化、公开化,吸引外来资本进入伦敦,伦敦成为世界第一个金融中心,比巴黎、纽约等成为世界金融中心的时间早了一个世纪。

南海泡沫终结

南海泡沫事件爆发后，英国迎来了第一位首相——罗伯特·沃波尔（Robert Walpole），他是英国历史上任期最长的首相。

1721年，沃波尔出任第一财政大臣之职，尽管当时官方还没有"首相"这个头衔，但他已经是内阁的掌权者，所以一般认为他的首相任期从此开始。到1742年辞职致仕，罗伯特·沃波尔主导英国政局长达约20年的时间。

罗伯特·沃波尔是一位积极热心的辉格派成员。"光荣革命"之后，议会地位日渐上升，在议会中产生了"辉格派"（Whig，英国自由党前身）与"托利派"（Tory，起源于爱尔兰语，意为"不法之剑"）两个派系。辉格派维护的则是金融资本家、大商人及一部分土地所有者的利益；而托利派维护的则是大土地所有者和英国国教高层僧侣的利益。很长一段时间里，两派在政治地位、权势、财富等多个方面纷争不已，不相上下。但自1694年以后，到工业革命前夕，辉格派在政治上占据了绝对的优势地位。

辉格派之所以能长期掌权，是因为它既代表金融资产阶级的利益，为英国资本主义的发展鸣锣开道、摇旗呐喊，又帮助英国王室解决财政棘手问题，受到国王的信任。反观托利派，不仅代表了保守者利益，还两次参与觊觎王位者的阴谋复辟活动，不得人心。

从英格兰银行的建立、国债制度的实施到南海泡沫危机的处理等方面，辉格派都发挥了极为重要的作用，而南海泡沫的终结者，正是辉格派的杰出代表——罗伯特·沃波尔。1700年，沃波尔同伦敦的一位木材商的女儿凯塞林·肯特结婚,获得了岳父的大笔财产支持;同年年底,其父逝世,留下了10所庄园和2000万英镑的房产收入。这些财富经过投资,滚雪球式增长,让沃波尔在议会的地位越来越高。1714年,沃波尔出任英国财政大臣,权力很大,他不喜欢的任何政府议案都无法通过。

南海泡沫事件爆发后,政府诚信破产,公众寄希望于沃波尔,因为沃波尔有着丰富的财产管理经验,还没有接受过南海公司的贿赂,并曾公开反对过南海公司的提案。在众望所归之下,国王委托沃波尔,着手整顿南海公司。

沃波尔先是把国债平均分派给英格兰银行、东印度公司和南海公司,这样,南海公司的债务压力得以减轻。为了阻止南海公司股票持续下跌,沃波尔建议公司将180万镑股票转为同样数量的东印度公司和英格兰银行股票。随后,沃波尔强迫南海公司把库存股票补给股东,股东们的损失因此降低,金融危机也逐渐得以平息。沃波尔在这次危机中的优秀表现,让人们对他好感大增,对他的信任感也再度升级,从此,沃波尔的政治威信达到了前所未有的高度。

当时,英国国王乔治一世(George Ⅰ)是德国人,他更看重自己的德国汉诺威选侯国,把英国王位看成他强化汉诺威选帝候地位的手段。乔治一世不懂英语,而英国大臣又不懂德语,内阁开会只能用大家都不熟练的拉丁语或法语,几次以后,乔治一世就不再出席会议。沃波尔一开始代替国王主持会议,慢慢就完全控制了内阁,将行政大权独揽在手了。一开始,有人讽刺他为"首相",沃波尔也很反感,久而久之,他就成为名副其实的首相了。自此,英王不参加内阁会议、由首相领导内阁的内阁首相制成为惯例。

任谁也没想到,内阁首相制会影响未来英国的政治体制形式。

第一家中央银行

1689—1697年间,英国全面陷入英法战争。这场战争造成的庞大开支,让英政府入不敷出。手里没钱怎么办呢?

随意发行货币只会造成内部经济一片混乱,英政府唯一的收入来源是税收,可当时的英国贪污盛行,经过层层盘剥,真正能进入政府口袋里的税收已大打折扣,这些钱远远不够支撑对外战争。当时英国政府唯一的途径就是向私人借款。

还记得强行征用了"伦敦塔"里私人资产的查理一世吗?英国国王的信誉历经几代人的败坏,已经不好使了,尤其是眼看着战争造成的财政窟窿越来越大,已经没有人乐意把钱借给国王了。

财政问题解决不了,前线的军队就要忍饥挨饿受穷,在与法国的对战中,英国就很可能以失败告终。在这个紧要关头,作为英格兰银行的创办人之一,金匠商人威廉·帕特森牵头与政府谈判。一方面,他组织商人认购国债,解决政府的燃眉之急;另一方面,他要求政府以未来的税收作为偿付担保,由内阁签字画押,做信用担保。另外,英格兰银行还获得了政府担保的银行券的发行权。

1708年英国国王颁布特许状,明确了英格兰银行可独家发行银行券的特权。到了1750年,英格兰银行从私人性质的股份制银行彻底蜕变为英格兰中央银行,具有政府的银行、发行的银行、银行的银行的特征。它为政府服务,既有发行货币的垄断权,又能为其他银行兜底,完全具备了中央政府银行的职能。

在英格兰银行成立之初,英国已经存在不少私人银行了,英格兰银行与它们相比，唯一的创新是服务对象不一样，英格兰银行的主要服务对象是国王和政府，而其他银行主要针对的是商人，就这一步小小创新，却实现了历史性的突破。

有了英格兰银行从中斡旋，政府和私人资本真正绑定了起来，成了利益共同体。私人资本要想获利，它必定渴望英国政府足够强大；英国政府有了私人资本的支持，可以毫无顾忌地对外殖民扩张。它越是扩张，越是强大；越是强大，私人资本获利越多：这就形成了正向循环。

光荣革命之后，英国进入了战争高峰期，在一百来年的时间里，它都在对外实行殖民扩张。战场上的英国军队，有钱也就有最高级的装备，甚至，他们还能雇佣其他国家的军人替它打仗，充沛的资金来源成为它打胜仗的一大保障。而打胜仗之后的英国又带动了本国经济的发展。

西方经济史学家将英格兰银行的创立、公债的发行和稳固以及其他金融业的变革称为"金融革命"。不少观点认为，英国之所以能登上海洋霸主的位置，英格兰银行功不可没，它还推动着英国成为18世纪金融最发达的国家。

各式银行遍地开花

英格兰银行的发展，还带动了私人银行和地方银行的发展。

依据地理位置及业务范围，伦敦私人银行大致可分为两类：一类靠近绅士和贵族的住宅区，主要是为贵族、乡绅及富裕的绅士提供抵押或透支放款服务；另一类位于金融中心区，主要经营政府债券和英格兰银行、东印度公司和南海公司的股票，向股票经纪人提供短期贷款，向各类企业家及商人提供不超过一年的短期贷款。

在工业革命以前，地方银行数量并不多，工业革命发生后，地方银行才遍地开花，成为地方资金集散中心。其中就有苏格兰皇家银行（The Royal Bank of Scotland）。

看过电影《勇敢的心》的人都知道，英格兰人和苏格兰人是宿敌。1297年，面对英格兰人的入侵，苏格兰发动全民起义，领导者就是威廉·华莱士（William Wallace）。他誓死捍卫民族独立的精神，激励着苏格兰人不停去反抗，去斗争。1328年，英格兰只好签订《北安普敦条约》，正式承认苏格兰独立。

然而，苏格兰祖先辛苦争取的民族独立，最终被后人放弃了。1692年，英王威廉三世一举将苏格兰贵族麦克唐纳家族杀光，引发了苏格兰人强烈不满，但却没有引发暴动。原因就在于英格兰的金钱。英格兰人通过疯狂海外扩张，变得越来越有钱，苏格兰人也想分一杯羹。他们也曾组建船队，试着发展海上贸易。

1695年，苏格兰人成立了"苏格兰对非洲及东、西印度群岛贸易公司"。此后不久，在中美洲地峡殖民的达里恩计划（Darien Scheme）被公司采纳。达里恩位于现今的巴拿马运河地区，是扼守南北美洲的重要通道，这一计划是为了在地峡建立起一个殖民地，将它打造成连通太平洋贸易圈和大西洋贸易圈的商业中转站。计划确定后，公司开始多方募集资金。

在苏格兰有产阶级的孤注一掷下，苏格兰公司的殖民船队抵达了目的地并成功建立起定居点，可随后，灾难接踵而至：地峡地区的丛林茂密，河流纵横，贸易路线难以打通。很多人死于饥饿和猖獗的热带疾病，西班牙人还时不时地对他们发起进攻。苏格兰损失惨重，不得不终止了此次计划。

苏格兰海外贸易探索失败之后，开始投靠法国。英格兰只好收买苏格兰权贵并牺牲自己的利益,于1706年与苏格兰展开合并谈判。苏格兰权贵站在现实角度接受了英格兰的合并建议,毕竟,比起法国,英格兰更能挽救苏格兰经济。苏格兰的一位政治家坦言:"我认为和英格兰合并的正面因素如下……英格兰在贸易和其他方面将会给我们带来好处,这是其他的国家都不能做到的……"

1707年,英格兰和苏格兰正式合并。20年后,苏格兰皇家银行成立了。这是由苏格兰议会法案创建的官方银行,它所面临的头号竞争对手就是苏格兰本土的地方银行——苏格兰银行(Bank of Scotland)。苏格兰银行早在1695年就成立了。在1727年和1928年,苏格兰皇家银行一直企图收购苏格兰银行,但始终没有如愿。不过,后来苏格兰皇家银行收购了一家伦敦商业银行——国民西敏寺银行(National Westminster Bank),最终成为世界500强企业。

中央银行的确立,地方银行和私人银行的兴起,为英国即将来临的工业革命做好了准备。其中,英格兰银行解决了政府的巨额负债,为英国确立殖民霸权提供了政治保障;伦敦私人银行开辟了资本在不同地区流转的渠道,盘活了地方经济;地方银行所开展的存贷业务,使得社会闲散资金被充分利用起来,解决了工业革命时期的融资难题。一切准备就绪,只待大幕开启。

政府出面"割韭菜"

国家为满足公共建设需要,强制公民缴纳费用,以取得财政收入,这种现代税收模式,最早始于英国,在商业革命期间成型。

中古时期,英国国王被限定"靠自己的收入过活"。作为全国封建主的最高封君,国王也有自己的自营地,即王领。国王"自己的收入"，主要是王领土地收入。国王"靠自己的收入过活"时期，只能"有多少钱、花多少钱"。

战争开始后，国王不甘心自己来承担费用，于是想法让有钱人来分担。亨利二世（Henry Ⅱ）为了获得收入，甚至发明了一种以钱代役的方法（有研究表明德国在更早的时候也实行过）：允许一部分骑士缴纳"盾牌钱"（Shield Money），以免除每年40天的军役。国王用这笔收入招募雇佣军，从而弱化对骑士的依赖。以钱代役法的推行使骑士得以脱离军职，成为专营农牧业的乡绅，进而蜕变为英国新贵族。该制度于1646年被国会废除。

1275年，"长腿国王"爱德华一世（Edward Ⅰ）提出了关税，一开始主要针对羊毛出口贸易征税，后来扩展到了其他商品。到13世纪下半叶，地产租金和司法收入等王室传统收入已不到国王总收入的一半，另一大半来自关税和其他捐税，其中占了最大比重的就是关税。

随着对外贸易扩张和战争频发，伊丽莎白女王在位期间，即使有王室土地租金收入、特权收入和关税收入，王室也入不敷出。伊丽莎白女王想方设法变卖王室土地，但依然做不到"靠自己的收入生活"。于是，政府只能增加税收。

因为税收的问题，王室和议会产生了激烈冲突。等到奥利弗·克伦威尔（Oliver Cromwell）当政后，他驱散议会，自任"护国主"，建立了护国公体制。为了应对财政危机，除了关税，克伦威尔开始征收消费税、人头税及财产税等新税种，这些税种构成了近现代税收的基础。其中，消费税影响最大。它原本只是一种临时性税收，没想到后来变成了常规税种。

政府针对猪肉、黄油、盐及酒类等商品征收的消费税，一度超过了关税，引起了社会民众的激烈抵抗，导致议会不得不废除它。为减少征收阻力，政府雇佣包税人来接管地方的消费税。包税人一开始是地方士绅，1668年起由金匠银行家来接管。到1671年，金匠银行家威廉·巴克纳尔集团控制了整个英国75%的消费税。1672年，英荷战争再度爆发，军费开支增加之后，查理二世想从包税人手中榨取更多的收入。1674年，财政部派遣审计员去乡村包税地区审查账目和凭证，在包税人的配合下，政府第一次弄清了消费税的精确数值，在数字的震慑下，有了自己直接征收的想法。1683年，消费税包税制寿终正寝，改由消费税税收委员会直接征收。近代专业税收部门由此诞生。消费税税收委员会取代包税人的同时，顺带"拿走"了他们富有成效的记账和征收管理经验。

社会抵制消费税的同时，英国政府还做了其他税收的尝试。比如：1664年查理二世时期的议会同意对土地征税；1698年，詹姆斯二世时期的议会批准对财产征税。自此，土地税成为政府主要的收入来源。

安妮女王（Anne of Great Britain）执政后，想改造一下自己的宫殿，苦于没有钱，于是她就想征收特殊的税收。结果，遭到议会一致反对，议会指责女王违反了国家法律，要求她自我反省。这是因为1689年推行的《权利法案》有明确规定，国王使用超出规定的金钱是非法的。

从1690年起，议会对政府的支出都做出了专门的规定，不能随意挪用，同时还设立了专门的委员会进行审查，到安妮女王执政末期，财政部每年会先制定财政预算送交议会审查，专款专用。通过这种方式，议会取得了国家财政的控制权，但国家财政危机一直存在。

从1688年到1763年这75年间，英国2/3的时间都在进行大规模的海外战争，随着战争的不断胜利，英国攫取了大量殖民地，有了更广阔的海外市场。可日益高涨的军费使得国库日益捉襟见肘。为了应对战争引起的巨大的国家开支，政府只能发行国债，而滥发国债的后果就是"南海泡沫"。

罗伯特·沃波尔在平息了"南海泡沫"之后，采取了两项措施来缓解财政压力。其一是成立"偿债基金"，以偿付因争夺西班牙王位继承权的战争而积累起来的债务；其二是降低税率，通过维持低税率政策、避免对外开战来避开金融危机。比如，土地税减少了3/4，对每镑收入只征收一先令。关税也降低了，因此大量逃避关税的现象减少了。他制定的财政制度比较合理也比较有效，使英国快速恢复成欧洲经济最繁荣的国家。

但是，罗伯特·沃波尔的低税率和平发展政策，却为他树立了不少政敌。最终"耳朵战争"的爆发，让他失去了首相的位置。据英国和西班牙1729年签订的《塞维尔条约》，两国在北美洲殖民地不能有贸易往来，西班牙可以在它的殖民地领海范围内搜查英国船只，以确保英国船只没有违约。1731年，英国商船"瑞贝卡号"船长罗伯特·詹金斯控诉称，西班牙巡查人员借搜查洗劫了他的船只，还割走了他的一只耳朵。罗伯特·詹金斯的控诉，引起了开战热议。沃波尔多方周旋，希望不要开战，但1739年10月23日，英国还是对西班牙宣战了。结果出师不利，一败涂地，政敌趁机把这一切扣在沃波尔头上，沃波尔被迫退位。退位后的沃波尔依然有很大的威望，国王乔治二世仍经常向他咨询政事，沃波尔因此被称为"幕布后的官员"。

在罗伯特·沃波尔的幕后发力之下，1743年8月27日至1754年3月7日，英国迎来了另一位杰出首相——亨利·佩尔汉姆（Sir Henry Pelham）。

亨利·佩尔汉姆出生于一个高贵的辉格党人家庭，他的多位亲属都是辉格党的重要人物。

罗伯特·沃波尔下台之后，人们普遍认为，引人瞩目的约翰·卡特雷（John Carteret）勋爵将取代他的职位。卡特雷勋爵是罗伯特·沃波尔的主要反对者，也是北方事务大臣。事情的结果出乎人们的预料，亨利·佩尔汉姆当上了首相。

亨利·佩尔汉姆在罗伯特·沃波尔旧制度的基础上进行了新的财务改革，成功地将88%的旧债券（利率为4%）转为新债券（利率为3%）。对剩下的公债，先是由财政部将利率转为3%，又重新整合，交由英格兰银行集中管理。佩尔汉姆对政府公债的转化和整合，为之后七年战争和北美独立战争期间的借款打下了良好的信用基础。

整个世纪，英国的税收体制都伴随着国王和议会的权力争夺，最终以国王的权力受到限制，议会掌握了征税权而告终，这直接推动议会成为英国政治的主导力量，也使得英国的税收制度逐步趋向合法、透明和公正，为现代英国政治和经济体系的建立奠定了基础。

贵族与精英角逐伦敦

英国的全称是"大不列颠及北爱尔兰联合王国"，大不列颠包括英格兰、威尔士、苏格兰这3个原本各自独立的国家。1536年，英格兰与威尔士统一。1707年5月1日，英格兰与苏格兰宣布统一。1801年1月1日，英格兰与爱尔兰统一。英格兰、威尔士、苏格兰又被称作"英伦三岛"。而"英伦"中的"英"是指"大英帝国"，"伦"是指伦敦金融城[①]（The City of London）。

---

① 李俊辰.日不落帝国金融战：伦敦金融城的前世今生[M].北京：清华大学出版社，2012.

第 3 章　金融改革孕育商业成熟（1721—1760）

伦敦金融城是英国首都伦敦的风水宝地，它原有的面积只有 1 平方英里，伦敦人称之为"一平方英里区"（The Square Mile）。据历史记载，公元 1 世纪，罗马人就来到今天的伦敦金融城所在地，并在泰晤士河上架起了桥梁，形成了交易市场。伦敦正是以这个老城为中心逐渐向外发展的，面积最终扩大到今天的整个大伦敦。18、19 世纪，随着金融业在此聚集，这里的居民逐渐减少，伦敦老城演变为伦敦金融城。

如今，伦敦金融城作为世界金融中心，被称为"全球的力量中心"，吸引全球 500 强企业前来驻扎，有 3/4 的 500 强企业在这里设有分公司或办事处。伦敦金融城的国际地位，早在 18 世纪就确立了。

伦敦城一直都有独立自治权。1215 年，约翰王授予伦敦城选举市长的权利。1637 年，查理一世试图改革伦敦地区的行政管理，要求伦敦城市政府扩大其管辖范围，但伦敦城市政府因担心国王试图削弱伦敦城的自治权，且对管理额外的地区缺乏兴趣，从而拒绝了这一提议。这一拒绝被称为"大拒绝"（The Great Refusal）。

伦敦城成为金融城是在英格兰银行诞生之后。1694 年，英格兰银行诞生。据统计，"英格兰银行的国债认购者中有 694 位来自伦敦城内，占认购者总数的 54.73%。如果将范围扩大到整个伦敦及伦敦周边，那么这个比例就会上升至 88%"[①]。伦敦城居民的资本实力和认购能力得到了英国学者的进一步证明："1709 年银行和东印度公司的大部分股东都来自伦敦地区，而且在 1720 年南海泡沫

[①] Bank of England: Original Subscribers to Capital, 1694, 1 0A285/1, Bank of England Archives, Threadneedle Street, London EC2R 8AH.

时期仍然如此。"①

伦敦城住着两股势力：一股是贵族绅士和从农业中获利的群体，他们扎根于土地，对政治创新、社会变革、宗教纷争和外国战争充满疑虑，然而在爱国主义和利己主义的结合下，他们愿意首先支付重税、购买债券。另一股是伦敦金融城中的金融精英群体，他们和外界有着广泛的国际联系，这些人并不一定都是英国人，他们可能来自荷兰，也有可能是犹太人。后者为前者打理财富、提供专业知识，前者通过后者可以安全地投资，也可以很容易地撤资。

英国在金融革命中逐渐建立起一套以公债为核心的信用体系，这个信用体系既包括国家的信用，也在发展中逐渐涵盖了银行等金融机构的信用和个人的信用。在信用体系的基础之上，英国的近代金融业逐渐有序发展起来，而伦敦金融城则在金融革命中逐渐具备成为金融中心所需的各类要素。

其一，英国的金融机构——英格兰银行和私人银行都汇集在伦敦金融城。南海泡沫发生之后，政府长期国债的大部分资金来自英格兰银行和东印度公司。伦敦金融城的伦巴第街是名副其实的银行一条街，据希尔顿·布莱斯对英国银行的相关统计：1700年，伦敦有42名以上的金匠银行家，其中伦巴第街有19位；1725年，伦敦有23家以上的私人银行，其中8家位于伦巴第街；1736年，伦敦有24家以上的私人银行，其中13家位于伦巴第街；1738年，有21家以上的私人银行，其中13家位于伦巴第街；1740年，有28家以上的私人银行，其中13家位于伦巴第街；1745年，有49家以上的私人银行，其中10家位于伦巴第街；1754年，有18家以

---

① CARRUTHERS B G.City of Capital：Politics and Markets in the English Financial Revolution[M].Princeton：Princeton University Press，1996：85.

上的私人银行,其中8家位于伦巴第街;1759年,有24家以上的私人银行,其中12家位于伦巴第街。[1]由此可以看出,从1700年到1759年,伦敦一半以上的私人银行都集中在伦巴第街上,这里是英国货币市场的代名词。

其二,伦敦金融城是保险投资中心。当时,保险投资最热门,尤其是海上保险。仅仅是1720年,各类保险的投资总额就达到了30万英镑。而英国两大保险公司和一大保险组织都在伦敦金融城。1720年,英王特许成立英国皇家交易保险公司(The Royal ExChange Assurance Corporation)和伦敦保险公司(London Assurance Corporation),并为此颁布法令:除个人经营者外,禁止任何其他公司或商业团体经营海上保险业务。两家公司由此获得了从事海上保险业的垄断特权。1721年,两家公司投资兼营火险业务,后又开办了寿险和一切意外险业务。两家公司对海上保险业务的垄断权一直持续到19世纪初,长达104年。个人保险业者,不受以上两公司垄断的影响,于是他们纷纷聚集在"劳合社"交易。民间组织"劳合社"搬到伦巴第街后,影响力巨大,以至于英国议院只好通过《劳合社法》,授予劳合社法人资格。有了这三家保险巨头,伦敦金融城垄断了英国保险投资。

其三,伦敦金融城是证券交易中心。皇家交易所也在伦敦金融城内。在18世纪50年代初,证券交易数量高峰时达到205万笔,之后每年维持在2万笔,由此,一个有组织、成熟的证券市场形成了。旺盛的交易需求,催生了一大批金融精英。专业的证券经纪人越来越多,以至于政府颁布法案将人数控制在100人。但这

---

[1] HILTON PRICE F G.A Handbook of London Bankers with Some Account of Their Predecessors[M].London: Simpkin, Marshall, Hamilton, Kent & Co., Ltd, 1890: 184-186.

个法案并没起多大作用。英国各地甚至海外的人，纷纷投身伦敦金融城。比如，著名经济学家大卫·李嘉图（David Ricardo）的父亲就是在1759年前后抵达这里的。李嘉图父子都是优秀的证券交易所经纪人。

总之，1720—1760年间，伦敦金融城左右着英国长期和短期金融市场的发展，是英国国内当之无愧的金融中心。虽然英国后来从"日不落帝国"沦落为"夕阳帝国"，但伦敦金融城的地位始终没有动摇。拿破仑曾经嘲讽英国是"小店主"国家，但因为伦敦金融城的崛起，再也没人敢说英国是"小店主"国家了。另一位政治家丘吉尔首相更是这样评价："因为金融城的存在，伦敦才称得上伦敦。"

世界上最古老的拍卖行：苏富比

"500万！还有没有人出更高的价格？"

"700万！还有没有人出更高的价格？"

"1000万！还有没有人出更高的价格？没有？成交！"

以公开竞价的方式进行拍卖，这种商业模式如今在古玩行业甚是流行。事实上，拍卖在人类历史上起源于婚姻拍卖。古巴比伦王国的一些贵族专门从事新娘拍卖，他们把妙龄女子公开售卖，让出钱最高的男子领走新娘。把奴隶社会的这种拍卖形式成功运用于商业领域的，是伦敦商人。

1744年，英国伦敦科文特花园举办了一场盛大的书籍拍卖会。科文特花园最早的时候是一个修道院花园，后来被伦敦的绅士阶层相中，建成高级住宅区，同时造就了伦敦第一个广场，再后来沦为蔬果花卉市场。经过书商塞缪尔·贝克（Samuel Baker）的一番操控，科文特花园从一个菜市场一跃成为书籍拍卖会场。换句话说，拍卖作为一个行当，始于图书交易。

作为专业书商，塞缪尔·贝克在伦敦有多处实体书店，专门从事古籍的买卖。当时的英国，尤其是在伦敦，流行书籍转卖。在金融的冲击之下，许多贵族没落了，他们的后人就把祖上收藏的图书卖掉，补贴家用。塞缪尔·贝克就抓住时机，专门变卖善本图书。塞缪尔·贝克很有商业头脑，他不满足于小打小闹，就把书商召集起来，在科文特花园集体拍卖图书。

塞缪尔·贝克组织的这场书籍拍卖异常成功，在当时引起了轰动。贝克为了这场拍卖，做足了准备，他带来了上百本珍藏图书，其中有拿破仑流亡时期阅读卷本，还有英国著名政治家、银行家和各大公爵的藏书，可谓诚意满满。

拍卖会举办了10天，这些罕见珍藏书吸引了各路买家。贝克的策划也很有创意，就是白天只看不卖，吊足胃口，到了晚上，才把买家集中到一起，公开竞价。当时看上珍藏书的买家都身价不菲，他们对这种含有赌博性质的购买方式很感兴趣。在众多买家的艳羡中，竞拍下心仪藏书，这让他们成就感满满。

这次拍卖会十分成功，贝克随后在科文特花园举办了多次拍卖，拍卖物品不再局限于图书，还有一些艺术品，于是科文特花园慢慢成为闻名遐迩的拍卖场所。

在贝克之前，拍卖在伦敦的造船业、艺术界、地产业就已经存在，但是没有固定的拍卖场所，也没有专门的中介，是买家和卖家之间的竞价活动。贝克首次以职业中介的形象出现，把拍卖变成了一个新兴行业。贝克毕竟只是一名书商，他最擅长的是印刷品和手稿的拍卖，把拍卖业推向下一个高度的是他的后人。1778年，塞缪尔·贝克去世，他的外甥约翰·苏富比（John

Sotheby）继承了家族事业。正是在约翰·苏富比的卓越经营之下，图书公司逐渐变成了多元化拍卖公司。在合伙人去世之后，苏富比凭实力掌控了公司，并把公司正式改名为苏富比拍卖行，于是世界上最古老的拍卖行诞生了。

苏富比很擅长营造拍卖氛围，他挥舞拍卖槌的营销方式效果甚好，渐渐地，他的名气就超越了塞缪尔·贝克。

"500英镑，还没有人出价？5、4、3、2、1，没有人出价了？"接下去一锤定音："500英镑成交！"苏富比发明的这种挥舞拍卖槌的方式沿用至今。

1917年，苏富比将自己的拍卖行搬迁到当时最繁华的伦敦新邦德街（New Bond Street），从此在这里扎根，开启苏富比家族的辉煌时代。在苏富比拍卖行的影响下，伦敦一时间诞生了很多拍卖行。它们与苏富比拍卖行展开竞争，但一时间无人能与之抗衡。

在苏富比家族的努力下，苏富比拍卖行在法国巴黎、美国纽约和中国香港等繁华城市设立了分公司。时至今日，苏富比拍卖行在全球共有九大拍卖中心，它们如同鹰眼一样"紧盯"着世界珍藏品，从而吸引全球富豪的目光。不少富豪以自己能够在苏富比"一决高下"而自豪。

苏富比拍卖行创下了多次奇迹。1990年5月16日，日本纸业大亨斋藤了英通过苏富比，以7810万美元买下法国画家雷诺阿的代表作《煎饼磨坊的舞会》。斋藤了英曾扬言："只要能得到我想要的，我就不在乎花多少钱！"

2012年，在菲利普·胡克（Philip Hook）主持的苏富比年度拍卖会上，世界拍卖史的历史纪录再次被刷新。这次的压轴藏品是挪威著名画家爱德华·蒙克（Edvard Munch）的经典作品《呐喊》（又名《尖叫》）。这幅作品早就被藏家们盯上，所以叫价从4000万美元起步。

"4100万！"

"4200万！"

"4300万！"

……

一开始，叫价以百万美元的幅度递增，突然，一位竞价者喊出了7000万美元的价格！其他两位竞买者各自跟进了100万美元，最终被他以7300万美元压制。

然而，当众人都以为7300万美元会成为最终成交价的时候，一个神秘竞价电话再次让大家惊掉下巴："1.07亿美元！"

这是书画艺术品拍卖迄今为止的最高价格，它甚至高过毕加索、梵高的作品！最终，《呐喊》以1.07亿美元落槌，加上苏富比的拍卖佣金，以1.199亿美元天价刷新了世界纪录。

需要说明的是，任何行业都不可能一家独大。在拍卖行业，除了苏富比拍卖行之外，还有与它几乎同期成立的佳士得拍卖行和菲利普斯拍卖行，它们都在英国拍卖行业中占据重要地位。

佳士得拍卖行由苏格兰人詹姆斯·佳士得（James Christie）于1766年在伦敦创立，詹姆斯·佳士得也是一位难得的拍卖天才，他口才很好且极富幽默感，拍卖在他的手里成为一种艺术；1785年前后，佳士得先是拍卖了法王路易十五时期的一个王牌间谍收藏的大批珍贵油画，然后又筹划了被送上断头台的法国贵族夫人的珠宝拍卖会，这使得它在短时间内名声大噪。整个20世纪都是佳士得和苏富比这两大拍卖行角逐沙场的时期。

菲利普斯拍卖行是英国的第三大拍卖行，它是由詹姆斯·佳士得的得意门生亨利·菲利普斯（Henry Phillips）于1796年自立门户成立的，它原本没有和佳士得、苏富比相提并论的资格，直到1999年11月，菲利普斯拍卖公司被法国路易·威登的老板伯纳德·阿尔诺（Bernard Arnault）买下，并归入世界最大奢侈品集团

LVMH门下,由此获得了一些优势资源,并逐渐在文物艺术品等细分领域做精做深。

如今,全球各地的拍卖行都以英国为蓝本。从伦敦金融中心走出来的这三大拍卖行,把拍卖竞购这种原始的商业营销,变成了一种精致的艺术,也解决了许多商品估价难、定价难的问题。通过拍卖,竞买人竞相出价,那些无法在市场上正常交易的物品得以再次流通,重新释放价值。

第4章

工业革命加速世界文明进程（1761—1840）

18世纪中期，英国商品大量销往海外，供不应求，为了提高产量，人们想方设法改进生产技术。于是，从工场手工业过渡到机器大工业的工业革命，率先在英国发生了。工业革命表面上是由处于生产一线的技术工人根据生产实践中碰到的问题摸索发明而发生的，但实际上，其背后是商人在起主导作用。首先，是资本集中在先，技术发明在后；其次，工人发明之后，是商人在资助他们把成果变现。而且需要澄清的是，珍妮机（Spinning Jenny）的发明者詹姆斯·哈格里夫斯（James Hargreaves）、蒸汽机的发明者詹姆斯·瓦特（James Watt）、水力纺纱机的发明者理查德·阿克莱特（Richard Arkwright）、火车发明者乔治·斯蒂芬森（George Stephenson）等，都还有另一个身份：企业家。他们要么自己开工厂，要么和商人合作开工厂。在这个时期，现代工厂体制诞生了，真正的企业家出现了，他们的管理实践奠定了现代管理的基石。

詹姆斯·哈格里夫斯夫妇与珍妮机

英国工业革命最早发生在棉纺织业，这并非出于政府鼓励，而是政府打压。

当时，英国公众爱上了从印度进口的棉织物。1657年，东印度公司成功改组后，海上运输变得高效起来，这使得东方先进的棉织物得以涌入英国。棉织物柔软舒适、易于染色，相比坚硬厚重而又单调的毛织物，更得妇人们的喜爱。有报道指出，当时的贵妇们开始把各种印花布制成的衣服，与天鹅绒和金绒锦材质的衣服挂在一起。而因为价格低廉，连普通人也买得起，于是棉织物在英国从上到下的各阶层中传播开来。

棉织物碾压毛织物，这让英国毛纺织利益相关者坐立不安。事实上，英国传统的重要工业是毛纺织业。前面讲到，英国特许贸易公司成立的一个重要原因就是把英国的羊毛品销往俄罗斯，英国呢绒商人直到18世纪，都一直处于垄断地位，英国毛织品出口量曾经占到英国出口总额的9/10。

为了抵制棉织物，毛纺织业生产者及商业资本家联合起来，先是以发行小册子的方式诋毁棉织物，然后发起群体抗议运动与游行暴动，最终在1700年，强大的毛纺行业设法让国会下发了禁止令，禁止国外的印花织物进口。"南海泡沫"引发经济危机后，英国政府再次出面。1721年，议会又通过法案，禁止人们使用或者穿戴织布。

然而，新兴事物带来的潮流终究是挡不住的。市场对棉织物品的需求，让越来越多的商人投身到棉纺织业当中。政府的禁止，反而刺激了英国棉纺织业的技术革新。

因为议案只是禁止进口棉布，并没有禁止棉布的制造。于是，有魄力的商人钻了这一空子，开始在本土设立工厂，替代进口。格拉斯哥、曼彻斯特等地出现了很多棉布生产厂，现代棉纺织业的雏形开始形成。1736年，曼彻斯特最先通过了允许制造印花的粗斜纹布法案，鼓励生产棉织物。

棉纺织虽然合法了，但是自制棉布首先面临的问题就是生产效率的问题。如何又快又好地生产出比东方质量更好的棉织物，成为这个新兴行业的头号需求。另外一个客观现实也逼着英国的制造商追求高效率：相比印度的工人，英国的人工成本太高。于是，一场史无前例的技术创新运动，在生产一线爆发了。

几百年来，人们一直使用的是手摇织布机，纺织过程枯燥而缓慢。1733年，钟表匠约翰·凯伊（John Kay）发明了"飞梭"，大大提高了织布的速度。当时，英国多地出现了"棉纱荒"，"飞梭"还是不能解决问题，人们渴望更高效率的发明出现。1754年，"技艺、制造业及商业奖励会"成立，其初衷是提供金钱、奖章和其他报酬来刺激发明。

1764年的某一晚，木匠兼纺织工詹姆斯·哈格里夫斯回到家，妻子正坐在纺纱机前工作，他从妻子身边经过，不小心一脚踢翻了纺纱机，连忙伸手去扶正。他发现被踢倒的纺纱机还在转，只是原先横着的纱锭直立起来了。哈格里夫斯眼前一亮：要是把几个纱锭都竖放，用一个纺轮带动，纺纱效率不就大大提高了吗？哈格里夫斯立即付诸行动，很快造出了用一个纺轮带动八个竖直纱锭的新纺纱机，珍妮机（Spinning Jenny）就这样问世了。

1770年，哈格里夫斯获得了"珍妮机"的发明专利；到了1784年，"珍妮机"已增加到80个纱锭了。4年后，英国已有2万台"珍妮机"。

飞梭的发明时间早于珍妮机，而且这两个发明对英国工业革命都有很大的贡献，但后世却将珍妮机作为工业革命开始的标志，而不是飞梭。因为飞梭只是技术工具，棉纱还是需要依靠众多家庭的手工纺车纺出来；而珍妮机是效率更高的生产机器，是它最先完成了从纺织工具到纺织机器的转变，恩格斯称赞它是"使英国工人的状况发生根本变化的第一个发明"。珍妮机的出现，使大规模的织布厂得以建立，英国棉纺织业从此繁荣起来。但是珍妮机靠的是人力，它的效率毕竟有限，而且棉纺织机器主要靠水力驱动，这就要求工厂必须建设在靠近河流的地区。为了摆脱限制，人们对于新动力的渴望愈发强烈，于是蒸汽机的发明随之而来，手工业的阵地一个接一个被攻陷。可以说，是珍妮机的发明引发了"蝴蝶效应"，带动了动力、运输等相关机器的发明和使用，从而揭开了英国工业革命的序幕。所以，人们更倾向于把珍妮机作为工业革命的开端。

发明家瓦特与他的蒸汽机厂

有人断言："如果瓦特提早出生100年，他和他的发明将会一起死亡！"

单纯的技术发明，并不一定能创造商业奇迹。在工业革命发生之前，牛顿在物理上的重大研究成果，在工业和商业上都没能发挥作用。在英国人运用蒸汽机之前，蒸汽动力在埃及已得到应用，只是它用于开关庙宇大门。英国最早发明的蒸汽机，主要用于从矿井里抽水。直到新的棉纺机引出对动力的需要，更可靠的蒸汽机发明才开始出现。

1705年前后，托马斯·纽科门（Thomas Newcomen）制出了一台原始的蒸汽机，用于抽煤矿里的水。只是相比它产生的动力，它消耗的燃料更多，是一款非常不经济的发明。蒸汽机真正变得流行起来，詹姆斯·瓦特功不可没。

1736年1月19日，詹姆斯·瓦特出生于英国苏格兰格拉斯哥的一个小康家庭。瓦特自小体弱多病，上学少，经常请假在家，这使得他有大把的时间用来研究和琢磨东西，从而练出了精巧的动手能力和发明底子。

关于小瓦特的发明天赋，流传着很多故事版本，其中一个是瓦特与茶壶的故事。据说瓦特有一次在家无聊，看到火炉上的水烧开后把水壶盖顶开了，把水壶拿下来后，水壶盖又落回原位，瓦特很好奇，就把壶盖放回去又拿下来，放来放去想找出原因。瓦特被蒸汽的力量深深震撼着，于是他开始了对蒸汽的研究。虽然故事真假难辨，但确实在欧洲家喻户晓。

瓦特17岁的时候，母亲去世，父亲的生意遭遇危机，瓦特被迫到伦敦的一家仪表修理厂做学徒工。一年后，瓦特准备回到家乡创业，开一家修理店，但是当地工匠协会有规定，从业者必须有7年以上的学徒经历，瓦特显然不够资格。1755年，瓦特只好返回伦敦，接受专业技术培训。在这里，他结识了工匠约翰·摩根（John Morgan），被对方好心收留。

两年后，因为机缘巧合，瓦特到格拉斯哥大学开了一间小修理店，圆了自己的开店梦想。很自然地，他和格拉斯哥大学的物理与化学家约瑟夫·布莱克（Joseph Black）成了朋友，对方很认可他的才华，给他的研究提供了很多帮助，两人亦师亦友。在约瑟夫·布莱克的帮助下，瓦特被格拉斯哥大学聘任为"数学仪器制造师"，还拥有了一个实验车间。从此，瓦特开始埋头实验，因为之前从没见过蒸汽机，他只能硬着头皮自己摸索，失败在所难

第 4 章　工业革命加速世界文明进程（1761—1840）

免。直到1763年，他的研发才取得了重大突破。当时，格拉斯哥大学买到了一台纽科门蒸汽机，工作没多久就坏了，学校准备送到伦敦修理。瓦特自告奋勇，答应学校一定会修好它。于是，瓦特有了和真正的蒸汽机打交道的机会。在维修过程中，瓦特验证了之前的设想，并找到了自己实验失败的原因所在。当然，他也找到了纽科门蒸汽机效率低下的原因：活塞每次推动，都要经过一次蒸汽冷凝再加热的过程，蒸汽80%的热量都被白白耗费了。瓦特在此基础上，做了大量的改进与发明。

经过长达5年的实验，1765年，瓦特的研究有了突破性进展，他将冷凝器与气缸分离，还做到了机械的连续运转，由此大大减少了不必要的能耗。可是，接下来在制造蒸汽机真机的时候，瓦特为资金发愁了。虽然约瑟夫·布莱克一直在热心资助他，但杯水车薪，瓦特只好求助一位商人——约翰·罗巴克（John Roebuck）。约翰·罗巴克是卡伦钢铁厂的老板，也是煤矿开发商，他的工厂对高效能的蒸汽机需求很大。

约翰·罗巴克决定资助瓦特，致力于新式蒸汽机的生产。两人签订了一份合伙合同，罗巴克同意偿付瓦特的现有债务，还答应持续为瓦特的研究提供资金支持。相应地，罗巴克可以拥有瓦特未来2/3的研发收益。

理想丰满，现实骨感。创业并不顺利，首先当时的生产技术水平低到超乎瓦特的预估，他设计的模型，在工人手里怎么都做不到满意效果；其次当时申请专利需要很烦琐的程序和很长的周期，在这个过程中要花费掉很多钱。所以还没等到新式蒸汽机出台，约翰·罗巴克就破产了；瓦特本人则一边出去打工，一边养梦。

就在绝望之际，瓦特人生中最大的贵人——马修·博尔顿（Matthew Boulton）出现了。诚如保尔·芒图所揭示的：发明是一回事，会经营利用发明物却是另一回事。博尔顿就是帮助瓦特把发明推向商业实践的关键人物。

博尔顿正是约翰·罗巴克的最大债主。他本身是英国伯明翰市的富二代，其父是玩具商人，其妻子是继承了大笔财富的贵族千金。博尔顿还有自己的产业——索和工厂（Soho Manufactory），主要生产像金属纽扣、白铁矿钻石模仿物等金属艺术品，当时这些产品在市场很受欢迎。

约翰·罗巴克宣告破产的时候，博尔顿出手相救，他以约翰1200英镑的债务交换瓦特2/3的专利权。1775年，博尔顿和瓦特正式成为合伙人，从此开始了长达25年的合作。

就在这一年，北美地区的13块英国殖民地开始了反抗英国殖民统治的武装斗争，也就是轰轰烈烈的美国独立战争爆发了。战争和世界格局的改变，并没有改变人类文明的进程。在博尔顿的帮助下，瓦特不用再发愁资金问题，要设备有设备，要助手有助手，研发很快进入了快车道。1776年，第一台有实用价值的蒸汽机诞生了，在向公众展示后，即获得了量产。随后，在博尔顿的要求下，瓦特经过一系列重大改进，蒸汽机的应用范围越来越广。

1782年，一家著名陶瓷厂大规模使用博尔顿—瓦特蒸汽机进行陶瓷生产。1785年，诺丁汉郡的鲁滨孙纱厂第一个以博尔顿—瓦特蒸汽机作为动力。随后，纺织业、采矿业、冶金业、造纸业等各行业开始相继引入博尔顿—瓦特蒸汽机。

瓦特使人类进入"蒸汽时代"，结束了人类对畜力、风力和水力的依赖，开启了以热能为机械提供推动力的时代。蒸汽机的应用开启了第一次工业革命的序幕，也奠定了英国称霸世界的基础。

博尔顿和瓦特也因此赢得了无上的荣耀。后人为了纪念瓦特，把功率的单位定为"瓦特"（简称"瓦"，符号W）。在英国，有不少学校以"瓦特"命名，比如苏格兰的"詹姆斯·瓦特工程学院"

和爱丁堡附近老牌的"赫瑞—瓦特大学"。英国现在流通的50英镑纸币背面的头像就是瓦特和博尔顿。

"近代工厂之父"理查德·阿克莱特与他的纱厂

18世纪早期,随着海外贸易不断扩张,英国不仅积累下充足的资本,还抢夺到广阔的海外市场,同时市场需求旺盛,传统的产品制造模式急需加速升级。同一时间,"圈地运动"使大量农民失去土地,他们被迫涌入手工工场沦为廉价劳动力;大机器集体分工合作的近代工厂呼之欲出。在这个节点上,被誉为"近代工厂之父"的理查德·阿克莱特登上了舞台。

理查德·阿克莱特出身贫穷,兄弟姐妹13人,家里没钱供他接受正规的学校教育,小小的他只能去做学徒,跟人学理发和制作假发。18岁的时候,阿克莱特有了自己的理发店。

他的理发店开在地下,为了招揽生意,他只能以低价取胜,最终没能赚到多少钱,只得关门。而后他开始从事假发买卖,正是这次创业让他掘到了人生的"第一桶金"。当时,戴假发被奉为英国上流社会的时尚,大家出席正式场合或沙龙聚会时都会戴上一顶造型夸张的假发。阿克莱特抓住这个宝贵的商机,从乡下收购头发,利用自己此前学习的假发制作手艺,制作出一顶又一顶造型奇特、配色大胆的假发。加上与生俱来的营销天赋,他的假发生意做得顺风顺水,这为以后的技术发明奠定了资本。

1764年,木匠詹姆斯·哈格里夫斯发明了珍妮纺纱机,1776年,瓦特发明了第一台有实用价值的蒸汽机,他们都因为一项发明而让自己的人生绽放,这释放出一个信号:底层人在这个时代也可以大有作为。阿克莱特也希望像他们一样出人头地，成为一个万人追捧的有钱人。

可是，理发师阿克莱特对棉纺织业一窍不通，怎么办呢？阿克莱特决定借力。他在四处收集头发做假发的时候，打听到了一个消息，1733年发明了"飞梭"的钟表匠约翰·凯伊，已经穷困潦倒到不行了。而约翰·凯伊的发明并没有就此停止，他已经在尝试发明一种新的利用水力运转的织布机。得到这一重大消息之后，阿克莱特立即邀请约翰·凯伊和自己同住，并提供给他工作机会——到自己的假发店做帮工。作为交换条件，约翰·凯伊给阿克莱特作了一个水力纺纱机的模型，阿克莱特自己花钱仿造了一部机器。1768年，水力纺纱机就这样在英国问世了。商业头脑发达的阿克莱特，第一时间为自己的发明申请到了为期14年的专利。他这么重视专利，也是吸取了约翰·凯伊的惨痛教训。约翰·凯伊发明了"飞梭"，结果那些工场主"白嫖"了他的技术，而他作为技术发明人却穷到寄人篱下。

事实上，约翰·凯伊和阿克莱特改良的水力纺纱机，并没有太大的独创之处，其实在此之前早已存在，1732年英国工程师约翰·怀特（John Wyatt）发明过长相类似的水力纺纱机，更早的记录是中国元朝，王祯《农书》中就有"水转大纺车"的详细记载。

尽管如此，阿克莱特依然视自己的发明为瑰宝，他很清楚，发明的最大意义在于商业运用，在这方面，他有足够丰富的实战经验。阿克莱特带着"商业计划书"，先是说服地方银行的经营者进行"风投"，接着找到两个富裕的针织品制造商和批发商做合伙人，1771年，诺丁汉织袜工厂诞生了。从这家工厂的成立，我们可以看出阿克莱特作为企业家的杰出素养：有眼光、有魄力，善于整合资源，仅仅靠一项发明就搞定了一切。

织袜工厂的机器是通过马力运转的，这让阿克莱特很不甘心，毕竟他的发明是水力纺纱机。就在同一年，阿克莱特又说服合作伙伴，在德文特河河畔建立了新的纺织工厂。英国第一家用水驱动纺纱机的棉纺厂出现了。1772年，棉纺厂的员工人数超过了300人。因为阿克莱特设计出了一套较为复杂的机械系统，使机器纺出的纱要比熟练纺织工纺出的纱拉度高、结实，成品赶上了印度的棉布质量，所以市场一片叫好。

1775年，富有头脑的阿克莱特再次为自己申请了专利。这项专利中记载了很多发明，包括梳棉机、曲轴梳毛机、粗纺机、输送机等。虽然有些机械不是阿克莱特本人独创的，但是这不妨碍他抢先注册专利。道德家对此充满谴责，但商人无不佩服他的头脑。

1776—1784年，阿克莱特接连在英国多地建设纺织工厂。瓦特发明的蒸汽机投入使用之后，他立即将蒸汽机应用于自己的纺织工厂。凭借遍地开花的纺织工厂，阿克莱特实现了最初的梦想——成为一个富有影响力的超级富豪。晚年的他非常富裕，死后留下了50万英镑巨款，这在当时非常罕见。在贵族和富商垄断的时代，阿克莱特的事业成功和人生逆袭，不啻为一个传奇。

讲完阿克莱特的创业经历，我们再看看他的管理成就。作为最早的机器大生产企业家，阿克莱特的"企业家精神"和"管理者能力"为后世的企业人树立了好榜样。

其一，合理谋利，管理严肃而不苛刻。阿克莱特对员工的要求很严格。为了激励工人勤奋工作，阿克莱特独创了一套完整的管理制度，还时常亲自做监工，一旦有人消极怠工，他会毫不留情地对之加以惩罚或者直接开除。但是，他不主张过分压榨工人，当时棉纺织业工人的工作时长是14个小时起步，而阿克莱特只要求自己的工人工作12个小时。虽然这个时长在现在看来还是很夸张，但在当时的环境来说，已经算是仁慈了，所以他的同行纷纷指责他的良知良行是在蓄意破坏行规。①

其二，规范管理，统一化经营。首先，阿克莱特十分注重生产的细节管理。使用水力纺纱机时，阿克莱特不断改进各个技术细节，直至每个工人都可以"傻瓜化"操作，从而生产出质量统一的产品；其次，阿克莱特还很注重各个工厂之间的统一化经营。为此，他常常奔波在各个工厂之间，夜以继日地工作。在出门应酬和旅行的时候，阿克莱特还不忘在马车上办公。

其三，充满韧性，无惧压力。新事物的诞生总是伴随着旧势力的反扑。阿克莱特的先进生产方式，不停遭遇手工作坊主和手摇工人的破坏。他们不顾趋势，只会抱怨阿克莱特把效率提升到让他们无饭可吃。这些即将被时代淘汰的人，经常冲到阿克莱特的工厂，砸毁机器，甚至烧掉工厂。但阿克莱特并不气馁，他的做法是，既然此处被破坏，就在彼处另建厂房重新开工。竞争对手看暗地破坏不管用，就拿他抢注专利做文章，诋毁他的人品。阿克莱特对此不以为意，他以更多的工厂和更高的效率来让这些人闭嘴。

总之，在经营管理上，阿克莱特体现出了近乎勇武的企业家精神和前所未有的管理能力。世人都很敬重他，称他为"现代工厂体制的创立人"。英国国王封他为阿克莱特勋爵，授予高级职务。

在阿克莱特名利双收的榜样示范下，越来越多的人加入了开工厂的行列，规模化、制度化、机械化的工厂模式因此推广到各行各业，极大地提高了生产效率。阿克莱特名气变大后，英国其他地方的大批工厂主纷纷来到阿克莱特的工厂吸取经验，阿克莱特慷慨传授，并笑称自己的工厂是"企业家培训学校"。

---

① TANN J.Richard Arkwright and Technology[J].History，1973，58（192）：44.

"铁路之父"乔治·斯蒂芬森与英国第一家机车厂

交通运输是国民经济发展的先决条件，有"铁路之父"之称的英国工程师乔治·斯蒂芬森开创了人类陆路运输的新纪元。很多人不知道的是，乔治·斯蒂芬森没有受过正规的学校教育，他所有的发明全靠自学。

1781年，乔治·斯蒂芬森出生于英国北部一个贫困的煤矿家庭。全家8口人靠着父亲烧锅炉的微薄收入生活，斯蒂芬森和兄弟姐妹们在挨饿中长大。

乔治·斯蒂芬森14岁的时候，跟着父亲到煤矿做工，负责管理机器。从此，他开始有机会接触和熟悉机器上的各种零件，经常利用假期把发动机拆卸下来研究其内部构件及运转原理。很快，乔治·斯蒂芬森就得到了煤老板的赏识，被任命为动力机匠，负责管理矿上所有的机器。

当时，矿工们下井用蜡烛和油灯照明，一遇到瓦斯泄漏，就会发生爆炸。为改善这一状况，斯蒂芬森反复地试验，制造出了安全矿灯。当时英国最著名的科学家汉弗莱·戴维（Humphry Davy）也发明了安全灯[1]，于是英国东北地区将安全矿灯称作"乔治灯"，其他地区将安全矿灯称作"戴维灯"。安全灯发明后，瓦斯爆炸问题不再困扰人们，它和滑铁卢战役的取胜被并称为"1815年英国的两大胜利"。这是乔治·斯蒂芬森第一项为世人瞩目的发明，但这项发明只为他带来了100英镑的奖金。

---

[1] 燕子. 安全矿灯：照亮生命的发明 [J]. 发明与创新（综合版），2011（11）：43-44.

因为小时候家里太穷上不起学，上班后斯蒂芬森就拼命补足这一课。他从17岁时候才开始识字写字。每天他在矿区劳累了12小时后，还得步行很远的路去听一位年轻教师讲课。结婚后，他也不放弃学习，每天下班回到家里又累又饿，还要花大量时间做饭、洗涤、搞卫生和照看小孩，但他依然能挤出时间学习。为了彻底弄清楚蒸汽机的工作原理，斯蒂芬森还特地花了一年时间到瓦特的故乡苏格兰打工。

理查·特里维西克（Richard Trevithick）发明蒸汽机车后，斯蒂芬森的研究兴趣立即从瓦特的蒸汽机转移到火车上了。当时人们主要使用马车来运输煤炭，马拉着货车沿着木制轨道行驶，将煤炭运送到各个港口，再通过船舶送往各地，非常不方便。如果能发明出更先进的运输工具，就能给煤炭行业带来更大的福利，能不能实现呢？

特里维西克比斯蒂芬森早出生10年，两个人的家庭背景差不多，只不过特里维西克的父亲是个锡矿工，他是家中唯一的男孩。也是拜父亲所赐，特里维西克从小就有机会经常接触为矿山抽水的纽科门蒸汽机和瓦特蒸汽机。19岁时，特里维西克成了几座矿山的蒸汽机技师。1797年，他成功避开了瓦特公司的专利，研制成功了一台高压蒸汽机，这是一种体积小、功率大、易于移动的蒸汽机。

1801年，特里维西克将这种新型蒸汽机安装在街车上，标志着最早的蒸汽机车雏形诞生了。1804年，特里维西克研制出了世界上首台能在铁轨上行驶的蒸汽机车。这台机车能牵引一辆装载10吨铁和70名乘客的货车在14.5公里的铁路上行驶，最高时速达8公里左右。但是这台蒸汽机车没有引起应有的重视，因为当时的铁路承受不起载重超过5吨的机车。

特里维西克的发明，俘获了一个忠实粉丝，那就是乔治·斯蒂芬森。当时,乔治·斯蒂芬森正处于人生的至暗时刻。这一年,他的妻子去世了,他只好把儿子罗伯特·斯蒂芬森(Robert Stephenson)送到父母身边去抚养,自己到苏格兰挑战高薪工作。然而他回来后发现,父亲被蒸汽熏瞎了双眼,再也无法工作了。这一年也是拿破仑称帝的时候,他发起的战争,让英国人的生活更加艰辛。就是在这样艰难的时刻,特里维西克的发明就像一束光一样照亮了乔治·斯蒂芬森的世界。他一边担负养家重担,一边寻找发明机会。

在乔治·斯蒂芬森看来,特里维西克没有将自己的发明转化为实用成果,这是一个极大的遗憾。于是他怀着极大的兴趣研究了特里维西克的试验成果,并实地参观其他试制机车的情况。1808年,一位异想天开的矿主在他自己的煤矿上铺了一条铸铁轨,尝试用各种蒸汽机车拉煤,但要么耗费巨大,要么故障不断。乔治·斯蒂芬森亲自去现场参观之后,深信自己能造出一辆更好的机车。

1814年,经过几年的努力,乔治·斯蒂芬森成功发明了一台蒸汽机车——"旅行者号",因为它前进时,车身的烟囱会不断喷出火花来,故而又被人们称为"火车"。这辆火车能带动8节车厢,载重32吨,时速达到4英里(1英里约等于1.61千米)。但是,机车开动时颠簸不稳,发出的响声过于可怕,最重要的是,它的速度比马车快不了多少。这简直太耻辱了。但是乔治·斯蒂芬森没有就此放弃。经过不断改进,他于1815年发明了一台性能更好的蒸汽机车。乔治·斯蒂芬森激动地驾驶着火车头,后面跟着34节车厢,里面坐着600名乘客。世界上第一列载有乘客的火车诞生了。

这时候,他的儿子罗伯特·斯蒂芬森已经到了上学的年龄,但是小伙子受父亲的影响,也是一个蒸汽机车迷。在乔治·斯蒂芬森改进火车的时候,罗伯特·斯蒂芬森每晚都坚持在他的身边帮忙。火车改进成功后,乔治·斯蒂芬森一举成名,罗伯特·斯蒂芬森就干脆从爱丁堡大学退学了。1921年,父子俩开始建造英国第一条公用铁路——"斯托克顿—达灵顿"路段。

在铁路快完工时,乔治·斯蒂芬森沿线视察后激动地对儿子和另外一位年轻人说道:"我相信铁路将取代其他交通手段,成为上自国王陛下,下至他的子民的最常用的交通工具。会有一天,一个普通工人在铁路上旅行要比他自己步行更便宜。你们一定会看到这一天,我恐怕看不到了。因为我知道人类社会要取得一点进步是多么的不容易啊!"①

1825年9月,从斯托克顿到达灵顿路段的铁路隆重通车。乔治·斯蒂芬森自己驾驶了第一列机车试行,这一事件再度引起社会轰动。这条路线的建设成功,促成"利物浦—曼彻斯特"铁路的兴建。这条铁路仍由乔治·斯蒂芬森担任总工程师。"利物浦—曼彻斯特"铁路的兴建,标志着铁路工程的开始,并确定了沿用至今的铁轨、枕木、道砟的基本体系。

在修建铁路的同时,斯蒂芬森成立了英国第一家机车厂。正是从这家机车厂里,生产出了大名鼎鼎的"火箭号"机车。

1829年10月8日,在尚未完全修通的"利物浦—曼彻斯特"铁路线上,一场机车擂台赛备受关注。全英国的工程师精英和美、法、德等国的同行及上万名看热闹的观众,都在翘首企盼着谁会胜出。答案很快揭晓,这场擂台赛共有5辆机车参与,其中4辆机车先后因故障不得不停止比赛,只有斯蒂芬森制造的"火箭号"机车跑完了全程,并且做到了满载12吨货物、保持10英里的时速。在这次比赛中,斯蒂芬森不仅获得了500英镑奖金,还获得了

---

① 李著璟. 斯蒂芬森父子 [J]. 工程力学,1992(4):140-144.

"利物浦—曼彻斯特"铁路的全部订单,奠定了他在铁路发展史上不可撼动的地位。

1830年9月15日,"利物浦—曼彻斯特"铁路线落成竣工,由车票、站台、铁轨、信号4个部分组成的斯蒂芬森体系形成了。到1840年,英国的铁路总长度已经达到4000千米。

修建"利物浦—曼彻斯特"的时候,乔治·斯蒂芬森设计出了承受力量更大的铸铁桥身,在他去世后,儿子罗伯特·斯蒂芬森将他的这一发明推广应用到铁路桥梁建设中。泰恩河上的双层路面桥就是他的杰作,桥的上层路面为铁路,下层是马车道和人行道。这种双层桥在现在司空见惯,但在当时却是了不起的创新。1894年8月15日,大桥通车,并被誉为"铁路结构之冠"。维多利亚女王路过的时候,都忍不住驻足观望。

经过斯蒂芬森父子的努力,人类迈入了"火车时代"。后人因此尊称乔治·斯蒂芬森为"铁路之父"。许多国家,比如英国、德国、匈牙利、比利时、波兰、刚果等,都把乔治·斯蒂芬森和他的机车一起设计成纪念邮票发行。

第5章

殖民扩张成就"日不落帝国"（1841—1914）

英国凭借最早完成工业革命,一跃成为全球霸主。从19世纪60年代起,英国有了大量的海外投资,到1913年时,英国在海外的资产达到了本国GDP的1.5倍左右。正是英国商人的海外投资,帮助英国完成了殖民扩张。在这个过程中,新的世界500强企业诞生。英国殖民东方的武器是鸦片,由此诞生了怡和洋行、渣打银行、汇丰银行①这样靠中国养大的世界500强企业;英国对北美殖民地的关键词是烟草,由此诞生了英美烟草集团(British American Tobacco Co.)和菲利普·莫里斯公司这两家全球排名第一、第二的烟草公司;英国觊觎非洲殖民地的资源是黄金,由此诞生了钻石垄断组织——戴比尔斯公司。

---

① 汇丰银行(The Hongkong and Shanghai Banking Corporation Limited,HSBC),中文直译为"香港和上海银行有限公司"。

《谷物法》的废除与维多利亚全盛时代

亚马孙河流的一只蝴蝶扇动一下翅膀，两个月后可能会引起美国得克萨斯州的一场龙卷风，这一现象俗称"蝴蝶效应"。在历史长河中，一个不经意的事件同样可能会主导整个历史的走向。

1806年，称霸欧洲大陆的拿破仑，把目光放在了偏安一隅的英国头上。左右衡量后，拿破仑认为以军事征服英国的道路不太好走，他转而推出了"大陆封锁政策"，通过经济控制逼迫英国投降。英国的进出口额随之剧减，外地的便宜粮食进不来，英国粮食短缺，饥饿开始蔓延，一场以"谷物"为核心的大戏拉开了序幕。

为了解决饥饿问题，英国土地占有者迅速扩大种植面积，很多贫瘠的土地也被开垦出来种粮食。尽管老百姓饱受战争的苦楚，可那些大地主的收入却非常丰厚，他们纷纷建起了豪华庄园，过上了奢靡的生活。

1814年，随着拿破仑被流放，英法战争结束，英国迎来了长达百年的和平时期。和平清除了对外贸易的障碍，大量便宜的粮食涌入英国，粮价下跌，土地贵族们要求政府出面维护粮食价格，鉴于土地贵族们在战时抵御拿破仑"饥饿战略"有功，政府同意了，于是《谷物法》(Corn Laws)诞生了。

1815年，英国政府推行《谷物法》以"保护"英国农夫及地主，这一法规对生产成本较低廉的外国进口谷物强制征收进口关税，以维护土地贵族的利益。

然而《谷物法》从诞生的那一刻起就遭遇了反对的声音。著名的经济学家大卫·李嘉图第一个站出来反对。受亚当·斯密（Adam Smith）《国富论》一书的影响，大卫·李嘉图创作了《政治经济学及赋税原理》一书，提出了著名的比较优势贸易理论。1819年，他当选为上院议员，极力主张议会改革，大力倡导自由贸易，主张废除《谷物法》。①

《谷物法》严重影响到了工业资产阶级的利益，因为粮食价格的提升，意味着工厂经营者必须支付工人更高的工资。另外，欧洲其他国家也陆续开始了工业革命，英国工业资产阶级出现了竞争者。这些使得工业资产阶级不得不站出来反对谷物法。

1839年，由理查·科布登（Richard Cobden）牵头，反《谷物法》协会成立。理查·科布登在曼彻斯特有一家印花厂，他还创作了两本小册子《英格兰、爱尔兰和美国》(1835)、《俄国》(1836)，它们被广为传阅，很有影响力。他要求英国政府改变外交政策，主张英国打开国门，任人员和物资自由流动，进而来推动国际贸易的发展，因此被称为"自由贸易之使徒"。

在理查·科布登和几个白手起家的工厂主的强烈推动下，反《谷物法》协会后来改名为反《谷物法》同盟，并迅速扩大，实力也越来越强。它组织工厂主募捐以获得态度上的支持和活动资金；它创办杂志，以文字抢占舆论阵地；它还出资派遣演说家巡回各地演讲。总之，它调动了一切可以调动的力量以达成自己的目标。

英语世界的超级经济学大刊——《经济学人》，就是在这一时期创立的，它充当了鼓吹自由贸易、反《谷物法》的舆论工具。谁也没有想到，《经济学人》会变得如此受欢迎。更不可思议的是，《经济学人》的创始人詹姆斯·威尔逊（James Wilson），竟然

---

① 黄少安，郭艳茹，对英国谷物法变革（1815—1846）的重新解释及对现实的启示[J].中国社会科学,2006(3)：50-61+205.

第5章 殖民扩张成就"日不落帝国"（1841—1914） ▶ 87

成为渣打银行的创始人，影响东方世界至今。

工厂主兼贵格会教徒约翰·布赖特（John Bright），是当时的演讲担当者，他几乎出现在所有反《谷物法》的集会上，以雄辩的口才当众痛批《谷物法》。他对工人说，你们辛勤工作却依旧朝不保夕，就是因为《谷物法》抬高了粮食的价格；他对佃农说，《谷物法》让粮食价格攀升，可所有的利润都被地主以高地租拿走了，你们没有得到丝毫好处；他对工厂主说，周边国家都是以粮食来交换工业品的，《谷物法》限制了粮食进口，工业品也就无法出口，你们的日子必定会越来越差。凭借约翰·布赖特的三寸不烂之舌，反《谷物法》同盟成功地征服了民心。

1846年5月，英国国会以压倒性的票数通过了废除《谷物法》议案，英国保护贸易制度瓦解，自由贸易制度全新开启，它还预示着英国土地贵族统治时期的结束，工商业资产者在彻底的"自由放任"中登上历史舞台。依靠"自由放任"，维多利亚时代达到了兴盛的顶峰。

1837年至1901年是维多利亚女王统治时期，加上她去世后的13年，直到1914年第一次世界大战开始，这个时间段被统称为英国的"维多利亚时代"。这个阶段，被认为是英国工业革命的高峰时期。在长时期的和平下，英国经济超速发展，乃至其份额占到了全球经济总量的70%。当时的英国是世界贸易中心，也是世界上最富有的国家。

而英国人津津乐道的"日不落帝国"，又是怎么来的呢？后面我们会一一披露：这一切都是靠政府和商人联合殖民而来的。维多利亚时代的所谓自由贸易，其实是对殖民地的任意宰割。维多利亚时代的全盛局面，英国商人功不可没。在英国疯狂殖民扩张的过程中，也诞生了不少国际巨头公司。

活跃在东方的怡和洋行、渣打银行、汇丰银行

中国之所以成为半殖民地国家，除了臭名昭著的东印度公司，还要"归功"于头号鸦片贩子威廉·渣甸（William Jardine）和他创建的怡和洋行。威廉·渣甸有一个外号叫作"铁头老鼠"，是因为当时的中国人十分痛恨他祸国殃民。有一个人趁他不备，用竹竿打其脑袋，但他的脑门上竟然没有留下任何痕迹。[①]那么，他在历史上扮演着一个怎样的角色呢？

威廉·渣甸出生于苏格兰的一个小农庄，他凭借勤奋学习，在18岁时拿到了爱丁堡医学院的外科学院文凭。1802年3月，渣甸进入英国东印度公司，成为一名从事鸦片贸易的商船上的外科医生。

这段航海经历，开阔了渣甸的眼界，让他积累了很多鸦片贸易和其他商品出口贸易的经验。他还凭借着仁慈、慷慨的个人魅力结识了不少好友。

1823年，渣甸在商船上结识的朋友查尔斯·马格尼亚克（Charles Magniac）去世，其继承人因为不懂得经营，就邀请渣甸进入父亲留下来的马格尼亚克商行担任合伙人。渣甸顺势成了马格尼亚克商行的掌舵人。

随后，他又邀请另一个朋友詹姆斯·马地臣（James Matheson）来做合伙人。两人曾一起组建过一个从事中国贸易的企业，彼此间很信任。马地臣过来后，渣甸负责对外谈判和把控

---

① 经盛鸿.1839年，英国"铁头老鼠"查顿猖狂的鸦片走私[EB/OL].（2019-06-25）[2023-05-04].http://history.ifeng.com/c/7nnSdFLP40v.

公司的整体战略，而马地臣负责对内的财务和团队管理，两人优势互补，配合非常默契。[1]

1832年7月1日，在渣甸、马地臣的主导下，怡和洋行合股公司在中国广州成立，主要经营鸦片、茶叶和其他货物的对外贸易。1833年，英国国会收回了英国东印度公司对中英贸易的专营权，怡和洋行迅速填补东印度公司留下的市场空缺。依靠违法的鸦片，它很快发展成为东亚最大的英国贸易公司。这时，渣甸被其他商人称为"大班"，即总经理。

1839年6月，中国清朝政府派遣林则徐到广东虎门集中销毁鸦片。其间，威廉·渣甸设宴招待林则徐。醉翁之意不在酒，席间，威廉·渣甸特意上了一道冒着白气的冰淇淋，林则徐未见过，以为是热气，就去吹，结果被威廉·渣甸当众嘲笑。数日后，林则徐在回请威廉·渣甸时，最后也上了一道看起来很像凉菜，其实却非常烫嘴的"太极芋泥"。威廉·渣甸以为是凉菜，拿起勺子就吃，结果烫伤了嘴巴。林则徐用这种方式告诉对方清政府对此次禁烟的态度。于是，在广东从事鸦片买卖20多年的威廉·渣甸，逃回了苏格兰老家。

威廉·渣甸带了250万英镑回到英国之后，四处游说并贿赂英国国会议员，主张对中国开战，他还为这次战争制订了计划，提供了海上和陆地地图，当然也提供了军队和军舰的补给。

国会最终批准了威廉·渣甸的申请。1840年6月，英军的舰船开进广东珠江口，鸦片战争爆发。最终，战争以中国战败并赔款割地告终，清政府还被迫签下了历史上第一个丧权辱国的不平等条约——《南京条约》。在这个过程中，渣甸还做了一件事——极力促成香港成为英国的殖民据点，以致香港在1997年才重回祖

---

[1] 李.晚清华洋录[M].李士风，译.上海：上海人民出版社，2004.

国怀抱。

凭借着在鸦片战争中的推波助澜作用，1841年，渣甸升任英国国会议员。可世事就是这么奇妙，两年后，渣甸突然离世了。他一直单身，没有后代，怡和洋行便由马地臣经营。

直到今天，怡和洋行还活跃在北美洲、欧洲、大洋洲和非洲等地，而它的名字早已换成了怡和集团。在2022年《财富》世界500强榜单中，怡和集团以营收358.62亿美元排在第397位。7-11、必胜客、牛奶国际、怡和汽车等都属于怡和集团旗下品牌，不过现在怡和集团的最大股东变成了后来接手的凯撒克家族。凯撒克家族也凭此成为当今英国的隐形富豪。

如果说怡和集团发展壮大的背后是战争的血腥与残酷，那么渣打银行又是怎样发展起来的呢？

渣打银行的"渣打"二字是"Chartered"的音译，原意是"特许的，有许可证的"。1853年，为了给远东的殖民贸易提供金融服务，英国维多利亚女王特许开办了这家银行。上面也提到了，渣打银行的创始人是杂志《经济学人》的创刊人詹姆斯·威尔逊。

詹姆斯·威尔逊出生于苏格兰边区霍伊克，祖上原本是牧羊人。他的父亲趁着工业革命，建立了自己的纺织厂，从而成为大富翁。詹姆斯·威尔逊16岁在一家帽子工厂当学徒，其父一高兴就为他和哥哥买下了这家工厂。詹姆斯·威尔逊19岁的时候，离开老家前往伦敦学习经济学。

毕业后他和哥哥合开了一家工厂。工厂于1831年被卖掉后的钱，加上后来的股票经营，使詹姆斯·威尔逊渐渐成为伦敦的新贵族。1839年，詹姆斯·威尔逊卖掉全部财产，于1843年创办杂志《经济学人》，自己则以一家报社创办人的身份来推动自由贸易活动，独资经营并担任主编16年。1847年，威尔逊进入下议院，担任威尔特郡韦斯特伯里的自由党国会议员。由于他拥有经济方面的经验,英国首相约翰·罗素(John Russell),在1848年任命他为管理委员会次官,负责印度事务。直到1852年,他都担任该职务。1853年,维多利亚女王任命他负责成立和管理渣打银行。

1858年7月31日,渣打银行先在印度加尔各答和孟买开设分行,后又在上海设立分行。分行的第一任经理名叫约翰·麦加利(John Mackellar),因此,渣打银行在中国内地的分行都被称为"麦加利银行"。一开始,渣打银行在中国的银行业务以经营外汇为主。

1859年,渣打银行开始在中国香港和新加坡营业;3年后,渣打银行拿到了在中国香港发钞的授权。随后,渣打银行在中国稳步、快速地发展。1863年,渣打银行在汉口开设分行,成为汉口第一家外资银行;而在1895年设立的天津分行,则是外国人在天津开设的最大的一家洋行。此外,它在上海外滩18号开设了上海分行,是中国历史最悠久的外资银行,这块区域的多层建筑就出自它的手笔。

根据1842年签订的《南京条约》,香港要租借给英国99年,从此香港就充斥着各种洋行,也就是外国商人在中国开设的为外商服务的公司。除了怡和洋行这个大咖之外,香港的洋行多达上百家,以至于香港居民后来都以能到洋行工作为荣耀。大名鼎鼎的汇丰银行,最早就是洋行合资成立的,最初叫作香港上海银行有限公司(The Hongkong & Shanghai Banking Limited),创始人叫托玛斯·修打兰(Thomas Sutherland,又译托玛斯·苏石兰、托玛斯·萨瑟兰德)。

修打兰是苏格兰人,他原本是香港黄埔船坞公司的执行主席。在中国待久了,修打兰发现了一个商机:中国只有钱庄,连个像样的银行都没有,如果能创建一家私人银行,一定能收获暴利。可是,他作为一个职业经理人,是不可能有那么多资金开银行的。

于是，他想到了"众筹"这个妙策。

修打兰参照苏格兰银行的运作方法，编写了一本香港银行章程，交给一个人脉广泛的律师，由他接洽香港各大洋行。结果宝顺洋行、琼记洋行、费礼查洋行、公易洋行、沙逊洋行、大英轮船、禅臣洋行、太平洋行、顺章洋行、广南洋行等10家洋行，都非常认可他的商业计划。

1865年3月3日，"汇理银行"，也就是今天的汇丰银行在香港开业。当时修打兰主张让银行在经济和发展潜力齐聚的香港和上海两处同时发展，所以香港开业后一个月，上海分行也开业了。

在汇理银行成立的第二年，修打兰就迎来了大好机遇：港英政府陷入经济泥潭。修打兰抓住这次机会，给港英政府发放了10万港币的贷款。而作为回报，港英政府把港币的发行权给了汇理丰银行。当时只有渣打银行拥有港币的发行权，汇理银行是第二家，再后来中国银行（香港）也有了发钞权。随后，汇理银行和港英政府有了更多的合作机会，就这样在香港站稳了脚跟。

更大的机会还在后面。日本明治维新后确立了对外的侵略策略，邻近的中国台湾就成了日本的首要目标。1874年，日本借琉球漂流民在中国台湾被杀事件发兵台湾，清政府为了抵御日本，准备加强台湾防御。然而，经过两次鸦片战争的洗劫，清政府的国库已经捉襟见肘了。负责人李鸿章四处向外资银行借款，这些银行怕得罪日本和它的欧洲同盟，就不敢放贷。这时候，只有修打兰大胆借钱给清政府，当然前提是市面利息的双倍。之后清政府的许多贷款、税收业务大多都由汇理银行来负责。

因为李鸿章的关系，修打兰又陆续结识了不少清朝要臣，比如曾国藩。当时为了搭上曾国藩，修打兰把"汇理银行"改成了"汇丰银行"，这个名字出自曾国藩的儿子曾纪泽的随口一句话："汇款丰裕，应该叫汇丰。"修打兰为了讨好曾国藩，就同意了。

后来，汇丰银行出钱资助李鸿章打压胡雪岩，由此彻底获得了李鸿章的信任，清政府的贷款、税收、存款统统交给了汇丰银行。1895年，甲午战败，清政府又欠下了巨额赔款，汇丰银行再次借款给清政府，这次它直接向清政府索要了盐税作为贷款抵押。1901年《辛丑条约》签订以后，清政府又向汇丰银行贷款，汇丰银行趁机夺走了关税。

汇丰银行就这样靠中国人的血肉铸成了自己的发家路。作为创始人的修打兰，则因此名利双收，从一个寂寂无闻的打工仔成为英国的新贵。修打兰后来光荣回国，并于1876年晋升为铁行轮船公司总裁。如今，香港还有一条街用他们的名字命名：修打兰街。

而汇丰银行虽然是靠大发战争财起家的，但在随后的百年岁月中，也久经考验，经过无数次蜕变，成为世界500强企业。在2022年《财富》世界500强企业排行榜上，汇丰银行排名第149位。

雄霸北美的英美烟草集团和菲利普·莫里斯公司

迪士尼动画片《风中奇缘》讲述了一个浪漫的爱情故事：印第安公主宝嘉康蒂（Pocahontas）与英国移民青年约翰·罗尔夫（John Rolfe）相爱并结婚生子。这个动画片是由真实事件改编而成的，约翰·罗尔夫可谓北美殖民地经济的奇迹创造者。

前面我们讲到，英国探险家刚发现弗吉尼亚的时候，连基本的生存都解决不了，一度靠印第安人的玉米来维持生命，后来鼠患和大饥荒爆发的时候，甚至发生了人吃人的悲剧。1610年5月，约翰·罗尔夫历尽千辛万苦到达弗吉尼亚的时候，随身携带了一些烟草种子——其命运从此改变。

弗吉尼亚的原住民其实也种植烟草，但是移民来这里的人都觉得这种烟草劲儿不够，体验感太差。而约翰·罗尔夫带来的是英国人的最爱——西班牙烟草。约翰·罗尔夫发现了商机，就在这里尝试种植西班牙烟草，经过多次试验，他种出了口感更柔和、更甜美且更适应弗吉尼亚气候的新型烟草。

1614年，罗尔夫把这种新型烟草运回英国销售，很快就成为畅销品。这种烟草能带给人一种类似于性快感的体验，很让人上瘾；当时不仅英国人喜爱，连法国人、西班牙人、荷兰人都喜欢。从此，烟草就成了北美殖民地的主要出口产品，当地人把能种的地方都种上了烟草，连城镇的大街两边都不放过。烟草甚至充当了货币，发工资、结婚、信贷都可以用烟草替代（约翰·罗尔夫与烟草的故事，详见罗伯·莱纳导演的纪录片《美国，我们的故事》第1集《反抗者》）。

随着烟草贸易的发展，殖民地经济也迅速发展。当地较大的烟草种植园园主因此成了当地的新贵族阶级；因为富贵，还慢慢在英国议会中慢慢有了一席之地。

但英国政府为了控制殖民地，于1651年颁布了《航海法案》——为了保障英国本土的产业发展，限制其他欧洲国家尤其是荷兰在贸易上的竞争。但由于法案的内容相当霸道，几乎等于强买强卖，引起了荷兰的不适，导致了英荷战争的爆发；同时它也让北美殖民地的商人很不满，进而成为美国独立战争的一个诱因。

1730年，英国政府颁布了完全冲着北美殖民地的《烟叶检查法案》，这个限制让北美殖民者深恶痛绝。就在这一年，美国的第一家烟草公司在弗吉尼亚州开业。1775年，美国独立战争爆发，革命者将烟草作为从法国获得贷款的抵押品,因而烟草在这场战争中发挥着重要作用。

英国在工业革命之后,逐渐推行自由贸易政策。英国政府意识到,凭借先进的生产力,自己生产的产品无论到哪里都拥有竞争力优势,根本不需要靠霸道的条约来捍卫。而且事实上,这时候的《航海条例》是一个不折不扣的绊脚石,这种垄断性法案让别的国家对英国商品的进入持敌视态度,他们会以提高关税的方式限制商品流入。于是1849年,维多利亚政府在权衡利弊之后,将《航海法案》废除了。通过自由贸易,将更多商品卖到国外市场,从此成为主旋律。

就是在这种背景下,菲利普·莫里斯公司和英美烟草集团这两家全球最大的烟草公司诞生了。

1839年,弗吉尼亚出现了一种烘烤过的"新型烤烟",这种"新型烤烟"芳香柔和,吸食时可以下咽进入胸腔;而以前的卷烟因为浓烈辛辣,吸食时难以下咽,只能含在口腔中。这种"新型烤烟"的出现,赋予了卷烟新的"生命",它改变了吸烟体验,引发新一轮的全球吸烟热潮。有趣的是,据说烤烟的发现很偶然。当时,卷烟都是工人们手工赶制的,他们的工作时长超乎现代人想象。一个工人在晚上值班的时候睡着了,醒来后发现,烟叶被炭火烤成了黄色,而让人惊喜的是,这种烤糊的烟叶味道更好。不管怎样,烤烟促成了现代烟草业的发展,它让机器批量生产的香烟成为可能。

1847年,商人菲利普·莫里斯(Philip Morris)出现在英国,在伦敦的邦德街(Bond Street)开办了一个香烟商店,他最早销售的不是弗吉尼亚新型烤烟,而是老式的土耳其卷烟,结果可想而知。在短暂遭遇市场冷遇之后,精明的菲利普·莫里斯不仅引进了烤烟,还将消费人群做了市场细分。

如今，万宝路（Marlboro）是世界上畅销的香烟品牌之一，很多人误以为它是美国人造出来的。其实它起源于英国，后来在美国注册而已。

万宝路听上去像个地址，事实上它就是世界第一大烟草公司菲利普·莫里斯公司的起家厂址。伦敦有一条街叫作Marlborough，这就是万宝路的取名来源。坊间后来流传这样的说法：Marlboro是"Man Always Remember Love Because of Romance Only"（男人只因浪漫需求而记得爱情）的首字母缩写。这听上去就像是网友的杜撰，因为万宝路的最早定位是女士香烟，因为女人在抽烟的时候，烟嘴总是沾到口红，所以后来万宝路还把烟嘴改成了红色的。总之，万宝路最早是为女性的精神需求服务的，与男性无关。

1902年，因为生意过于兴隆，菲利普·莫里斯的继承者在美国纽约开办了一家代理店。后来，店又搬到了弗吉尼亚，于是大名鼎鼎的菲利普·莫里斯公司①成立。随着万宝路在美国市场上大获成功，菲利普·莫里斯公司在全球扩张开来，最终超过英美烟草集团，成为世界第一大烟草公司。在2021年《财富》世界500强企业排行榜中，菲利普·莫里斯公司排名第422位。

英美烟草集团的前身是英美烟草公司，它的诞生，比菲利普·莫里斯公司稍晚一点。由于英美之间的贸易战争非常激烈，双方各有损伤，后来，英国的帝国烟草公司和美国的美国烟草公司站出来，握手言和，两家合资创办了英美烟草集团。根据双方签订的友好协议，帝国烟草公司负责英国市场，美国烟草集团负责美国市场，英美烟草公司负责英、美两国之外的市场。它的业

---

① 菲利普·莫里斯公司，现称菲利普·莫里斯国际公司（Philip Morris International Inc., PMI），是全球烟草产业领导企业之一，旗下著名品牌有万宝路香烟。2008年，从全球烟草巨头奥驰亚集团（Altria Group）分拆后独立上市，主要经营除美国以外的国际烟草业务。

务很快就进入了加拿大、日本、德国、澳大利亚、南非和中国等多个国家。直到现在，它已发展成了世界领先的国际性烟草企业，并长期雄霸世界第二大烟草企业的位置。

得益于维多利亚女王的自由贸易政策，世界两大烟草公司应运而生。它们原本的使命都是控制北美烟草市场，结果却让维多利亚女王哭笑不得：一家成了英国最大的烟草公司，一家成了美国最大的烟草公司。

殖民非洲的钻石垄断组织——戴比尔斯

19世纪60年代，人们在非洲瓦尔河和奥兰治河汇流处找到了很多亮闪闪的石头，后来被证实是钻石，各国冒险家和投机商蜂拥而至。作为工业革命的佼佼者，英国一定不会错过。

普通人或许对钻石品牌有些陌生，但是对"钻石恒久远，一颗永流传"这句广告语，一定很熟悉。这句口号的提出者就是戴比尔斯（De Beers）公司——一个维多利亚时代崛起的钻石垄断组织。

不过，与其他珠宝世家不同，戴比尔斯并不是公司创始人的名字，戴比尔斯钻石的创始人叫塞西尔·约翰·罗得斯（Cecil John Rhodes），是维多利亚时期英国得以殖民非洲的重要人物。

塞西尔·约翰·罗得斯生于英国哈福德郡的一个乡村牧师家庭，他从小体质弱，经常生病，就没有进学校接受系统的教育。1870年，罗得斯经哥哥推荐到南非的开普殖民地来治病。就这样，罗得斯留在了南非。当时欧洲的冒险家都想尽办法往金伯利冲：金伯利因为矿藏丰富，发展成了钻石矿业中心。罗得斯和哥哥禁不住诱惑，也去了金伯利。

罗得斯兄弟刚到金伯利时发展得并不顺利，金矿和钻石矿都深埋地底，对开采设备有很高的要求。罗得斯兄弟靠卖冰激凌糊口，并不具备开采矿石的实力。1873年，罗得斯结识了另一个冒险家查尔斯·拉德，从此他的人生打开了突破口。

两个人合伙以低价收购破产企业，还以招收小矿主入股的方法缩减资金投入，慢慢地，他们积累了第一桶金。

1880年，罗得斯买下了一家名叫戴比尔斯的农场，这家农场的主人是戴比尔兄弟，他们在农场附近发现了大型钴矿，可是因为实力不够，开采不出来，只能望矿兴叹。罗得斯买下后，注册成立了戴比尔斯联合矿业有限公司，开始了他在南非大规模的钻石开采活动。

到了1888年，罗得斯击败了自己的老对手"金伯利中央矿业公司"的寡头巴纳托。这时他已几乎垄断了世界90%的钻石生产，每年到手的纯利润高达500万英镑。在短短的17年中，罗得斯从身无分文的穷光蛋变成了百万富翁。

除了商人这个身份，罗得斯还是一个殖民主义的虔诚信徒。他坚定不移地认为，英国应该成为"全世界光明的源泉、和平的中心"，英国应尽可能多地开拓殖民地。为了实现自己的殖民主义梦想，他参加了竞选，并且凭借自己的财富，取得英国国会议员的资格，从此踏入了仕途。罗得斯在政治上的"代表作"，一是武装夺取赞比西，二是挑起了第二次英布战争。

戴比尔斯矿业公司成立后，罗得斯做的第一件事就是贿赂当地政府，借政府的手打击竞争对手。1889年，罗得斯还从维多利亚女王手中拿到了皇家特许状。英国政府授权罗得斯可以代表政府任意对待当地居民，排斥欧洲竞争者。1890年，罗得斯在开普殖民地的议会选举中获胜，上任殖民地总理职务。随后，他招募冒险分子组成"拓荒队"武装队伍，武装夺取赞比西。1895年，河间地区和赞比亚河以北地区都用罗得斯的名字命名为"罗得西亚"（今赞比亚、津巴布韦和马拉维），1980年更名为津巴布韦。

1899年12月，罗得斯点燃了"詹姆逊袭击事件"的导火索，挑起了第二次英布战争。在罗得斯的指使下，詹姆逊带领英国军队从罗得西亚开进了德兰士瓦，结果被抓了。这次丢脸事件，让英国极其没有面子，罗得斯还被迫辞去了开普殖民地总理的职务。1899年10月9日，满腹怨恨的布尔人包围了罗得斯所在的金伯利，罗得斯因此被困了3个月。最后还是英军上场，打败了布尔人，罗得斯才得以顺利逃回英国。英布战争使得双方损失惨重，英国人死伤将近3万人，损失2.5亿英镑军费。为了报复，英国还把80万非洲人关入了集中营。

塞西尔·约翰·罗兹晚年将戴比尔斯公司交给别人，自己则设立了著名的"罗德奖学金"（Rhodes Scholarship），继续为大英帝国的殖民主义"发光发热"。他设立这个奖学金的初衷是在美国培养亲英派，这样有朝一日美国就能重新回归大英帝国的怀抱。虽然罗得斯的理想落空了，但这个奖学金确实改变了不少人的命运。比如，美国前任总统克林顿就是靠这一奖学金，成了牛津大学的学生。

1902年3月26日，罗得斯结束了富有争议的一生。他在遗言中说："我坚持我们是世上第一种族的说法，也坚持我们占地越多，越有利于人类的说法。"而他临终前最担心的是：罗得西亚这个名字还能在地图上保得住吗？历史给了他最绝望的回答。

不过，让罗得斯在九泉之下深感欣慰的是，戴比尔斯公司在钻石界树立了不可撼动的地位。1902年，奥本海默接任戴比尔斯董事会主席，使戴比尔斯发展成为国际性钻石矿业公司。直到2001年2月，戴比尔斯公司易主并更名为DTC（国际钻石贸易公司）。

很难想象"钻石恒久远,一颗永流传"这句宣传语当年曾在世界29个国家、以21种语言广为流传。

维多利亚女王指定的巧克力公司吉百利

当财大气粗的英国商人在全世界南征北战的时候,英国本土也在悄然发生变化,一些新兴产业正在生根发芽,比如巧克力产业的鼻祖——吉百利(Cadbury)就在此时诞生了。

其创始人约翰·吉百利(John Cadbury)出生于1801年,是一个虔诚的贵格会信徒。17岁时,约翰·吉百利在一家茶叶店当学徒;6年后,他到伯明翰开了一家饮品店。因为信仰的问题,约翰·吉百利放弃了酒水这一畅销品类。在贵格教人看来,酒水是贫困和多种社会问题的罪魁祸首。约翰·吉百利选择主要卖茶水和咖啡,顺带卖一些巧克力饮品,当时世人还不知道怎么做固体巧克力。

因此,1831年,约翰·吉百利做了一个重大决定,他租了一家旧的麦芽厂,专门用来做巧克力研发。约翰·吉百利之所以做出这个决定,是因为当时英国政府大幅降低了可可豆的进口关税,是创业的好时机。

1854年,约翰·吉百利的事业迎来了高峰。他研制的巧克力深受皇家青睐,并获得皇家特许,专门为维多利亚女王生产巧克力。

在布尔战争爆发后,维多利亚女王还委托吉百利定制了上万盒锡制包装的巧克力,慰劳在非洲前线打仗的军人。120年过后,澳大利亚国家图书馆在整理澳大利亚著名诗人帕特森(Andrew

Barton "Banjo" Paterson)[①]的遗物时,发现这批带有英国维多利亚女王标志与肖像的特制巧克力依然保存完好,实在令人震撼。因为这批特制巧克力颇具纪念价值,当时其实有很多商人在出高价收购。有史学家认为,诗人帕特森很有可能是当时出高价从军人手上购买巧克力的人之一。

1861年,约翰·吉百利的家族事业由次子理查德·吉百利(Richard Cadbury)和三子乔治·吉百利(George Cadbury)正式接手。其中,哥哥负责销售和市场,弟弟则负责开发新产品。

弟弟乔治·吉百利是一个产品研发的天才工程师,调配出了著名的"一杯半"鲜牛奶巧克力配方。这款产品经久不衰,畅销百余年,为吉百利成为巧克力行业头部公司立下汗马功劳。

1879年,乔治·吉百利还做了一项创举,他在距离伯明翰4英里远的地方买下一块地,用来建工厂,并为骨干员工建了300多所配有大花园的房子,还建设了医院、学校、图书馆等配套设施。现在这个名为"波恩维尔花园工厂"的地方已经成为英国著名的旅游景点。

对于如此大折本之举,乔治·吉百利的解释是:"住在有玫瑰的好地方,员工才会对工作和生活产生激情。"

1906年,乔治·吉百利又做出了令无数企业家敬佩不已的事情:他拿出6万英镑为员工设立养老资金,解决了员工的后顾之忧,还为当地贫困儿童提供食物和游戏的场所。对此,乔治·吉百利的解释是:"我们帮不了上帝做什么,除了真诚地帮助他人。"

由乔治担任董事长的吉百利兄弟有限公司,后来逐渐发展成

[①] 班卓·帕特森·巴顿(Andrew Barton "Banjo" Paterson),澳大利亚诗人、记者、作家,The Banjo(班卓)是他家在依拉朗的一匹他很喜欢的赛马的名字,被他后来用作笔名。作为澳大利亚最受民众喜欢的诗人之一,帕特森素有"牧人歌手""班卓琴诗人"的美誉。

为一家全球化公司，业务遍布全球。第二次世界大战后，电视普及开来，并成为巧克力宣传的主要阵地，吉百利借电视的东风也进一步发展壮大，于1969年与史威士公司合并，共同组成吉百利史威士股份公司。从此，吉百利继全球最大的巧克力商之外，多了两个身份：全球最大的糖果公司和全球第三大饮料公司。

可惜，这家被誉为"英国甜心"的著名企业却在2010年被美国卡夫（Kraft）集团收购了。有着200年历史的吉百利，竟然不再是英国企业，这可能是吉百利父子在九泉之下最大的遗憾了。

除了吉百利，维多利亚女王还给不少品牌颁发了皇室特许证。其实，1837年，维多利亚女王颁布的第一张"皇室委任书"，并不是发给吉百利的，而是颁给了川宁茶。川宁茶被指定为皇室御用茶，此殊荣一直沿袭至今。

川宁茶的创始人是托马斯·川宁（Thomas Twining）。1706年，川宁先生创建了川宁品牌，一开始是售卖咖啡。1717年，川宁另外开设了红茶专营店，深受王室成员的喜爱。川宁茶在被指定为皇室御用茶之后，就成了"英式茶饮"的代表。

据统计，维多利亚女王授予了大小2000个品牌"皇室委任书"[①]。正是她的这一举措，使得英国在全球大肆扩张的时候，国内的本土品牌也发展了起来。其中的一些品牌，如Fortnum & Mason（福南梅森）、TWININGS（川宁）、Schweppes（怡泉）等，直到今天仍具有很大的影响力。

---

① 皇家委任书就是由皇室成员颁发的认证许可书，被认为是皇室信赖该品牌，使用该商品的一种证明，是一种认可和荣耀。而被授予此委任书的个人或企业则被称为"皇家认证持有者"。

第6章

战火硝烟中孕育出"老字号"（1915—1933）

在第一次世界大战中，有3749万名伤亡人员，直接开销2080亿美元，间接开销1510亿美元。[①]还有更多战争外的损失，难以计数。但对于商人来说，这场战争无疑是一场财富盛宴。1913年，世界机器总产量的统计中，美国占51.8%，德国占21.3%，英国仅占12.2%。[②]英国在新的工业革命中明显处于落后地位，但是一些英国企业因为抓住了历史特殊机遇，在大发战争财中强势崛起，最终成为世界500强企业。

---

① 阎京生.他们贩卖死亡：那些"一战"中风光的大企业[EB/OL].（2014-07-21）[2023-05-04].http://www.xinhuanet.com/world/2014/07/21/c_126776668.htm.
② 郭春生.地球村的刷新——产业革命与现代化：下册 馆藏[M].沈阳：辽宁大学出版社，1996.

发现青霉素的葛兰素公司

1873年,一位名叫约瑟夫·纳森(Joseph Nathan)的进出口商成立了一家以自己名字命名的贸易公司。这家"约瑟夫·纳森公司"就是英国大名鼎鼎的药企大咖——葛兰素公司(Glaxo Co.)的前身。

葛兰素公司最初并不做药,而是做奶粉。在一次偶然的采购途中,约瑟夫·纳森的儿子注意到,美国有一种干奶的工艺[①],十分具备商业前景,就游说自己的父亲买下了这一技术。

凭借这项新工艺,约瑟夫·纳森公司在新西兰开设工厂生产奶粉,并着手打造一个新品牌——"葛兰素"。1904年,公司生产的葛兰素品牌奶粉正式上市。新西兰本来就拥有好的奶源,加上新工艺,"葛兰素"牌奶粉很快就成为英国家喻户晓的品牌。开明的约瑟夫·纳森父子,就把公司改名为葛兰素公司,以利于更多人记住这家公司。

1914年,第一次世界大战爆发,葛兰素公司无意间从奶粉行业一脚踏入医药领域。这个跨度是创始人约瑟夫·纳森始料不及的。

一战所造成的重大伤亡,让人类对细菌有了新的认知,于是一个改变人类命运的新发现——青霉素问世了。

发现青霉素的人叫亚历山大·弗莱明(Alexander Fleming),

---

① 这一工艺可能就是美国人帕西在1877年发明的喷雾法,即将牛奶真空浓缩至原体积的1/4,然后以雾状喷到有热空气的干燥室里,脱水后制成粉,如此做成的奶粉方便长期保存。

他是英国著名的细菌学家、生物化学家、微生物学家。当时，弗莱明被迫跟随军队在法国做医疗服务。眼看着发小迈克因伤口感染而在自己眼前死去，弗莱明下定决心要找到治疗细菌感染的有效药物。战争结束以后，他就回到圣玛丽医院的细菌实验室，潜心研究细菌。[①]

1928年，弗莱明进行葡萄球菌培养时，在实验器皿中，他意外发现，在被污染的青霉菌四周，不仅没出现长菌现象，反而形成了一个无菌圈。弗莱明经过推断论证，得到的结论是，青霉菌能够分泌一种杀死或阻止葡萄球菌生长的代谢物，他将这个代谢物称为青霉素（Penicillin，盘尼西林）。

和所有的重大发现一样，如果不是特别紧急需要应用，一开始注定会遭遇冷视。青霉素的发现也是如此。弗莱明大胆地推测：既然青霉素可以杀死葡萄球菌，那它也有可能杀死使人致病的细菌。1929年，弗莱明还在《英国实验病理学杂志》上发表了《关于霉菌培养的杀菌作用》的研究论文。可惜，他的发现没有得到足够的重视。论文发表之后，英国一位贵族曾写信建议他申请制造专利权，但他回信说：" 为了我自己和我一家人的荣华富贵，而有意无意地去危害无数人的生命，我不忍心。"

在随后长达4年的时间里，弗莱明对青霉素开展了专门研究。他没有经费，没有必需的设备，只有一间小而陈旧的细菌学实验室，他辛辛苦苦得到的一点点青霉素培养液只够做一点动物实验。因为找不到试验提取物效价的方法，当他想做临床试验时，医生们总是拒绝。[②] 弗莱明知道青霉素将会在医学领域派上大用场，但他本人却因为无法提纯青霉素而无可奈何。

---

① 张帆. 青霉素的发现简史 [J]. 生物学教学，2008（7）：70-71.
② 苏怀德. 青霉素发现及开发简史 [J]. 中国药学杂志，1988（8）：48-51.

第 6 章 战火硝烟中孕育出"老字号"（1915—1933）

弗莱明对青霉素的研究，虽然没有引起医药行业的足够重视，但是却引起了奶粉企业葛兰素公司的重视。随着奶粉工艺的普及，葛兰素公司正在寻找新的市场优势。他们为了让奶粉畅销，开始研究奶粉的产品附加值。

1923年，在华盛顿举行的国际乳业大会上，公司研发人员发现，奶粉加维生素可以预防佝偻病，于是以最快的速度推出了维生素D奶粉，并获得巨大的商业成功。后又推出了复方维生素浓缩液、维生素AD复方制剂和含维生素乳制品，产品风靡一时，并且畅销到了印度、意大利，甚至还打开了中国市场（正值民国时期）。其中，复方维生素浓缩液是公司生产的第一款医药产品，试水成功后，葛兰素公司于1935年为制药业务单独创办了一个名为葛兰素实验有限公司的子公司。

就是在这个时候，葛兰素公司注意到了青霉素。青霉素的研究者霍华德·沃尔特·弗洛里（Howard Walter Florey）四处奔波，希望英国的药厂能大量投产，可是多数药厂都借口战时困难而将他们拒之门外。葛兰素公司看到战争导致的伤员数量激增，对青霉素的需求非常大，就第一个开始大规模商业性生产青霉素。

1944年，葛兰素公司拥有4家专门生产青霉素的工厂，垄断了英国80%的青霉素生产。青霉素的畅销，让葛兰素公司做了一个重大决定：砍掉奶粉老业务，将全部精力和资源押到制药新业务上。

1957年，葛兰素公司迎来了强敌——来自本土的必成公司（Beecham）。必成公司比葛兰素公司的历史还要悠久，而且一开始就是做医药保健品的。1957年，必成的科学家发现了青霉素的重要中间体：6-APA。在此基础上，必成公司成功开发了甲氧西林、苯唑西林、氨苄西林、阿莫西林等多种知名抗生素。凭借丰富的产品线，必成公司超过了葛兰素公司，并且几次扬言要收购葛兰素公司。葛兰素公司非但没有害怕，反而快马加鞭研发出了头孢呋辛和头孢他啶两个畅销抗生素产品。葛兰素公司刚刚躲过必成公司的并购压力，来自美国的竞争对手史克公司（SmithKline）就来了。史克公司有好多只王牌产品——氯丙嗪、西咪替丁等。最终，富有戏剧性的是，史克和必成先是合并成了史克必成，后来又跟葛兰素强强联手，整合成了一家，也就是葛兰素史克公司。通过复杂的并购交易，葛兰素史克公司占有了全球药品市场近7%的份额。

2022年，葛兰素史克公司在《财富》世界500强企业排行榜中排名第294位；同年12月，以4640亿元位列"2022胡润世界500强"第194名。它还是唯一一个被世界卫生组织确定为研制和生产三大全球性疾病[①]药物和疫苗的公司。目前，葛兰素史克公司在医药领域仍旧占有世界级的领先地位，它持续对人类健康做着重大的贡献。

军火企业维克斯公司

战争虽然带来了伤亡和破坏，但客观上也蕴含着商机。它成就了一批救死扶伤的企业，同时也成就了大批军火企业——德国诞生了克虏伯公司，美国诞生了杜邦公司，法国诞生了施耐德公司，而英国诞生了维克斯公司。

第一次世界大战是机枪的黄金时代。世界上第一款重机枪，是美国枪械师希拉姆·史蒂文斯·马克沁（Hiram Stevens Maxim）设计的马克沁机枪。马克沁是和爱迪生同时期的发明家，在竞标

---

① 即疟疾、艾滋病和结核病。

美国市政电灯照明项目的巨额订单时，被爱迪生打败，加上后来爱迪生公司的接连排挤，马克沁只好变卖公司，移民英国。1880年抵达英国后，马克沁发现英国军队对速射武器的需求旺盛，就开始发明自动射击武器。

马克沁在加特林机枪的基础上不断进行试验，最终设计出了一款每分钟能打出600发子弹的自动步枪。这款机枪不仅火力惊人，而且非常轻巧，成年人可扛着行军。这一年，英国钢铁巨头维克斯公司的继承人阿尔伯特·维克斯（Albert Vickers）敏锐地觉察到战乱的欧洲对军火的旺盛需求，于是资助马克沁成立了马克沁机枪公司（Maxim Gun Co.），并亲自出任董事长。维克斯公司的资本与马克沁机枪技术实现了完美结合。于是，维克斯公司在军工生产领域得到了快速发展。

英国军队很快相中了这种机枪，并开始大量采购。1893年，50名英军士兵带着4挺马克沁机枪，打退了5000名祖鲁武士的冲锋，打死了其中上千人。在当时的英军士兵中流传着一句话："无论发生了什么，我们有马克沁机枪，而他们没有。"马克沁机枪从此扬名，德国、俄国、美国、意大利、土耳其和当时的清政府，纷纷购买这种机枪的生产专利，在本国大量生产。

1896年，在阿尔伯特·维克斯的主导下，维克斯公司全资买下了马克沁机枪公司，加大力度生产并推广马克沁设计的重机枪。

1900年，维克斯公司的设计师们为了解决重机枪结构复杂、重量过大的问题，开始对马克沁机枪进行简化和轻量化改造。维克斯公司先后研制成功了1901和1906两型机枪。1908年，公司再度对马克沁机枪进行改进，1910年，改进后的机枪开始接受官方测试；1912年11月，英军正式决定将马克沁机枪作为一战装备，并把水冷式机枪正式命名为维克斯Mark I中型机枪，此后56年时间里，维克斯机枪都是英军配备的标准重机枪。

在1914年爆发的第一次世界大战中,各个国家都有仿制的马克沁机枪。德、英、俄三国的主力机枪都是马克沁机枪。二战结束后的1968年,英军才正式宣布维克斯机枪退役,此后这类枪又在一些英联邦国家里继续使用了一段时间。

在第一次世界大战中,维克斯公司不仅发明了步枪,还发明了一种名叫"维米"的远程轰炸机,代号F.B.27,于1917年11月30日首次试飞。[①]一战期间,英国派出"维米"参战,但"维米"刚刚抵达战场,战争就结束了。不过,"维米"的光芒并没有因此被埋没。

1919年5月初,在一次飞行爱好者的比赛上,英国人阿尔科克和布朗驾驶"维米"飞机进行越洋飞行。此次飞行共计耗时16小时27分钟,飞行距离达3032千米,其间穿越了厚云层,并躲避了大冰雹的袭击和撞山的危险,最终平安着陆。

同年11月12日,史密斯兄弟驾着改装的"维米"飞机,完成一次全程1.79万千米、共计135小时55分钟的飞行,其间遇到了多次恶劣天气,比如暴风雨的袭击,还一度陷入沼泽地,最终都平安着陆。"维米"再次证明了它的良好性能。

1927年,维克斯公司与英国阿姆斯特朗公司合作,专门生产用于出口的英国坦克。1930年,苏联军械局订购了15辆维克斯MK.E坦克,每辆坦克的价格为4200英镑。随后维克斯的坦克成功出口到了希腊、葡萄牙、日本、美国、中国、泰国、葡萄牙等国家。

维克斯公司在机枪和坦克上都获得了商业成功,可这并不算完。维克斯公司的大部分股份在20世纪60年代至70年代间被国有化,剩下的于1977年转成了维克斯公开有限公司(Vickers Plc.)。

[①] 王钟强."维米"往事[J].大飞机,2019(5):66-69.

化身国企的维克斯公司，在劳斯莱斯公司最困难的时候接手了它的汽车业务。

为战争提供保险的英国保诚集团

1848年，对于欧洲来说，是极为不平凡的一年。这一年，多国相继发生了大革命。1月，意大利西西里岛人民首先发动起义，并迅速波及整个欧洲。2月，马克思和恩格斯郑重发表《共产党宣言》，很快，法国就爆发二月革命，代表金融资产阶级利益的七月王朝被推翻，路易·菲利普一世仓皇逃亡英国。紧接着，德国维也纳和柏林相继爆发革命，德国被迫改变宪法。随后，匈牙利、捷克斯洛伐克、波兰、罗马尼亚等国也爆发革命，整个欧洲，除了俄国和西班牙，几乎都陷入了大动荡。英国也不能幸免，此时，它正在忙着对付国内的宪章派大罢工。

动乱对于人民来说，属于灾难，但是对于投资者来说，却是发财的机会。就在这年5月，一个全球500强企业崛起了。这就是英国保诚集团（Prudential Investment, Loan, and Assurance Company）——英国最大的人寿保险公司。

1848年5月30日，在伦敦卡姆登区霍尔本哈顿花园，一位名叫乔治·哈里森的绅士，召集了几位投资人，一起商讨如何大发战争财。

"当下整个欧洲都处于战乱，正是金融投资的好时机。"

"的确，身边很多朋友的生意都受到了影响，他们迫切需要别人给予资金帮助。"

"我们可以成立一个互助协会，帮他们拉到投资、贷款……"

这几位投资人员虽来自不同行业，有海军军官、皮革商人、测量师、神职人员、外科医生、拍卖师，但大家都是手头有闲钱的绅士，且对"危机就是商机"的认知是一致的。于是在乔治·哈里森的带头下，众人一拍即合，拿着筹集来的10万英镑成立了保诚投资、贷款和保证协会。可能是因为协会不够正规，不久后就改名为保诚投资信贷有限公司。

接下去的创业经历，让几位联合创始人大失所望。公司最早的定位是给上层阶级人士提供人寿保险和信贷，而这一定位和其他保险公司并无二致。导致的结果是，直到1852年，公司的年度保费收入都没有超过2000英镑。入不敷出、生存岌岌可危，怎么办？

这时候，一个利好消息传来：英国下议院的一个特别委员会正在呼吁将保险扩展到社会的所有阶层。当时，保险仍是社会上层阶级的特权，英国2500万人口中，只有不到10万人拥有生命保障。政府希望工人阶层也能享受到保险，以此来抵挡共产主义带来的社会冲击。

在保诚公司担任秘书的亨利·哈本强烈建议：转而向工薪阶层提供保险。这一建议，拯救了准备宣告破产的保诚公司。亨利·哈本也由此从创始人手中接掌董事长职位。

1854年，保诚公司推出了面向工薪阶层的工伤保险。为了让工薪阶层见识到保诚公司的诚意，公司率先推出了上门服务这一保险业的特色销售模式。这种今日司空见惯的销售模式，就是保诚公司开创的。当时，在伦敦的大小街区，人们时常看到头戴绅士帽、夹着公文包、训练有素的保诚业务员。他们走家串户，被人们称为"保诚人"。资金有限的工薪阶层，一开始对保险持有警戒之心，"保诚人"就不厌其烦地解答他们的疑虑。为了拿下这个市场，保诚公司还把保费降到了最低，一方面是屏蔽竞争对手，

第 6 章　战火硝烟中孕育出"老字号"（1915—1933）

另一方面是确保工薪阶层买得起。当时，保诚公司的工伤保险保费低到不可思议，每月最低只需缴纳一便士。"一便士保单"让保诚一炮打响，从名不见经传变成了家喻户晓。

1860年，保诚公司收购了英国工业人寿保险公司，正式将公司名称"保诚投资信贷有限公司"改为"英国保诚保险公司"。接下去的10年内，保诚又收购了5家公司，成为集团化公司。

很快，保诚集团在工伤保险领域做到了市场领先。但是，从客观上来说，保诚公司与其他大的保险公司还差很远的距离。工伤保险毕竟存在天花板，如何更上一层楼，成为困扰保诚公司多年的头疼问题。

1911年，保诚公司再次迎来了发展机会。这一年，路易·乔治政府通过了国民保险法案（Lioyd George's National Insurance Act），而保诚凭借积极的公关加上无可指责的实力，顺利成为政府授权的四家公司之一。

国民保险法案通过后，"泰坦尼克号"事故发生了。1912年4月10日，世界最大的豪华邮轮"泰坦尼克号"开始了它的第一次航行，也是最后一次航行。由于此行具有特殊的意义，有明星、作家、商人、工程师等不少达官贵人和巨贾名流搭乘，在头等舱的337名乘客中，身价超过百万英镑的就达57位。"泰坦尼克号"事故是人类历史上一个彻彻底底的悲剧，船上共计2224名乘客，有1517人遇难，最终只有333具罹难者的遗体被找回。

"泰坦尼克号"事故发生后，保诚公司迅速理赔，在24天内，赔付了14239英镑给遇难者家属，给这些痛失亲人的人带去了一些温暖和安慰，也为无数濒临绝望的家庭送去了挺过财务难关的底气。14239英镑在20世纪是一大笔收入；有人曾经折算过，相当于今天的110万英镑。

保诚公司在大灾难面前表现出来的担当意识，让它再次获得了英国人民的肯定。"泰坦尼克号"事故之后,保诚公司坐上了人寿保险的头把交椅。

1914年,第一次世界大战爆发,保诚公司化身全球第一家承保战争险的保险公司。为了维护保户的基本生活,保诚在全世界首次废除战争风险免赔条款,支付了23万人的战争理赔。随后爆发的第二次世界大战,保诚公司又全额给付11万件死亡理赔,绝对的诚意满满。

这期间还发生了一件让保诚口碑大涨的事件。1939年9月1日,纳粹德国全面占领了波兰,保诚在波兰仍有4623份有效的寿险合同。1944年7月,纳粹德国宣布投降,波兰重获独立。保诚公司马上对这些寿险合同展开理赔调查,在客户数据及保险记录遗失的状况下,克服重重困难,对每一份保单做出了赔偿。电影《华沙1935》就是波兰人对保诚公司坚持诚信的崇高致敬。

这家因为"泰坦尼克号"事故而声名鹊起的保险公司,因为诚信理赔的好口碑而誉满天下,最终成为全球500强企业之一,百年屹立不倒。

劳斯莱斯与罗尔斯·罗伊斯公司

众所周知,劳斯莱斯汽车公司(Rolls-Royce Motor Cars Limited)是超豪华汽车厂商,殊不知它是靠生产一战中的装甲车发家的。

现在广为人熟知的宝马旗下的劳斯莱斯公司实际脱胎于1906年成立的罗尔斯·罗伊斯公司(Rolls-Royce Plc.),创始人是查理·斯特瓦特·劳斯(Charles Stewart Rolls)和弗雷德里克·亨利·莱斯（Frederick Henry Royce）。

莱斯家境很差，只上过一年学，一开始以送报为生。后来，机缘巧合下，他去了大北方铁路公司的蒸汽机车工程部当学徒。这期间，他一边艰苦工作，一边潜心学习机械和电气知识，还上了几年夜校为自己充电。1884年，积累了一笔资金后的莱斯，和朋友合资创立F.H.莱斯公司，主要生产发电机、电动起重机、电铃装置、电路开关等电动器械。

劳斯则出生于权贵家庭，就读的是有名的贵族学校，可他却与周边环境格格不入，他喜欢摆弄机械和电气设备，每天身上又油又脏，同学们都称他是"脏兮兮的劳斯"。劳斯不太喜欢那个年纪的孩子都喜欢的交际和舞会，但对一项贵族运动很拿手——赛车。

当时英国不产汽车，汽车多是从法国、德国进口而来的。劳斯玩车玩多了，就经常自己组织赛车活动，还成立了皇家汽车俱乐部。但这些都不能满足劳斯对车的喜爱，于是他索性创立了一家以他名字命名的汽车销售公司。

有一天，劳斯的朋友将莱斯打造的一辆双缸10马力的汽车介绍给了酷爱汽车的他，于是两个志同道合、相见恨晚的人走到了一起。劳斯决定资助莱斯，两个人创立了罗尔斯·罗伊斯公司，开始制造英国人自己的汽车。莱斯主导设计和生产，劳斯则负责市场销售。

1906年，他们生产的"银魂"汽车面世。这款车做工精细、性能可靠，在一战期间被改造成了装甲车，驰骋于烽烟战火之中。

这款"银魂"改造而来的装甲车长5.1米、宽1.9米、高2.3米，能乘坐4人，配备有维克斯机枪炮塔，最大速度可达96千米/小时。这在第一次世界大战期间，属于威力相当高的载具了，因此大受欢迎。

1917年6月，英国陆军指挥官埃德蒙·艾伦比（Edmund Allenby），乘坐着由"银魂"改造而来的装甲车，驰骋在高温、沙暴、严重缺水的巴勒斯坦战场，击溃了土德联军的加沙防线。

　　1917年11月，苏联红军发动了十月社会主义革命，列宁下令占领冬宫，逮捕临时政府的全部成员，当天晚上，一群水兵乘坐由罗尔斯·罗伊斯公司改装的装甲车攻占了冬宫。

　　1918年10月，在攻入大马士革的最终战斗中，中东传奇人物——"阿拉伯的劳伦斯"，也坐在这款改装的装甲车中。劳伦斯很喜欢这款装甲车，经常使用它在中东打游击战。

　　可以说，在一战中，由罗尔斯·罗伊斯公司改装的装甲车出尽了风头。到了二战时，在大规模的沙漠战场上，它的身影依然常见。

　　1910年7月12日，在一次飞行事故中，劳斯不幸遇难。去世前他曾经竭力劝说莱斯转行研究飞机："我希望有朝一日天上能飞起带着我们双R标志的飞机！"于是莱斯为了实现劳斯的愿望，开始研制飞机发动机。

　　本来，莱斯对于飞行并不感兴趣，劳斯遇难之后，他对飞机更是反感。可是，战争的发生让豪车订单锐减，加上没了劳斯这个营销能手，罗尔斯·罗伊斯公司的生存都成了问题。迫于生计，加上要完成老搭档的遗愿，他才开始走上了航空发动机的研发之路。

　　莱斯以"银魂"汽车所用的发动机为基础，设计出一系列高性能航空发动机。这些发动机以"鹰""猎鹰""隼"命名，马力充足，连续飞行上百小时无故障，大受欢迎。

　　然而，战争突然结束后，罗尔斯·罗伊斯公司加班加点生产的航空发动机，一下子成为废品，公司在猝不及防中再度陷入危机。1929年从美国股市崩溃开始的"大萧条"，使情况更加恶化，

第 6 章　战火硝烟中孕育出"老字号"（1915—1933）　▶ 117

"银魂"和"幻影"轿车也销量不佳，公司岌岌可危。

　　转机在 1928 年出现。当时，法国军火巨头保罗·亨利·施耐德的儿子雅克·施耐德创立的飞行比赛，在欧洲很受欢迎。任何一个国家连续 3 次获得冠军，就可以永久保留飞翔女神奖杯。这开始只是一种游戏性质的比赛，后来却演变成军事装备的比赛。英、美、法、意等国都通过"施耐德杯"比赛，来彰显军事研发实力。

　　英国政府为了拿下好的成绩，就向罗尔斯·罗伊斯公司寻求协助。莱斯决定抓住这次机会。他拖着病弱的身体，亲自上阵，在 1928 年开发出了一种代号为"R"的航空发动机。凭借这款航空发动机，英国人 3 次赢得了"施耐德杯"比赛的胜利，飞翔女神奖杯成为英国永久的战利品，这项赛事就此终结。比赛结束后，英国新一代高速战斗机所用的发动机，几乎全部来自罗尔斯·罗伊斯公司。

　　1933 年 4 月 22 日，一生发明无数的莱斯与世长辞。接班人决定打造全球顶级的航空发动机品牌。二战发生后，英国凭借罗尔斯·罗伊斯公司生产的先进发动机，在这场"空中战争"中出尽风头。英国靠着 1000 架"喷火"战斗机，击落了纳粹德军近 3000 架战斗机，德国登陆英国本土的计划泡汤了。

　　二战让罗尔斯·罗伊斯公司再次成为一个传奇。战争结束后，英国政府意识到军事航空的威力，在 1971 年将罗尔斯·罗伊斯公司国有化。但是，英国政府只对航空发动机业务感兴趣，对于豪车业务并不看好。于是，1973 年，劳斯和莱斯创办的公司分成了两家公司：专注于航空发动机业务的罗尔斯·罗伊斯公司（简称"罗罗公司"）和专注豪车业务的劳斯莱斯汽车公司。其实它们都是根据英文 Rolls-Royce 翻译而来，只是为了方便区分而已。

　　先讲讲劳斯莱斯汽车公司的后续。1998 年，维克斯集团决定出售手里的劳斯莱斯汽车业务，德国的宝马和大众公司争相出价购买，最终宝马公司获得了劳斯莱斯汽车的商标使用权和生产权。莱斯曾经因为鄙视德国车质量，才打造了自己的汽车品牌，结果在他去世后，该品牌反而被德国汽车收购，实在令人唏嘘。不过，宝马公司显然还是很尊重莱斯先生的，他们在完成收购后，在莱斯先生长眠处不远的地方设立了工厂，"劳斯莱斯"和"宾利"就从这里走向世界。对于莱斯先生来说，也算是一种安慰吧！

再来讲讲"罗罗公司"的后续。"罗罗公司"在撒切尔夫人的国企改革中，也未能幸免。1987年，"罗罗公司"恢复私营企业的身份。随后为了超越美国通用公司，"罗罗公司"通过合资、合作和跨国收购等扩张手段，不断壮大自己。在军用飞机发动机领域，"罗罗公司"一直所向披靡。现在，接近一半的波音777都使用"罗罗公司"Trent系列的发动机。整体上，在航天发动机领域，"罗罗公司"地位不可撼动，它还是波音公司、洛克希德马公司和通用动力公司的长期供应商。

2016年，"罗罗公司"在《财富》世界500强企业排行榜中，排名第499位。2022年，在全球企业声誉100强排行榜中，"罗罗公司"排名第4位，位列世界三大航空发动机生产商之一。

为军人提供战衣的博柏利

英国的奢侈品牌排行榜每年都在变，但是有一个品牌却一直榜上有名，那就是博柏利（burberry）。博柏利堪称英国国宝级品牌，它最出名的产品是风衣。英国坊间有句话叫作："英国有三宝，民主议会、苏格兰威士忌与博柏利风衣。"在英国牛津辞典中"风衣"的翻译正是"burberry"，博柏利俨然已是风衣的代名词。

先是全球的男人为博柏利风衣倾倒,现在越来越多的女人也迷上了博柏利风衣。

只是很多人不知道,博柏利风衣成名于一战。

1856年,年仅21岁的托马斯·博柏利(Thomas Burberry)在汉普郡东北部小镇贝辛斯托克开设了一间户外服饰店,这就是博柏利的前身。贝辛斯托克小镇现在已经成为英国的重要经济中心,不仅是时尚品牌聚集地,还是德纳罗公司(De La Rue)、华为等国际知名公司的欧洲总部所在地。

世人皆知,英国阴雨天气很普遍,英国人几乎每天都需要带着雨伞和雨衣。可当时的雨衣、雨伞大多是气味难闻的橡胶材质的,一经暴晒就会融化,很不实用。针对这一国民痛点,托马斯·博柏利开始上心研究。1879年,托马斯·博柏利成功研发出了华达呢(Gabardine)布料,这种材质防水、防风,还防撕扯,轻便、耐用又适穿,很快就被广泛应用于军队中。1888年,托马斯·博柏利为华达呢申请了专利。

托马斯·博柏利出身平民,这决定了博柏利品牌的"平民"基因。和其他高奢品牌不一样的是,博柏利品牌并非先天自带贵族基因,它最开始是帮助平民和士兵解决穿衣硬需求的,是为普通人设计的,有很强的群众基础,所以博柏利品牌才被称作英国国宝级品牌。随着名气逐渐增大,才"意外"成为奢侈品牌的代表。

博柏利从平民品牌化身高端品牌的历程,离不开一位贵人,那就是伊丽莎白女王。博柏利用四色(浅驼色、黑色、红色、白色)设计的三粗一细格子,深得伊丽莎白女王的喜爱。作为王室代表,伊丽莎白女王爱美但又不喜欢太过张扬的夸张设计,博柏利的格纹风富有韵味且充满理性,非常契合伊丽莎白女王的特殊身份和审美趣味。

伊丽莎白女王在出行的时候，在脖子上随意裹上一条博柏利围巾，抑或是头戴一条博柏利头巾，就为一身严肃套装增加了几分妩媚。正是伊丽莎白女王带火了博柏利的格子招牌。女王每次出街，就成为伦敦最靓丽的风景，而她身上的博柏利饰品格外抢眼。

在伊丽莎白女王的影响下，英国王室从此习惯用格纹装来彰显王室高贵。而在王室的影响下，平民也爱上了格纹风，于是格纹风成为英伦风的代名词。众多品牌后来都学习博柏利，在格子设计上狠下功夫，使得格纹装经久不衰。就连大家熟知的迪奥（DIOR）品牌，也推出了经典的千鸟格纹，此为后话。

伊丽莎白女王因为偏爱博柏利，为其大开方便之门，不仅使之顺利通过专利，还批准托马斯·博柏利成为王室特许商人。当然，前提是博柏利在发明创新上也很卖力。

1899年，第二次布尔战争爆发，英国战士反映现有的防水衣太沉，严重影响行动速度，托马斯·博柏利为此设计出了一款叫"Tielocken"的风衣，它兼具防水和轻便的特征，再次受到军方的欢迎。

1901年，博柏利推出了全新的骑士商标，旨在品牌永远保持开拓进取的精神，并设计出一款新风衣。为了满足实际应用需要，博柏利将风衣设计成双排扣，肩盖、背部有保暖的厚片，腰部有D形金属腰带环，这样做，不是为了好看，而是为了收放弹药、军刀等武器。这款风衣就是家喻户晓的"Trench Coat"。Trench在英语中的意思是"战壕"，顾名思义，这款风衣就是可以在战壕滚来滚去的大衣。战争结束后，战士们不用上战场了，可仍然喜欢穿"Trench Coat"。渐渐地，它从军队制服变成了高人气时尚单品。

不得不说，托马斯·博柏利是一个非常有商业眼光的人。

1911年，挪威探险家罗阿尔德·阿蒙森（Roald Amundsen）带领探险队成功抵达南极点，成为世界上第一个抵达南极点的人，罗阿尔德·阿蒙森在南极上空冉冉升起挪威国旗，吸引了世界的目光，博柏利也因此名扬天下。这是因为罗阿尔德·阿蒙森身上穿的是博柏利的衣服，脚边是博柏利的帐篷。现代营销人热衷的事件营销，早被托马斯·博柏利玩过了。

托马斯·博柏利的厉害之处不仅体现在设计和营销，还体现在专利意识。他不仅给华达呢材料申请了专利，还给博柏利的招牌图案申请了专利保护。

博柏利最经典的四色格纹，原本是用于风衣内里的。1924年，格纹图案从内里首度"走"了出来，从此成为时髦优雅的象征。1967年，博柏利为格子图案注册了Nova check商标。成为商标后，格子图案开始被广泛用于其他产品，如雨伞及行李箱。有了专利的保护，这个原本平淡无奇的格纹，因为别的品牌无法染指，于是成为独特的时尚元素。

至今，博柏利风衣在时尚圈经久不衰，受到了各个年龄阶层消费者的青睐。莎朗·斯通（Sharon Stone）、麦当娜（Madonna Ciccone）、辣妹维多利亚（Victoria）等时尚界名流都把博柏利当作心头好。奥黛丽·赫本（Audrey Hepburn）在《蒂凡尼的早餐》中、堪富利·保加（Humphrey Bogart）在《卡萨布兰卡》中穿的就是博柏利经典的插兜风衣。

托马斯·博柏利怎么也想不到，自己打造的战衣，竟然有一天会成为传统、高贵、时尚的象征。而最难能可贵的是，托马斯·博柏利保持了"富不忘本"精神。在博柏利成为高奢品牌之后，创始人还保留了一个亲民副线品牌，而且这个副线品牌的名字是以"托马斯·博柏利"的名字命名的。"托马斯·博柏利"品牌和另外博柏利两个奢侈品牌（博柏利·伦敦和博柏利·骑士）

相比，价格亲民很多。创始人的用意很明确："从群众来，到群众中"去。也许，这就是博柏利靠着"枯燥格子"纵横时尚界100余年的根源所在。

在战争中走红的路透社和BBC

路透社与法新社（法国）、美联社（美国）和合众社（美国）并称"世界四大通讯社"。

1850年，德国籍犹太人保罗·朱利斯·路透（Paul Julius Reuter）在德国亚琛创办了路透社，1851年将之迁往英国伦敦。路透社最开始的业务是通过电报发送新闻与股市行情，因为办公室就在金融街皇家交易所1号，其主要订户是英国和欧洲的银行家、商人和经纪人。

在电缆发明之前，人类靠飞鸽传书。路透本人是一个情报传送的爱好者，早在德国的时候，他就通过信鸽传递股市行情。1851年，英国在英吉利海峡铺设了海底电缆，电缆传递情报可比鸽子靠谱多了。这就是路透到伦敦创业的原因所在。这年10月，路透拿下了一个大单，他和伦敦证券交易所达成合作，两者互换各自掌握的欧洲大陆股市行情和英国股市资讯。同年11月，英国多佛与法国加莱之间的海底通了电缆，路透便通过它把英国股市的数据提供给法国巴黎的交易员。英国海底电缆铺设之后，欧美各国备受刺激，竞相发展；很快，电报电缆就连接到各个国家的主要城市。路透遵循"电缆到哪我到哪"的原则，在欧洲各重点城市设立了办事处。

1857年，保罗·朱利斯·路透加入英国国籍，接单越来越多，服务内容从金融扩大到政治、军事、外交等领域。但是，让路透郁闷的是，创业7年来，还没有一家正规的报纸与他合作。1858年，路透社主动敲开了伦敦《广告晨报》的大门，《广告晨报》很快与路透社订立供稿合同，其他报社也都群起效仿。但是，态度顽固的《泰晤士报》，并没有立即和路透社合作。路透利用自己卓越的公关能力，与《泰晤士报》负责人莫里斯会谈了一周，最终攻下了《泰晤士报》。当然，路透社也给予了《泰晤士报》一项特殊待遇：《泰晤士报》在刊登路透社的稿件时，注明是"本报讯"，而《广告晨报》等其他报纸在采用路透社稿件时则须标明"路透社供稿"。

1859年，路透迎来了一次出名的机会。当时，法国和奥地利关系紧张，有一次，法兰西帝国的拿破仑三世在国会上发表了关于外交政策的重要演说。路透社的驻巴黎记者第一时间拿到了演讲稿，并翻译成英文，传送到了伦敦的办公室。两小时后，伦敦《泰晤士报》的编辑就看到了拿破仑三世准备参与奥地利战争的新闻稿件。当路透社的新闻在大街上售卖的时候，对手还对此一无所知。

1865年，路透再次抓住了出名的机会。这年的4月14日，美国著名的亚伯拉罕·林肯（Abraham Lincoln）总统被枪杀。事件发生的第一时间，路透社驻纽约记者麦克林不惜高价租快速游艇追赶已经起航的油轮，并把美国总统林肯遇刺身亡消息成功传递到英国路透社总部，使路透社在第一时间抢发了这一震惊世界的讯息。

1870年，路透社、哈瓦斯社（法新社的前身）和沃尔夫社（德国最早的通讯社）签订"联环同盟协定"，协议主要内容如下：

一、路透社与沃尔夫社把在法国发布新闻的权利全都出让给哈瓦斯社；

二、哈瓦斯社和路透社把在德国发布新闻的权利全都出让给沃尔夫社；

三、沃尔夫社与哈瓦斯社把在英国发布新闻的权利全都出让给路透社；

四、哈瓦斯社有权继续向应当属于沃尔夫社负责的奥格斯堡、维也纳、维尔茨堡和斯图加特发布新闻。[①]

协定签订后，三家通讯社按照互相依靠、和平共处的原则，减轻雇佣记者、电报费、采编新闻等方面的负担。路透社获得在英伦三岛、荷兰及远东地区新闻报道的垄断地位。

1918年11月11日的11点，第一次世界大战结束。由德国领导的轴心国战败，由英国、法国和美国领导的协约国胜利。当天，德国在法国贡比涅郊外的一辆火车上与协约国代表签署了《康边停战协定》。又是路透社第一时间将这个消息报道给全世界，让饱受战争之苦的人终于松了一口气。

1920年，英国建立了一个连接英联邦国家和世界的电报电缆网络，引发了美国和日本海底电报电缆的建设高潮。1923年，路透社开创了用无线电在世界范围内传送新闻的先河。

1925年，路透社主席罗德里克·琼斯邀请英国各报订购路透社的新闻，路透社的影响力开始扩大，逐渐褪去家族产业的色彩。二战后，除英国报联社外，澳大利亚报联、新西兰报联和印度报业托拉斯也先后参股路透社，这让路透社开始发展成为一个国际通讯社。从此，在全球每个角落、在每个热点事件现场，都可以看到路透社的记者和摄影师。它每天24小时向世界"露透"最快、最翔实的新闻。"据路透社报道"成为世人耳熟能详的词汇。

2014年，由世界品牌实验室评选出的"世界品牌500强"中，

---

① 仓田保雄. 路透其人和路透社[M]. 北京：新华出版社，1983.

第6章 战火硝烟中孕育出"老字号"（1915—1933）

路透社排名第42位。有人这样评价，路透社的品牌力量，"只有王冠和英国国旗能够超过它"。路透社制定的《采编人员手册》，被全世界的记者奉为圭臬。

"新闻要写得朴实些，用词不能太花哨，内容必须客观、公正"这个报道原则，深深影响了无数新闻从业者。

路透社是英国最大的通讯社，影响力很大，而在广播电视领域，英国还有一个权威媒体，它就是英国BBC。英国是世界电视业发源地之一，世界第一家电视台——英国广播公司（British Broadcasting Corporation，BBC）也是在世界大战期间诞生的。"无线电通信之父"马可尼可以说是BBC的创始人。

马可尼1874年出生于意大利的博洛尼亚，他的父亲是一位农场主，有自己的庄园；而他的母亲是爱尔兰贵族的后裔，是一位音乐教师。可以说，马可尼从小生活无忧无虑，因为不想去学校念书，父母就给他请了家教，置办了私人图书馆。优渥的家庭条件和父母的宠爱，让马可尼从小对科学研究有强烈的兴趣。对于他的"不务正业"，父亲不置可否，开明的母亲则很支持他。

1894年，马可尼在一次度假中偶然读到了电气杂志上海因里希·鲁道夫·赫兹（Heinrich Rudolf Hertz）关于电磁波的实验介绍和论文。于是，他开始进行无线电实验，并成功实现了通过无线电波传输信号来记录莫尔斯电码。马可尼的发明很有价值，可惜目光短浅的意大利政府并不看好，它拒绝了马可尼的专利申请。马可尼很沮丧，这时候开明的母亲站出来支持他；母亲通过自己的关系，安排他到伦敦。

1896年6月，马可尼终于申请到了专利。之后，他开始在伦敦的名流圈不停发表演说并当场展示无线电实验，不久他就吸引到了贵人——英国邮政局总工程师威廉·普里斯爵士（Sir William Preece），这位见多识广的爵士马上意识到这项发明的价值，于是就帮忙推广马可尼的发明。

1897年，水到渠成，马可尼成立了"马可尼无线电报有限公司"。

公司成立之后，马可尼第一次用无线电为爱尔兰《每日快报》报道了当地赛船的情况，这次商业应用，为其吸引到了远洋航海业的订单。当时，远洋航行遇到极端天气或者冰山的时候，还是很危险的，往往听天由命。有了无线电，他们的命运就少了一些被动。很快，就有遇难商船因为安装了马可尼的无线电报装置而顺利获救。同年7月，马可尼用无线电报实现了英吉利海峡两岸的联络，通信距离长达45公里。这两件事让马可尼瞬间成为欧洲名人。马可尼趁机在英国多地建立了永久性的无线电台。与此同时，马可尼的公司迎来一笔大单：英国皇家海军委托马可尼为其装备28艘军舰和4个陆上通信站。在英国政府人员的牵线下，马可尼无线电报机还远销到中国，清政府的多艘舰艇上也都安装了无线电报机。

1901年，马可尼又干了一件石破天惊的事情，他在加拿大纽芬兰和英国康沃尔之间，实现了超远距离无线电通信。当莫尔斯码信号横跨大西洋传到欧洲的时候，全世界都震惊了。于是，各大国都开始建设无线电通信工程，马可尼公司的无线电收发报机开始畅销起来。让人觉得不可思议的是，改变世界的马可尼这时候才27岁。

1912年4月15日，"泰坦尼克号"发生重大事故，幸存者因为无线电被救，这让马可尼又火了一遍。

发明不仅让马可尼成为全球富豪之一，还为他带来极高的社会地位。马可尼在第一次世界大战前获得了诺贝尔物理学奖；一战爆发后，他又成为光荣的军官。

一战后，马可尼又回到伦敦，在短波通信、远距离定向通信、

第6章 战火硝烟中孕育出"老字号"（1915—1933）

微波无线通信及雷达领域，取得新的研究突破。马可尼的研究，带动了英国的广播产业，一时间各大国都开始推动无线电工程的建设，这让军队苦恼不已。

1919年，英国邮政局收到军队的投诉："你们能不能别再给那些小公司发放广播牌照了？大英帝国早晚会毁在这些私人电台手里！他们每天制造那么多垃圾信号，已经严重干扰军事通信了！"

邮政局只能严控广播电台的数量。可是当时还没有电视，人民群众的精神需求还是要满足的，怎么办呢？

1922年，马可尼联合西部电厂、英国通用电气公司、汤姆森—休斯敦等其他5家无线电企业，组建了民营的英国广播公司（British Broadcasting Company）[1]。1922年11月14日，BBC的第一个电台2LO开始广播。很快，BBC的电台就覆盖到了全英国。

BBC电台大受欢迎，引起了英国议会的高度警惕。议会认为，舆情不应该被一家私人公司所左右，但是如果由政府来掌控，又会被崇尚言论自由的英国国民所排斥。于是，议会想了一个折中的办法，就是把BBC从私营企业变为公营企业。

BBC改为公营后，播送范围迅速扩大。看起来，资金不愁了，公司也壮大了，但是BBC为此付出了巨大代价：它名义上标榜"独立"于政府，但实际上已经成为英国政府的宣传工具，不再像路透社那样拥有新闻独立性。

如果看到后来的BBC成了某一政府的舆论工具，相信马可尼本人应该也很遗憾吧。毕竟他发明无线电，是为了改变世界。所幸的是，马可尼并不需要眼睁睁看着BBC"堕落"下去。

---

[1] BBC的前身就是British Broadcasting Company，本来是个商业机构，于1927年转变为公共服务组织。

1937年7月，马可尼因心脏病意外去世。意大利政府为他举行了国葬，世界各大洋上所有船只的广播电台都主动为他默哀两分钟。

第7章

滞涨时代逆势而生的疯狂零售（1934—1970）

一战期间，为了确保战略物资的稳定供给，各国纷纷推行贸易保护主义，并延续到战后，这对严重依赖国际贸易的英国经济来说，无异于釜底抽薪；同时，战后工业萧条，生产萎缩，工人纷纷失业，经济停滞不前，战时大量的军费投入导致通货膨胀，英国经济不可避免地陷入了"滞胀"。为应对"滞胀"，当时的英国奉行凯恩斯主义，零售业因为能够解决就业困难、帮助抵制膨胀、满足人民"消费降级"的需求而迅速崛起。英国进入世界500强的几家零售企业都是在这个时期发家的。自此，英国零售市场展现出了惊人的体量。时至今日，零售总额依然占英国GDP的5%以上。

马厩市场里诞生的TESCO

在午夜时分的伦敦查令十字街，一家超市依然灯火通明、顾客盈门。然而，进去之前，你最好做足可能迷路的心理准备，因为这家超市虽只有两层，面积却有一个足球场那么大，长长的过道仿佛没有尽头。在各种琳琅满目的商品间流连忘返，你会忘却时间。

这间超市属于TESCO，英国最大的超市品牌。100多年来，它以优质的产品和服务、富有竞争力的价格，稳稳占据"国民品牌"的宝座。有人曾统计过，在TESCO最巅峰的时候，英国人平均每消费7英镑，就有1英镑花在了TESCO。其创始人杰克·科恩（Jack Cohen）有一句著名的座右铭：Pile it high, sell it cheap（物多价低）[①]。

然而，与气派的店面形成强烈反差的，则是那简陋到匪夷所思的总部大楼。和大多数不事张扬的英国企业一样，TESCO总部设在英国赫特福德郡赫夫冈德谢小镇，办公大楼内灯光暗淡，乍看像一家工厂，但它并不影响这个马厩市场[②]出身的"千里马"驰名全球，而这或许得益于它的"犹太基因"。

TESCO的创始人杰克·科恩，1889年出生在英国伦敦东区一个犹太裔波兰移民家庭，16岁时，因家庭经济拮据，无法继续接

[①] "Pile it high"即品类周全，形成规模经济，从而降低销售成本；"sell it cheap"即卖得便宜，通过薄利多销的方式尽可能多地占领市场。
[②] 1919年，TESCO诞生于英国伦敦东区的马厩市场（Stables Market）。马厩市场的前身是一座建造于1854年的马厩，在机动车取代了马匹运输后，这座马厩未被拆毁，而是被改造成了市场。

受高等教育而放弃学业开始工作。最初,他在一家熟食店打工,后来辗转到一家大型杂货店做学徒。其间,他勤奋好学,积累了一些零售业务的知识和经验。不久后,对零售业的兴趣和对创业的渴望,驱使他开了一家自己的店铺,主要卖一些生活必需品。

1917年,一个偶然的机会,28岁的杰克加入了英国皇家飞行军团。入伍并没有中断他创业,因为在军团里,他主要负责军需品供应,曾经的经商经验正好派上了用场。很快,他不但赚到了钱,还积累了一些渠道资源。

1919年战争结束,杰克带着30英镑复员补贴回到了伦敦,在著名的马厩市场重操旧业,做起了食品零售生意。第一天,他就获得了4英镑的销售额和1英镑的利润。随着生意越做越大,他开始从事食品批发零售业务。后来,他与茶叶商T.E.斯托克韦尔(T.E.Stockwell)达成合作,由茶叶商提供茶叶,他则负责分装出售。

随着生意越做越大,他需要一个品牌名来标识自己的商品。他将合伙人T.E.Stockwell姓名的首字母,以及自己姓氏(Cohen)的前两个字母拼在一起,TESCO随之诞生。1929年,40岁的杰克在伦敦北部的埃奇韦尔开设了第一家固定商店,拥有了第一个自有品牌产品Tesco Tea。3年后,正式成立了TESCO有限责任公司。

在杰克的主持下,TESCO迅速发展,不久就成功跻身英国零售业领导者之列。为了募集更多资金,TESCO于1947年在伦敦证券交易所上市,成为英国首家上市的大型食品零售企业。

TESCO之所以发展势头如此迅猛,是因为杰克的经营策略在很多方面开风气之先。当然,他也第一个享受到了趋势红利。创新源于模仿,杰克自助零售商店和超级市场的创意,其实源于1935年在美国的考察经历。当时正值经济大萧条,自助商店不需要雇佣太多销售人员,大大节省了人力成本;同时,自主选购确保人们在有限的预算下，也可以自由而灵活地购物，高效便捷；最重要的是，自助商店常常出售物美价廉的商品……这些特点让它大受欢迎。

回国后，杰克立即在奥尔本开了全英国第一家自助商店。很快，这一销售方式和营销思想就得到了消费者的认可和青睐。然而，万事开头难，不久后，杰克就遇到了挑战！随着客流量加大，商品的足量、持续供应面临困难，尤其是一日三餐的食材供应最为紧张。为此，杰克在赫特福德郡的切森特购买了大片土地，将其辟为农场，种植水果、蔬菜等，以保证部分生鲜食品的及时供应。

为了鼓励客户多消费，1963年，杰克率先在业内使用"绿盾邮票"（Green Shield Stamp），这是一种类似于"优惠券"的购物凭证，顾客可以用它来兑换Green Shield目录中的一系列低价商品。[1]通过打折促销等方式，TESCO"物多价低"的品牌理念深入人心。

20世纪五六十年代还是TESCO的迅速扩张期。十余年间，TESCO大约收购了800多家商店[2]，又在西萨塞克斯郡的克劳利开设了一家超级市场。并且首次使用了"超市"一词，这在英国当时的食品零售行业是一个创举。

通过并购，杰克一步步奠定了TESCO在英国的商业版图，并采用一系列创新活动，使TESCO的经营销售方式发生了重大的转

---

[1] 二战后，为了维持消费品价格的稳定，英国零售行业一直实施"零售价格维持政策"（RPM），即零售商不能将商品打折出售。
[2] 1957年TESCO收购了威廉姆森（Williamson）的70家零售商店，1959年收购了哈罗（Harrow Stores）的200家店，1960年收购了欧文（Irwin）的212家店，1964年收购了查尔斯·菲力浦（Charles Phillips）的97家店，1968年收购了维科多·外力（Victor Value）的连锁店。

变。因其突出的商业贡献，1969年，他被英国女王授予"爵士"称号。

TESCO强势崛起的那几年，吸引来了改变它命运的另一个重要人物——兰·麦克劳因（Ian MacLaurin）。1959年，麦克劳因以管理培训师的身份进入TESCO，最初的工作是对TESCO的员工进行管理培训。然而，这个培训师还有一个大梦想——希望有一天能将TESCO发展成英国最大的食品零售商。随后的60年代，他在TESCO担任了不同岗位的管理工作，并于1970年正式进入董事会。

1973年，杰克辞去了在TESCO所有的职务，正式退出了TESCO的领导层，并回到乡间别墅写自己的回忆录，从此，麦克劳因担任接班人。

第二年，麦克劳因计划涉足非食品领域，开始在TESCO附近的停车场增设加油站，为顾客提供加油服务。这一举措大获成功，到1991年，TESCO已经成为英国最大的独立汽油零售商。此后，麦克劳因更有信心向非食品领域扩张。

此外，麦克劳因做出的最大改变，是推翻了杰克一直尊奉、至今仍被很多超市沿用的"物多价低"经营哲学。他带领TESCO从"价格战"走向"质量战"，使TESCO的经营战略重点发生了根本转变。

1977年，麦克劳因用"TESCO结算"（Checkout at Tesco）替代以前的"绿盾邮票"，采用新的打折方法，即在所有TESCO商店中降低产品价格，并对集中购买给予更多的价格优惠。新方法实施不到两个月，销售额就增加了4%；到1979年，TESCO的年销售收入突破了10亿英镑。

为了不断提升结算效率、降低成本，1982年，麦克劳因又开创性地将计算机结算系统引入TESCO商店，直接使TESCO当年的销售收入突破了20亿英镑，比3年前翻了一番。

1985年，麦克劳因创立了TESCO的自有品牌营养食品，并通过"健康食用"（healthy eating）的行动计划，向广大的消费者推广TESCO的自有品牌健康食品和食谱，这一措施从根本上使TESCO从"关注商品价格"转向了"关注商品质量"。

1992年，麦克劳因对原来的经营哲学进行了创新，提出"每一点帮助都重要"（every little helps）的理念，将服务消费者作为核心任务。同年，TESCO推出一系列有机产品（organic range），使产品质量上升到了新高度。这一年，首家TESCO城市店（TESCO Metro）在伦敦中心区的考文垂公园挂牌营业。这种商店的店面规模小于标准店（TESCO Superstore），通常位于市中心或小镇和村庄中心人口密集地，面积约为1100平方米。虽然商品选择不及标准店那么多，但仍能满足城市消费者的基本需求，通常还会提供一定的生鲜食品。

两年后，麦克劳因又开创了一种TESCO便捷店（Tesco Express），面积约为125平方米，比城市店还要小，因存货量有限，主要经营日常所需的基本食品和生活用品；它的优势在于分布更广泛，繁华的市中心、热闹的居民区或交通干道旁随处可见，而且给消费者带来了更便捷的购物体验。

至此，TESCO的标准店、城市店、便捷店在英国遍地开花，并开始向苏格兰扩张，通过收购苏格兰零售品牌威廉·路的57家超级市场而一举打败了英国当时最大的食品零售商森斯伯瑞（Sainsbury's）超市集团公司。虽然大获全胜，但创新基因不允许TESCO止步不前，麦克劳因继续为新的商机殚精竭虑。

为了鼓励顾客保持品牌忠诚度，麦克劳因于1995年创造性地推出消费者"忠诚卡"（Clubcard，也称"俱乐部信用卡"），会员可以通过Clubcard获得购物积分，同时可以享受各种专属优惠和奖励。Clubcard的变革，为之后推行信息化管理、库存管理和客户关系管理提供了坚实的保障。

得益于Clubcard的推行，TESCO在当年一跃成为英国最大的食品零售商。这一年也是TESCO的扩张元年，他们先后在匈牙利、北爱尔兰设立了不同类型的店面，又马不停蹄大举入驻波兰、捷克和斯洛伐克等中欧发展中国家，直至2004年在中国"安家"。

2004年9月，TESCO以1.4亿英镑高价收购了乐购[1]全部股权，自此，TESCO在中国有了一个中文名——"乐购"。TESCO"花钱买时间"，通过收购的方式全面进入中国市场并实现弯道超车，与早10年就布局中国市场的沃尔玛、家乐福等竞争对手站在了同一起跑线上。[2] 2022年，TESCO在《财富》世界500强企业排行榜中排名第126位。

然而，如此敦厚有力的跨国零售巨头，也终未打破"水土不服"的"魔咒"。2020年2月25日，根据英国媒体报道，身为英国境内最大零售企业的TESCO集团宣布正式退出中国市场。随着本土化策略连续遭遇业绩"滑铁卢"，TESCO最终不得不调转船头、打道回府。这再一次印证了商业的发展从来不是孤立存在的，而是特定的政治、人文、地域、社会环境等综合因素作用下的产物。由于与原生地的商业生态天然适应，企业的自身优势会被放大；当它脱离赖以生存的原生地时，势必要找到新的支点，不失时机地融入当地的商业生态，衍生出新的经营模式，就如同当年在本国自发的变革一样。

在"全球本土化"趋势下，越来越多的企业都将面临"思考

---

[1] 乐购是制造康师傅方便面的顶新集团于1998年在中国投资的大卖场连锁企业。

[2] 2004年，TESCO通过并购，在中国拥有了25家门店，而当时家乐福和沃尔玛的在华门店分别约为47家和27家。

全球化，行动本土化"的谜题，因地制宜的创新是关键变量。如今，TESCO已经交卷，虽不尽如人意，但不可否认，在英国，这面"国民品牌"的旗帜始终屹立不倒。英雄乘风破浪、直济沧海，需要勇气加持；而果断认输、及时止损，同样见证魄力。

杂货铺出身的威廉莫里森超市

TESCO的强势崛起，只是英国零售业朝气蓬勃的一个缩影。19世纪末，英国的城市化进程加速，城市规模和人口不断扩张，消费市场空前繁荣，机遇和竞争并存，英国零售业整体步入迅速发展和创新期。百货商店、邮购业、零售连锁店和品牌的兴起，为英国商业注入了源源不断的活力。在这期间，英格兰东北部的约克郡，凭借得天独厚的区位优势，孕育出了诸多耀眼的工商业明星城市。

约克郡是英国最大的郡，不但有专属的郡旗和纪念日——"约克郡日"，还是著名的"上帝之乡"。这里的人口和苏格兰一样多，面积只有比利时的一半。当地人为自己生在英国而骄傲，更为自己生在"上帝之乡"而自豪。

约克郡的美景举世闻名，连续多年被评为"世界旅游奖"（World Travel Awards）全球最具吸引力的旅游地。它有着延伸到海岸的大荒野和绿色山谷，有英国最大的哥特式教堂——约克大教堂，还有红茶、啤酒、姜汁饼和彩色玫瑰糖……它历史悠久，从罗马时代到21世纪，英国历史的方方面面都在这里产生交集，英国国王乔治六世曾说过："约克的历史，就是英格兰的历史。"美国纽约的名称由来，就是当年的英国移民为纪念约克郡而起的。

面积庞大的约克郡后来被划分为5个地区：北约克郡、西约克郡、南约克郡、横勃塞得郡和克利夫兰郡。其中，西约克郡的纺织工业历史最为悠久，首府利兹和布拉德福德都曾是毛纺织工业城市。工业革命时期，英国第一座使用蒸汽动力的毛纺织厂就诞生在布拉德福德，这里也是英国著名作家勃朗特三姐妹的故乡；不久之后，商贩威廉·莫里森（William Morrison）也在这里开启了他的逆袭之路。

作为畜牧业发达的地区，布拉德福德不仅盛产羊毛，还盛产鸡蛋和黄油。威廉·莫里森就是靠销售鸡蛋和黄油发家的。

1899年，威廉·莫里森在布拉德福德的罗森市场（Rawson Market）开设了一个摊位，以卖鸡蛋和黄油为生，后来摊位逐渐变成了一个杂货铺。

勤劳的威廉·莫里森不仅自己每天兢兢业业，还像其他传统商贩一样，把孩子从小带在身边，以求耳濡目染，将来继承衣钵。威廉·莫里森显然达到了自己的目的——他的儿子肯恩·莫里森（Ken Morrison）5岁就学会了通过蛋壳识别鸡蛋的好坏，9岁时就能跟着父亲忙前忙后了。

肯恩·莫里森从小就有一个伟大的理想："我要把咱家的店铺开遍英国！"

父亲威廉·莫里森对此的态度总是："别吹牛了，咱们只要能成为约克郡最好的店铺就行了！"

其实，威廉·莫里森对儿子的经商能力还是很认可的，他之所以乐观不起来，原因在于：他创业后不久，就赶上了一战。一战对西约克郡人来说，简直是一场噩梦。

1910年，西约克郡一名叫哈利·法尔（Harry Fall）的青年，刚满16岁就被迫做了士兵。1915年3月，因为不想继续没有希望的战争，哈利·法尔和另一位士兵从法国前线擅自逃了回去，然后又被抓回去参军，因为长期精神压力过大，他患上了严重的心

第 7 章　滞涨时代逆势而生的疯狂零售（1934—1970）

理疾病。哈利·法尔患病不仅没有引起同情，反而被认为是逃跑的借口，最终于1916年被枪决。然而，枪决哈利·法尔并没有给英军带来好运。在1916年爆发的索姆河战役中，德国人几乎用秒杀的速度屠杀了整个西约克郡团。这是英军最耻辱的一天。战斗打响1个小时之后就死伤3万人。当天战斗结束后，英军共损失了57470人。一位西方历史学家曾揭示，那一天，很多西约克郡人接到前线来信，他们的儿子或丈夫在信中信誓旦旦地表示，自己即将参与索姆河战役。殊不知，在亲人拿到信的那一刻，他们已经牺牲了。

然而，即便经历了那样艰难的时期，威廉·莫里森依然将莫里森店铺经营成了约克郡最好的杂货铺。

在肯恩·莫里森21岁的时候，老莫里森觉得他已经能独当一面了，便顺理成章让他接管了杂货铺。肯恩·莫里森不负厚望，最终实现了自己对父亲的承诺。正是在肯恩·莫里森的经手下，一个杂货铺变成了一家超级连锁公司。

受父亲的影响，肯恩·莫里森养成了凡事都亲力亲为、严格控制成本和监督产品质量的习惯。货摊老板每天面对的都是无比挑剔的顾客，所以他们在进货的时候对产品质量要求都很高，对价格也很敏感。这种背景出身，练就了肯恩·莫里森的质检"癖好"。据说，他对产品的挑剔近乎疯狂。所以，在"上帝之乡"，人们都喜欢去莫里森商店购物。

肯恩·莫里森是一个发自内心热爱经营商店的人。当他在利兹、巴勒布里奇或其他任何地方走访自家商店的时候，总是穿着莫里森品牌的衬衫，戴着同品牌的领带，带着满意的微笑。在走访的路上，他会时不时与顾客聊聊天，听取一下他们的心声；也会时不时拍一下年轻员工的脑袋，甚至会开玩笑地踢一下他们的屁股。他的出现，总是能让辛苦的工作变得富有乐趣和成就感。

不过，肯恩·莫里森每天花得最多的时间是检查蔬菜有没有枯萎、瓜果是否新鲜、奶油有没有散落在三明治上，他甚至会把三明治的外包装纸撕开，检查它们有多新鲜。

肯恩·莫里森是一个一向谨慎务实的企业家，而他做过最大的商业冒险则是在2004年用30亿英镑高价收购了西夫韦（Safeway）百货超市运营商。西夫韦在英国有10%的市场占有率，但其业绩表现长期以来低迷不振。不过西夫韦旗下的许多百货超市都开在黄金地段。在人口分布密集化的英国，好的地段可谓屈指可数。各大零售商对西夫韦独有的黄金地段商铺都虎视眈眈，连沃尔玛也参与了收购西夫韦的竞争。拥有英国著名连锁百货BHS的英国零售业亿万富豪菲利普·格林（Philip Green）也临时加入了收购，收购价飙升至30亿英镑。最终，莫里森成功将西夫韦收入囊中，此后公司在英国零售业的地位得到了彻底巩固。两年后，肯恩·莫里森才终于放心从外界引进首席执行官。

威廉莫里森公司能够成为英国百年不倒的零售巨头，与莫里森父子的务实做派不无关系。与其他超市相比，莫里森公司更在乎顾客想要什么，并且在选品上更胜一筹。这就是它能够穿越战火、成为世界500强企业之一的原因所在。2017年，威廉莫里森超市连锁公司在《财富》世界500强企业排行榜中排名第498位。在2022年的全球最具价值零售品牌100强中，莫里森位列第63位。

5英镑起家的玛莎百货

依托约克郡这方沃土，零售业百花齐放，与威廉莫里森超市同期还诞生了另外一个零售巨头——玛莎百货（Marks & Spencer）。只不过，玛莎百货是在西约克郡的首府利兹市起家的。

如今的玛莎百货，已是伦敦著名的商业地标。在很多英国人的观念里，坐在玛莎百货里喝着咖啡看着行人，才有伦敦生活的感觉。但谁能想到，当年的玛莎百货，竟是靠借来的区区5英镑起家的。[①]

"走过路过不要错过！1便士！全场一律1便士！"这句熟悉的吆喝声，早在1884年就响彻了利兹市的柯克凯特市场（Kirkgate Market）。这是玛莎百货的创始人米歇尔·马克斯（Michael Marks）的"发明"。

这一年，出生于俄罗斯贫困家庭的犹太人马克斯，为了讨生活，一路辗转来到了利兹市。利兹市是英国中部重要的经济、商业、工业和文化中心，是除伦敦之外的英国第二大经济城市。更重要的是，利兹市是一个开放城市，在1881—1914年，吸纳了大批犹太人移民，马克斯就是其中的一员。

利兹市聚集了许多犹太人，有不少人在这里做生意谋生。当时正值萧条时期，所以利兹本地人对这些移民来的犹太人持非常排外的态度，他们甚至把犹太人称为"污秽、肮脏、最为低贱、劣等的种族"。外来的犹太人，就只好自己团结起来。米歇尔·马克斯就是在这种背景下认识到了人生贵人——做批发生意的富商

[①] 罗声. 玛莎百货 英伦老妇人 [J]. 英才，2011（6）:122-123.

杜赫斯特。因两人都是犹太人，同时，杜赫斯特也很欣赏米歇尔·马克斯忠厚诚实的性格，于是借给米歇尔·马克斯5英镑，这成为玛莎百货的起家资本。

米歇尔·马克斯拿到这笔钱，在柯克凯特露天市场里租下一个摊位，开设了一个与众不同的小货摊。他将指甲刀、螺丝钉、木勺、肥皂等各类商品分门别类摆放，并且以1便士低价出售，摒弃了传统的讨价还价交易方式。这种新颖的方式很快就打开了销路，他的生意越来越红火。

当米歇尔·马克斯将"便士杂货店"开到约克郡时，他遭遇了现金流的困境，不得已又向杜赫斯特求助。然而，作为批发商，杜赫斯特并无意于做零售，但他把自己的出纳员托马斯·斯宾塞介绍给了米歇尔·马克斯。

1894年，托马斯·斯宾塞带着300英镑与米歇尔·马克斯合伙，成立了玛莎公司，两人各持一半股份。到1900年，公司旗下已有36家露天市场店铺和12家开在繁华商业街上的零售店。

1905年和1907年，两位创始人相继去世。米歇尔·马克斯去世时，他的儿子西蒙·马克斯（Simon Marks）只有19岁，能力尚不足以执掌公司。在这种情况下，公司实际上被斯宾塞家族掌控。不过，马克斯家族确实是经商能手，西蒙·马克斯用10年的时间，证明了自己的实力，在1917年成功夺回了家族事业的掌控权。

第一次世界大战之后，由于物资短缺，"1便士"销售策略难以维持下去。西蒙·马克斯掌控公司后，开始积极谋求转型。

1924年，西蒙·马克斯去美国访问了当时世界上最大的零售公司——西尔斯公司，其率先启用的"先货后款"的方式给公司带来大量订单，并迅速崛起。考察完西尔斯公司之后，西蒙·马克斯做了两个重大决定：一是通过集资，加速开设新店；二是将业务集中于服装、家纺类商品。

第 7 章 滞涨时代逆势而生的疯狂零售（1934—1970）

之前，玛莎百货和其他许多杂货店没有形成差异化，卖的都是利润较低的商品。在西蒙·马克斯的改革下，玛莎公司由杂货店转型为专卖店，短短几年就跻身英国的服饰和纺织品销售业前列，并在1998年成为英国第一个盈利超过10亿英镑的零售商。

截至2024年，玛莎百货已有了140年历史，而和它同期的传统百货公司，早就不知倒闭了多少批。比如：1993年，拥有145年历史的G·Fox百货公司宣告破产；1992年，玛莎百货的"偶像"西尔斯百货也落魄到不得不将企业标志"西尔斯大厦"[1]转手；2008年金融危机的时候，玛莎百货在英国本土的竞争者伍尔沃斯也宣布倒闭。

玛莎百货屹立不倒的一个关键因素在于自有品牌[2]，它的第一个自有品牌"圣米歇尔"创立于1928年，主要经营小范围的纺织品，后扩展品类。最终，"圣米歇尔"覆盖了玛莎百货80%的产品，包括服装、鞋类、日用品、食品、酒类等。

在零售行业，"便宜但质量稍差"是人们对自有品牌的普遍印象，但"圣米歇尔"品牌却是优质品的象征。为了确保"圣米歇尔"的产品品质，早在1926年，玛莎百货就开始实行"向制造商直接进货"的策略。一来可以避免中间商赚差价，以降低成本；二来可以最大化实现品控；三来有利于玛莎百货迅速回应消费者

---

[1] 西尔斯大厦（Sears Tower）位于美国著名城市芝加哥，1973年落成，名为"西尔斯百货总部"，高约443米，地上共108层，是芝加哥第一大楼，也是当时世界上最高的大楼（2014年被纽约世贸中心一号楼超越）。后因经营不善，西尔斯百货公司于1992年搬出大厦。2004年开始，西尔斯大厦一直为地产投资集团所拥有，2009年7月16日更名为"威利斯大厦"（Willis Tower）。
[2] 自有品牌（private brand，PB），又叫"自营品牌"，即卖场、超市、百货公司等零售商基于自身特殊的消费群体，通过收集、整理和分析消费者的需求，在自有渠道完成产品设计、原材料供应、生产、销售等环节，从而形成"人无我有、人有我优"的竞争优势。

需求，第一时间抢占市场先机。

1934年，玛莎百货又独辟蹊径，成立了自己的面料科研实验室，以先进的纺织技术、面料性能评估和时尚趋势等方面的知识，对纤维、织物结构、染色、印花和涂层等进行研究，再通过与供应商、制造商和设计师紧密合作，进行面料的开发、测试和评估。通过产、研、用一体化，玛莎百货在提供高质量和多样化面料方面独具优势，其产品主打优质、舒适、时尚、耐用，因此广受青睐。

为了提升"圣米歇尔"的品牌形象，玛莎百货还把它打造成健康环保的代表，大力宣传"圣米歇尔"的产品坚决不使用转基因原料和保护动物的皮毛等，这些努力为"圣米歇尔"带来了极高的美誉度。最终，供应商和特许经营店无不以提供或销售"圣米歇尔"产品为荣。正是因为有"圣米歇尔"这个自有品牌做后盾，玛莎百货才可以在竞争残酷的零售世界进退自如。

从战争中走出来的玛莎百货，一开始就给自己定下这样的经营理念：让劳动者买得起以前只有富人才能享用的货品，且其质量更好。正是这一理念，赢得了占人口大多数的工薪阶层消费者的支持。百年来，玛莎百货不忘初心，所以它的群众基础始终很牢固。当网络购物成为流行之后，玛莎百货自然而然地转型做电商了。形式变了，但服务绝大多数人的基本原则不变。

黄油和香皂"催生"的联合利华

作为欧洲饮食的主角之一，黄油就像经济的晴雨表。工业化带动城市化的最直接结果，是持续的人口激增，以及日益富裕后

第 7 章　滞涨时代逆势而生的疯狂零售（1934—1970）

人们对生活品质的追求比以往更甚。黄油作为日常重要的饮食原料和高品质饮食的象征，开始供不应求；再加上农业萧条、长期贸易限制，以及运输与储存条件落后，作为重要农产品的黄油变得更加稀缺。一场"黄油危机"悄然登陆欧洲，首当其冲的是农业大国——法国。

为了保卫"菜篮子"和"钱袋子"，法国人绞尽脑汁。1866年，法国政府借巴黎万国博览会的契机，举办了一场比赛，希望开发一种能替代黄油的产品，要求价格合理、营养丰富、便于保存。1867年，一种名叫"人造黄油"的替代品横空出世，发明者是法国化学家麦加·莫利哀（Mège-Mouriès）。这很快引起了两名荷兰商人的注意，因为当时的荷兰是世界上主要的黄油出口国，以及欧洲最重要的黄油批发中心。

1870年，荷兰人尤根思（Jurgens）和范登伯格（Van den Bergh）意识到，人造黄油可能会成为畅销品。1872年，他们在荷兰开设了第一个人造黄油制造厂，后来又与另外两家欧洲公司联合组建了"人造黄油联盟"（Margarine Unie），从此几乎垄断了全欧洲的黄油产业。

一战爆发后，尤根思和范登伯格靠着人造黄油大发战争财，并很快将业务扩展到了德国和英国。战后，他们已经在苏格兰、爱尔兰、英格兰布局了多家人造黄油厂。这期间，英国诞生了含有维他命的人造黄油，再次引起他们的注意。

这种人造黄油源于英国利华兄弟公司（Lever Brothers），这家公司原本是靠生产香皂起家的，曾于1884年推出了一种Sunlight香皂（1900年更名为力士），这种香皂的原料是椰子油或松仁油，比传统以动物脂肪为原料的香皂更易起泡。伴随着"使清洁成为家常便饭"的口号，Sunlight香皂不仅一路畅销，还引领了一种新的生活风尚。到1887年底，Sunlight香皂的产量已达到每周450吨，利华兄弟也因此成为英国最大的香皂生产商。

1890年，利华兄弟成立了自己的公司——Lever Brothers Ltd.。4年后，公司又生产出一种更便宜、抗菌效果更佳的Lifebuoy香皂。Lifebuoy的意思是"救生圈"，顾名思义，该产品以"守护生命"为理念。后来，这款香皂卓有成效地缓解了维多利亚时期泛滥成灾的卫生问题，可谓实至名归。当时，工业文明的后遗症越来越严重，伦敦因为污染严重而成为"雾都"，城市的饮用水源也遭到污染，引发史上著名的疫病——"霍乱"，很多人因腹泻脱水而死亡。更可怕的是，这种"霍乱"传染性极强，并且每隔几年就会暴发一次。而Lifebuoy香皂里面含有石碳酸，可以起到消毒作用，一定程度上缓解了霍乱的传播。利华兄弟公司对健康和卫生事业的贡献，得到了英国皇室的表彰，其创始人威廉·利华还被授予"勋爵"称号。利华兄弟公司在这段时间里得到了快速发展，在1894年成为伦敦上市公司，随后又在欧洲、美洲和英属殖民地建厂，做香皂出口业务，成立种植园。

香皂作为战时必需品，让利华兄弟公司在一战期间也发了大财。第一次世界大战期间，利华兄弟公司免费为一线士兵提供Lifebuoy肥皂，希望他们保持健康，从而在战斗中发挥最佳状态，Lifebuoy因此成为英国民族品牌。

那么，黄油，这个与香皂毫不相干的品类，又是如何在利华的产品线上"节外生枝"的呢？这主要是因为制作香皂的主要原料棕榈油，同样也是人造黄油的原料。人造黄油诞生伊始，主要原料其实是动物油脂，但随着20世纪初"氢化"技术的产生，人造奶油的原料从动物油脂变成了植物油脂，也就更接近于我们今天的人造黄油。

生产香皂的产业链已经相当成熟，于是利华兄弟开始思考扩大产品线。由于黄油在日用品中的地位，利华兄弟自然而然就做起了黄油生意,而成功引起尤根思和范登伯格关注的维他命黄油,就是这一时期的产物。

1929年9月2日,利华兄弟公司兄弟与"人造黄油联盟"签订协议,组建联合利华。作为最大规模的并购,其轰动了整个欧洲商界。两家公司原本是为了追求各自在制皂和人造黄油领域的利益最大化,但由于很快就遭遇了大萧条,抱团过冬无疑是明智的选择。

当时欧洲各国纷纷通过提高关税等方式保护本地黄油产业,导致联合利华的人造黄油和食用脂厂减少了一半。为了度过经济寒冬,联合利华一方面开发新产品,生产出富含维生素A和D的人造黄油和更加便捷的香皂粉;另一方面则通过收购其他公司,快速向冷冻和方便食品领域拓展。

二战期间,由于德国实施严格的外汇管制,限制外汇交易和资本流动,联合利华无法自由调用德国分公司的资金和资源,更悲惨的是,由于地域上的分割,联合利华与德国、日本的业务往来也被切断,这使得他们更加注重开拓本国市场。

1941年闪电战期间,联合利华通过Lifebuoy香皂,在伦敦提供免费的战时洗浴服务。他们派出装有热水、香皂、毛巾的车辆开往受炸弹袭击的地区,用流动的洗涤设备提供急需的帮助,这再次为联合利华赢来了好口碑。

任何时代,过硬的产品能力和利他主义情怀,都是企业坚持长期主义的不二法门,但如果想要做大做强,还需要通过不断革新,引领整个行业实现跨量级的突破。二战后,随着社会经济开始复苏,消费市场日渐繁荣,国际贸易有所恢复,联合利华重新盘活了分散在全球的分公司资源,多个品牌迎来发展高潮。

20世纪中后期,夏士莲、多芬先后在英国和美国上市。70年代通过收购立顿国际,联合利华从日化向茶饮行业迈出了战略性的一步。自此，其产业包括食品和家庭护理、个人护理产品两大板块。他们还收购了大量公司、品牌，其中较大的一笔是以243亿美元并购了美国百仕福食品公司。这次收购让联合利华一举成为全球食品行业排名第二的企业。

2004年7月1日，联合利华的所有子公司同时启用新标识，它是由25个小图案拼接成的"U"字，下方为英文名"UNILEVER"。至此，联合利华成为全球商超最大供应商，旗下的力士、多芬、旁氏、凡士林、奥妙、夏士莲、清扬、洁诺、家乐、好乐门和立顿、梦龙等品牌驰名全球。

创新是企业发展的不竭动力，联合利华从初创时，跨品类创新经营就已初现端倪，到2018年进入数智化时代，凭借4S[1]供应链成功跻身"Gartner全球供应链25强"[2]，荣获"供应链大师"之称。联合利华在2022年《财富》世界500强企业排行榜中排名第205位。

在跨国营销过程中，联合利华通过独立品牌战略，很好地规避了品牌扩张的种种弊端。跨国经营下的品类扩张，容易导致品牌稀释，使原有品牌的核心价值和独特性变得模糊，从而影响品牌形象的传达和对消费者心智的占领。而采取独立品牌战略，各品牌能专注于细分市场，以更清晰的定位，精准回应消费需求，形成差异化优势，既能在扩大市场份额上形成合力，又可以分散风险，避免"一损俱损"。同时，独立品牌战略在管理上更加自主高效，能灵活适应当地营商环境，在研发、生产、流通等环节最大限度地节约成本，在品牌形象、产品功能和推广的设计上，更

---

[1] 4S: swift & agile（迅捷）、smart（智能）、sustainable（可持续）、striving（进取）。
[2] "Gartner全球供应链25强"：全球权威的、跨行业评价供应链能力的榜单，每年评选一次，旨在表彰在供应链管理方面有卓越成就的企业，至今已发布19期。

贴合当地消费者的需求。但这样的模式，是对产业链、供应链和创新能力的多重考验，这也是很多大企业难以突围的重要原因，而成功"走出去"的企业，大多在这方面有深厚的积淀。

第8章

"铁娘子"开创国企改革风潮（1971—1996）

二战后,英国工业界上演"诸神黄昏","世界工厂"地位发生动摇。为了重振经济、恢复民生,政府出手救市,将一系列关乎国计民生的重要产业收归国有[①],确保它们为整个社会谋取最大利益,而非将私人利益最大化。同时,随着社会主义思潮荡涤欧洲,国有化一度被视为通往社会主义的"巨轮",却终成海市蜃楼——政府这只"有形的手"在战时指挥中游刃有余,对和平时期的滞胀却束手无策。几经周折,经济依旧回血乏力,财政负重三十载,高税收引得人民怨声载道,沉疴日久的国有企业积重难返,昔日巨头竟成工业现代化最大的"拦路虎"、战后经济最薄弱的一环。1980年之后,英国经济患上严重的"英国病":经济缺乏活力、企业内部暮霭沉沉。"铁娘子"撒切尔夫人上台后,开始了大刀阔斧的国企改革,国企私有化使英国经济恢复了生机,孕育出一批世界500强企业。

---

① 当时,英国国有行业主要集中在能源、交通和通信三个领域。

撒切尔夫人挥刀砍向"英国病"

1848年2月,卡尔·马克思和弗里德里希·恩格斯在《共产党宣言》引言中发表了这样一段著名的话:

> 一个幽灵,共产主义的幽灵,在欧洲游荡。为了对这个幽灵进行神圣的围剿,旧欧洲的一切势力,教皇和沙皇、梅特涅和基佐、法国的激进派和德国的警察,都联合起来了。……从这一事实中可以得出两个结论:共产主义已经被欧洲的一切势力公认为一种势力……[①]

百年后,曾经对共产主义嗤之以鼻的英国,也开始向这个"幽灵"屈服,第二次世界大战是一个契机。

二战期间,人们发现,政府在公共服务和社会治理方面,表现出了更强的组织能力和更高效的执行力。比如,战争开始时,政府组织城市儿童疏散,几十万儿童被迅速转移到乡村,整个过程进退有序、有条不紊,令人惊叹;在劳动力分配方面也更加精准,失业问题得到明显改善;实行食品定量配给,战时不但没有造成饥饿,反而使人们的平均营养水平比过去更好。所有这些都说明,经济上的自由放任政策并不是完全有利的,而约翰·梅纳德·凯恩斯(John Maynard Keynes)的国家干预理论也并非全无是处。工党主张的"社会主义",为英国走向战后"新社会"提供了另一种可能。

---

① 马克思,恩格斯.共产党宣言[M].北京:人民出版社,2018:26..

1942年12月1日，英国经济学家威廉·贝弗里奇[①]（William Beveridge）向全国公布了著名的《贝弗里奇报告——社会保险和相关服务》（以下简称《贝弗里奇报告》），初步奠定了战后英国的社会保障体系，涵盖医疗、就业、养老和其他福利保障等，确保全面消除贫困。一年前，他受政府委托，主持了一项由十几个政府部门代表共同参与的调查，目的是对社会保障问题提出建议。在参与调查的所有代表中，他是唯一不具有官方身份的人。

《贝弗里奇报告》所勾勒的战后"新社会"蓝图，被许多人称为"福利国家"，但贝弗里奇认为称之为"社会服务国家"更合适。在这个国家中，"贫穷"将永久消失，人人都将有生存的保障。

随着福利国家的观念深入人心，工党关于"繁荣与和平"的主张与人民的期望不谋而合，1945年7月大选中，工党获得压倒性胜利，领袖克莱门特·艾德礼（Clement Attlee）顺利执掌内阁，开始实行两个目标：一是国有化，二是建立"福利国家"。此后两年里，政府制定了一系列议会法案，大范围推行国有化。首先是将英格兰银行收归国有，接着是在煤矿、民航、铁路、公路、煤气、钢铁、电力等关乎国民经济命脉的部门，由国家建立相应的经济实体（如国家煤炭局等），对企业的经营负主要责任，但政府并不直接插手企业的经营管理。

然而，工党的国有化体系中，企业工人并没有"参与"企业管理，他们不是"合伙人"，更没有"所有权"。国有化选民期待的摆脱贫穷、享受国家福利并没有实现，他们很快就不再支持工党。

[①] 威廉·贝弗里奇：英国经济学家，社会问题和失业问题专家，曾担任伦敦经济学院（London School of Economics）院长。他对社会事务的兴趣，始于其牛津大学求学期间。

第 8 章 "铁娘子"开创国企改革风潮(1971—1996)

1951年大选,保守党获胜,丘吉尔重掌内阁。为了提高经济效率、减轻财政负担,以及鼓励创新,他开始在更能实现技术创新、吸引资本的钢铁和运输行业推行私有化改革,但见效缓慢。此后的30年间,保守党与工党又进行了数次博弈,都没能从根本上解决"国有化"的沉疴积弊。企业国有化之后普遍生产效率降低、长期亏损,并没有给"福利国家"做出太大的贡献。巨额的企业运营和维护费用,以及"从摇篮到坟墓"的庞大社会保障体系,成为压垮政府财政的"两座大山",政府不得不继续依靠提高税收来维持平衡,这引起人们的普遍不满。

英国经济复苏面临的压力和问题的复杂性,远远超出了预期,工党一味着眼于国内经济,注定收效甚微。因为英国经济对外依赖性强,随着战后制造业风光不再,制造品出口额下降,进口额却在上升。为了扭转贸易逆差,政府错误地推行贸易保护主义,引发连锁反应,进一步抑制了国际贸易。这一时期,英国制造品出口额占全球出口额的比重,从1954年的20.4%下降到1974年的8.8%,到80年代,这一比重徘徊在9%左右。[1]相比美国和日本,英国经济增长率大幅降低。

同时,福利制度虽在短期内有效刺激了国内消费,缓解了产能过剩,却是以高税收为代价的,阶级矛盾一触即发。而拥有庞大劳动力的国企发展壮大,使工会[2]的影响力提升,工人阶级为争取自身权益而发起的罢工运动此起彼伏,迫使政府不得不提升工人的薪酬福利,而工资上涨又引发通货膨胀。加之战时巨额的军

---

[1] 麦克纳博. 繁荣的进程:全球工商业通史(下卷)[M]. 赛迪研究院专家组,译. 北京:中国人民大学出版社,2022.
[2] 工会,又称劳工总会、工人联合会,起源于18世纪中叶的英国,是一个代表工人阶级利益的组织,旨在改善工人的工作和生活条件,维护工人的权益,实现公平的劳动环境。

备投入和战后重建,大量资金源源不断流入市场,进一步加剧通胀。据统计,60年代,英国通胀率仅为3.5%[1];到70年代,这一数字增长到12.5%;而撒切尔夫人执政前夕,通胀率已高达22%。英国经济陷入"滞胀"[2],开源节流势在必行。

1979年,撒切尔夫人当选为英国首相,她给"滞胀"开出的解药是:大规模私有化,重新激活企业,扩大生产,以吸引投资。而为了节流,她果断缩减社会福利开支,为财政减负,将节省下来的钱用于基础设施建设。但这一举措却触动了民众利益,她深受诟病,骂名直至去世也没能洗清。但她从未退缩,她的坚毅和果敢成就了英国的中兴——自1982年开始,英国经济连续8年保持稳定增长,到1987年,长达18年的财政赤字开始转为盈余;80年代中期,通胀率也由22%降至4%以下。

撒切尔说过:"在我的时代,没有女性会成为首相。"她向人们证明了女人不但可以做到男人能做的事,还可以比男人做得更好。在1979—1990年任首相期间,她因高姿态地反对苏联高度集权的政治体制,而被苏联媒体称为"铁娘子",此后,这个绰号伴随了她的一生。

在电影《铁娘子》中,撒切尔夫人发布了一条命令:"击沉它。"阿根廷的巡洋舰和于1935年建造、在珍珠港事件中幸存、二战后从美军退役的"贝尔格拉诺将军号",被英国两枚鱼雷击中。作为报复,阿根廷用法国提供的"超级军旗"战机和"飞鱼"导弹击沉了英国"谢菲尔德号"驱逐舰。撒切尔夫人很生气,立刻以对阿根廷动用核武器威胁法国,法国最终屈服了……根据英国

---

[1] 通胀率维持在3%～6%之间是比较合理的水平。
[2] 滞胀:滞胀是通货膨胀和经济衰退同时出现的现象,通常出现在经济周期的下行阶段。在滞胀期间,经济增长放缓,但物价上涨依然持续,导致消费者购买力下降,企业利润受到挤压,就业率下降,经济活动疲软。

军事史专家回忆，现实中，撒切尔夫人比电影中表现得还专断。

然而，比起"铁腕外交"，她对国有企业的改革更加强硬。1979年，英国政府公开出售英国石油公司（British Petroleum，BP）19%的股份，拉开了私有化的序幕。1983年，撒切尔政府连续执政，趁着工党内部发生分裂之际，开始大刀阔斧地进行私有化改革，除铁路、邮政两个系统外，几乎所有关键部门的国有企业都被列为私有化目标。

短短30多年，英国工商业就经历了从国有化到私有化的政策急转弯，对于那些关乎国家经济命脉的重要行业和关键领域来说，可谓是经历了一场涅槃，而后续的重生之路，远比想象中漫长。

英国石油夹缝求生

作为私有化的先行军，英国石油公司可谓百炼成钢。在筚路蓝缕的10年初创期，它数次在资金短缺的压力下匍匐前行，即使后来被收归国有，也没有过上几天安稳日子，很快就遭遇了中东石油危机。从私人经营到半国有化，再到彻底国有化，直至半私有化、全面私有化，从"第一石油开采公司"到"英国—波斯石油公司"再到"英国石油公司"的名称更迭，英国石油公司曲折的百年发展史，折射出了英国现代工业的兴衰史和国际格局演变史。

一战期间，石油作为重要的军备物资登堂入室，其后逐渐演变为人们衣、食、住、行的必需品，被誉为"现代工业的血液""黑金"。它带来财富和荣耀，也引发危机与动荡；大国博弈，兴衰成败皆看石油。

石油能登上能源王座，最该感谢的是英国人。1882年，有着一副亚洲面孔、极具创新精神和战略眼光的英国海军上将约翰·费舍尔（John Fisher），力主用石油取代煤，作为军舰发动机的新型燃料。因为石油在燃烧过程中产生很少的黑烟，使舰艇不容易暴露，战术隐蔽性很强；同时，以燃油为动力的舰队，在一次补给之后的活动半径，是以煤为动力的舰队的4倍；燃油补给也更加便捷，同样吨位的船，装满燃料煤需要500人工作5天，但加满油只需要12人工作12小时，这为大规模海战提供了保障；另外，使用液态燃料的动力机械，在设计时可以更加轻便，能降低船身重量和行进阻力，提升航速。然而，由于当时英国本土尚未发现石油，石油来源的问题无法解决，计划就此搁浅。但他坚信，欧洲迟早要迈出这一步，此事宜早不宜迟。费舍尔希望将燃油的供给源头掌握在英国手中。

海军部辗转找到伯马石油公司，签下了每年35万桶燃料油的订单，但实际上，伯马石油公司的产能并不能满足海军部的需求。就在他们为订单发愁的时候，海军部向他们推荐了一个叫威廉·诺克斯·达西（William Knox D'Arcy）的商人，这位身材发福、略显焦灼的英国绅士，正在千方百计为自己在波斯（今伊朗）[①]的石油开采项目寻找投资。

达西1849年生于英国，在著名的威斯敏斯特学院完成中学学业后，17岁举家迁往澳大利亚昆士兰州罗克汉普顿。其父是一名律师，受家学熏陶，达西也开始学习法律，学有所成后与父亲一起执业。1882年，33岁的达西经历了命运的转折。在当地一位

[①] 伊朗古称"波斯"，在近代沦为英国和俄罗斯的半殖民地。1925年，巴列维王朝建立，30年代中期正式用"伊朗"的名称取代"波斯"。1959年，王朝政权宣布"伊朗"和"波斯"可互换。1979年，伊朗伊斯兰革命爆发，随后建立了伊朗伊斯兰共和国，延续至今。

银行经理的撮合下,他们与另一位朋友一起投资了美国摩根三兄弟[①]在罗克汉普顿附近的金矿项目,不久后一起成立了摩根山金矿公司。由于当时的工程技术尚不成熟[②],石油开采困难重重,摩根三兄弟见无利可图,就放弃了这个项目,将股权转让给达西和他的朋友们,达西成了最大的股东。不久后,戏剧性的一幕出现了——他们挖到了金矿。这大概是摩根三兄弟投资史上最不堪回首的记忆了。1889年,达西卖掉了股份,怀揣600万英镑荣归故里,在伦敦和乡下置办了大量产业,通过各种社交活动结识了许多英国贵族,从此脱胎换骨、正式跻身上流社会。

从小镇律师到百万富豪,达西一步登天的奋斗史本已足够传奇,而1900年在巴黎"万国博览会"上的亮相,更让他成为改变英国和伊朗历史走向的人。

1892年,法国地质学家耶克·摩根关于波斯石油前景的一份报告,吸引了大半个欧洲的注意,却让波斯王室陷入两难。当时,波斯正面临财政危机,根本没有余力开采石油,但又无法做到对近在眼前的利益视而不见,于是向外寻求合作。1900年底,在巴黎"万国博览会"前夕,波斯海关署长安托尼·奇塔卜基(Antoine Kitabgi)踏上了通往欧洲的石油寻租之旅。在展会上,经老熟人、驻波斯前英国公使沃尔夫爵士介绍,他认识了达西。此时的达西,怀揣600万英镑跃跃欲试,双方一拍即合。达西付给奇塔卜基1万英镑作为佣金。

在奇塔卜基的运作下,波斯国王穆扎法尔丁·沙阿(Mozaffarod

[①] 摩根三兄弟是美国历史上最著名和有影响力的金融家族的成员,银行业、投资银行和金融服务领域的风云人物,创始人约翰·皮尔庞特·摩根(John Pierpont Morgan)更是以颇具商业眼光和冒险精神而著称。

[②] 3年后,即1885年,世界上第一个使用燃油的引擎才问世,发明者是德国人戴姆勒。1886年,戴勒姆将燃油发动机装在自制的船上,首次试航成功。

-Dīn Shāh Qājār）与达西签署了一项协议，除俄罗斯控制的北方五省外，将其余120万平方公里国土范围内（波斯3/4的领土）石油、天然气、沥青和石蜡等资源的开采和经营权独家授予达西，期限长达60年，还将石油运输、存储、炼油设施，以及车站和油泵系统等基础设施建设的专有权利也一并授予。作为回报，波斯政府将获得2万英镑的现金和新公司2万英镑的股份，以及每年16%的纯利润。至于这样做的隐患，当时的政府根本无暇多想，也难以想象。因为这种新型资源的重要性、开发难度和风险，完全超出了人们的认知。即便是精明的资本家，也大大低估了石油开采所需的投入。一旦双方都觉得自己是这场谈判的赢家，就免不了被现实狠狠教训一番。

资本的入侵是一把双刃剑，它解了波斯王室的燃眉之急，促成油气产业基础设施建设和产业链的重构，加速了工业的现代化进程，将波斯帝国推上战略高地，却也导致波斯境内的油气资源长期被外国资本垄断。半个多世纪的掠夺式开采，使油气产业陷入畸形发展的泥潭，大而不强、丰而不富，为国计民生埋下深深隐患，由此揭开了此后伊朗石油百年沧桑的序幕。

此外，在工程技术尚不发达的20世纪初，石油开采注定是一场豪赌，但刚刚度过金矿投资蜜月期的达西，对这次开采依然志在必得。经过一年多紧锣密鼓的筹备，1902年11月，达西开始正式钻探，随着两口油井相继出油，第二年，达西以6万英镑成立了"第一石油开采公司"。然而，与公司一起产生的，还有建设炼油厂、输油管道的巨大资金缺口。"摇钱树"转眼变成巨型"吞金兽"，达西意识到必须尽快拿到新的投资。他找到法国罗斯柴尔德家族和美国标准石油公司（Standard Oil Corporation of New York，SOCONY），却都遭到了拒绝。

1904年，他辗转找到英国海军部，在海军部的助推下，达西与伯马石油公司达成了协议。条件是，达西每年向英国海军部提供5万吨的石油。

就这样，达西争取到了伯马石油公司的投资，大型石油开采正式启动，但过程依旧波折。经过长达4年的艰难试验，1908年，他们终于在马斯吉德·苏莱曼地区1180英尺的地下开采到了石油，滚烫的油流喷向天空，沉睡的中东第一个油田就此苏醒，这时距离达西拿到特许权，已经整整过去了7年。

油田的发现让英国人欢欣鼓舞，政府下令建立一个新的企业来开采经营，尽管达西和合伙人表示强烈反对，但胳膊终究扭不动大腿。1909年4月19日，由英国政府主导的BP的前身——英国—波斯石油公司（Anglo-Persian Oil Company，简称"英波石油公司"）成立，总部位于伦敦。达西通过换股获得了巨额回报。从此，英国—波斯石油公司全面接管了英国在波斯的石油产业的全部资产和业务。

然而，地域的阻隔，使公司总部对油田的管理鞭长莫及，英波石油公司的石油产量很高，却没有打开销路。随着周边竞争对手德意志壳牌公司拿到奥斯曼土耳其全境的石油开采权，英波石油公司的销路进一步被堵死。1912年，公司资金链再次断裂，被迫将石油低价卖给壳牌公司，但入不敷出的境况并没有得到改善，公司濒临破产，于是负责人向丘吉尔求救。

丘吉尔一年前刚被任命为第一海军大臣，在对石油的态度上，他和费舍尔"英雄所见略同"，认为石油里隐藏着英国崛起的新机会，如果能被海军部占为己有，无疑对英国的军事前景有利。

在丘吉尔的推动下，1913年，海军部向英波石油公司注资200万英镑，获得51%的股权，以及20年内以折扣价采购4000万桶燃油的优惠条件。英波石油公司筹资法案经过议会的重重考量，最终以191∶67的投票结果获得通过，民营企业英波石油公司成为事实上的国有企业。政府虽不直接插手公司事务，但派驻了两位董事参与公司日常经营。

依靠政府的扶持，英波石油公司迅速崛起，不到30年便跻身"石油七姊妹"①行列。1954年达西退休，英波石油公司改名"英国石油公司"。

然而好景不长，产油国为了维护本国石油收入，1960年9月，伊朗、沙特阿拉伯、伊拉克、委内瑞拉和科威特等国代表齐聚巴格达，商议联合对抗西方的石油公司。9月14日，五国成立石油输出国组织（Organization of the Petroleum Exporting Countries，OPEC，简称"欧佩克"）。欧佩克逐渐控制了石油供应的上游链，大大削弱了"石油七姊妹"在上游的力量。与此同时，英国国内一些石油公司也成长起来，纷纷为政府提供石油，BP的地位开始下降了。

1967年6月5日，以色列用武力反击阿拉伯世界，阿拉伯国家也举起了石油的武器，沙特、科威特、伊拉克等国宣布对英国、美国和联邦德国实施石油禁运，用沉船封锁了苏伊士运河。②伊朗虽没有参与禁运，但因为运河禁运，BP油轮必须绕道好望角，运营成本一下子就提高了。这是BP遭遇的第一次重大损失。

1973年10月，"第一次石油危机"③爆发，触发了二战后最严

---

① "石油七姊妹"，西方石油工业的代称，包括洛克菲勒的标准石油公司解散重组的3家大公司和其余4家有国际影响力的大公司。

② 1967年中东战争期间，埃及和以色列发生冲突，即著名的"六日战争"。埃及军队沉没了数艘船只，包括油轮和其他船只，以封锁运河。此外，他们还炮击和控制了运河附近的一些地区，以确保封锁的有效性。直到1975年，苏伊士运河才重新恢复了航运。

③ 阿拉伯国家大幅抬高石油价格，从4.75美元升至11.75美元，使全世界开始恐慌，史称"第一次石油危机"。

重的全球经济危机，也让BP丧失了成本低廉的中东石油开采权。雪上加霜的是，BP的靠山——保守党政府在1974年下台了。随着股价暴跌，伯马石油公司濒临破产，他们只好把股份转让给新政府，于是英国政府和国家银行的BP股份达到了74%。

除了效益减少，BP作为国有企业的低效率做派也引起了政府的强烈不满。英国政府一开始完全信任BP，还把它当成英国驻伊朗的间谍和大使，通过它获取各种政治情报，所以很少过问公司的具体运作。政府的姑息，让BP渐渐变得不思进取，在拓展新业务方面毫无作为。到1972年，BP销售额已是"石油七姊妹"当中最低的了。更过分的是，BP在伊朗的业务一旦遇到麻烦，就会请英国政府出面摆平，此举让英国政府极为不满，也让"石油七姊妹"中的另外6家公司十分反感。不作为、效率低、严重依赖政府出面解决危机和贴钱补漏洞，这样的BP显然不是英国政府想要的国有企业。

1979年5月，撒切尔夫人上任后，立即表示将扭转"大政府、小市场"的"英国病"积习，以私有化激发国企的活力，并在10月将英国石油公司作为第一个优化对象。在她的铁腕手段下，BP的国有持股比例降到一半以下。1987年10月，BP全部国有股上市交易，BP彻底私有化。

私有化之后的BP经过短暂的阵痛，聚焦石油、天然气领域，不断革新，重新焕发活力，取得了更大的成就，并在1979—2000年完成了5次大型并购，进而稳居石油行业前三甲。

2003年，BP在《财富》全球500强企业排行榜中排名前5，名列欧洲500强之首，并在此后多年盘踞《财富》世界500强企业前10名。2023年，受大环境影响，BP增长放缓，但仍旧能排到全球500强企业榜单的第22位。

皇家军械的私有化之路

撒切尔夫人是英国历史上第一位女首相,在位时很风光,晚景却十分凄凉。她与一对双胞胎子女关系疏离,以至于去世的时候,身边一个亲人都没有。

晚年的撒切尔夫人孤独地居住在伦敦莱斯特广场附近的联排别墅中,每天对着丈夫的遗像说话。这座豪宅并不属于她,而是英国亿万富翁大卫·巴克利(David Barclay)和弗雷德里克·巴克利(Frederick Barclay)这对双胞胎兄弟的财产。后来,她以酒店所有者巴克利兄弟客人的身份住在里兹酒店,最终在那里逝世。

退休后的撒切尔夫人为什么还深受商人的敬重呢?

《泰晤士报》揭示,晚年的撒切尔夫人还在为英国公司拉合同。撒切尔夫人的顾问兼朋友罗宾·哈里斯(Robin Harris)坦言:"在为英国公司谋得合同方面,没有人比撒切尔夫人效率更高。"撒切尔夫人最富有争议的一个行为是,她私底下帮助英国宇航系统公司(BAE Systems,以下简称"BAE公司")赢得了大型军火订单。

撒切尔夫人确实是一手成就BAE公司的人。她在位期间,国企改革的"第二刀"就"砍"向了国有航空公司。BAE公司从中受益,撒切尔夫人和BAE公司因此交情匪浅。

与多数英国军工企业的"作坊式"出身不同,BAE公司自1999年诞生之日,就站在两大军工巨头英国宇航公司(British Aerospace Corporation,BAC)和马可尼电子系统公司(Marconi Electronic Systems,MES)的肩上睥睨全球。

二战后,在英国工业企业普遍遭遇重创之际,军工企业依然是战后英国经济的支柱产业之一。此后，它们临危受命，在工党执政期间，承担着挽救英国工业的重任，其中最具代表性的企业，就是起源于20世纪70年代的BAC公司。

1977年，在工党"国有化"的指挥棒下，英国飞机公司与霍克·西德利飞机公司的两个子公司，以及苏格兰飞机公司强强联合，成立了BAC公司。此后，BAC不负众望地成为宇航和防务领域的巨头，几乎垄断了英国军用飞机和战术导弹的研制，成为英国乃至西欧第一、全球第三大军火商，1999年并入BAE系统后，直到今天依然处于领先地位。

马可尼电子系统公司也是由三家公司合并成立的。它们分别是马可尼无线电报公司（Marconi's Wireless Telegraph Company）、英国电气公司（English Electric Co.）和通用电气公司（The General Electric Co. Ltd.，简称GEC），都创立于19世纪末20世纪初，主导着英国的通信和IT设备制造。

同时继承了BAC的航空制造和战术导弹技术，以及马可尼的通信制造技术，经百年沉淀，BAE公司毫无悬念地成为如今世界上最大的防务承包商之一。而支撑其逐渐强大的，除了科研和生产能力，另一个重要原因是1985年与沙特签下的一份"阿尔—雅马哈武器合约"，这是迄今为止世界上最大的一笔军火买卖，它让BAE公司获得了无可匹敌的经济实力，而这笔订单实际上是撒切尔夫人的手笔。

1981年，撒切尔政府颁布"非国有化"政策后，用了5年时间，让BAE公司完全私营化。就在私营化当年，撒切尔夫人亲自为其拉了一笔大单。

而对沙特来说，军火贸易也是维持与大国的外交关系的有效手段，因此，沙特开始向美国购买武器装备，进口的62架空军

F-15战斗机[1]有望极大提升沙特的空防能力，此举引起了以色列的警觉。1981年，以色列成功说服了美国，不再向沙特出售战机，还对已经出售的战机提出种种使用限制。

失去了美国的军火供应后，沙特决定将军火来源多元化，考虑从法国进货。1983年，撒切尔夫人力劝沙特选择英国武器，但并没有得到沙特国王的应允。1985年4月，撒切尔夫人借出访南亚的机会，专程去沙特，当面劝说法赫德国王。1985年9月，英国和沙特签署"阿尔—雅马哈武器合约"，规定英国向沙特出售72架"狂风"F-3战斗机和50架"鹰"式T-1教练机，这次交易的价值超过430亿英镑，而供应商正是BAE公司。要知道，1984和1985年，英国的军火出口额分别是25亿和42亿美元，而BAE公司与沙特的这一笔交易，就超过了前两年的总和。

不仅如此，撒切尔夫人还为BAE公司的壮大提供了很多支持。其中，英国皇家军械公司和利兰汽车公司这两大国有企业在她的运作下，都被卖给了私有化的BAE公司。

英国皇家军械公司，前身是创办于16世纪的沃尔萨姆·艾比兵工厂，最初主要生产火药，1787年被英国政府收购，更名为"皇家火药厂"，随后由英国陆军管理，发展成为拥有皇家火炮、皇家火药和皇家轻武器三家分公司的皇家军械公司。

1982年11月，撒切尔政府对皇家军械公司进行改组，将原来的11个分厂重组为1个未来武器系统分公司、1个安装分公司和4个生产分公司（弹药、炸药、轻武器和武器战车分公司），分别进行各类武器装备的研究、设计和试制。这些公司后来都被打包卖给了BAE公司。

可以说，BAE公司正是在撒切尔夫人的支持下才得到了重生。

---

[1] 美国的空军F-15战斗机取代了英国"闪电"战斗机。

2021年，BAE公司在《财富》世界500强企业排行榜中，排名第487位。

电信行业的双寡头垄断

英国电信集团的创始人是威廉·库克（William Cooke）和约翰·里卡多（John Ricardo）。1846年，两人成立了里卡多和库克电子电报公司（Ricardo and Cooke's Electric Telegraph Company），这是英国电信集团的前身。

威廉·库克本身是有线电报的发明者之一。1837年，他和另外一位发明家查尔斯·惠特斯通（Charles Wheatstone）共同设计了一个五针电报机，这项发明取得了英国的专利。两年后，五针电报机在13公里长的英国大西方铁路上投入使用，这是电报发明第一次被用于实践。美国人塞缪尔·莫尔斯（Samuel Morse）在同一时期研发出了莫尔斯电码。

有线电报引起轰动后，查尔斯·惠特斯通又相继研究出很多重大发明，比如惠斯通电桥、永磁发电机、现今用于观察X射线和航空照相的体视镜、测光表、自动记录气象仪器等，他还对欧姆定律的普及起到了关键作用。而威廉·库克则走向了另外一条道路，他开始致力于将电报发明用于商业实践。

里卡多和库克电子电报公司成立后，就成为英国最具竞争力的电报公司，在1851年的伦敦万国工业博览会上展出后引起了轰动，很快在世界上率先建立了一个全国性的通信网络。

1870年，比里卡多和库克电子电报公司历史更悠久的皇家邮政开始进入电报业。皇家邮政是1516年由国王亨利八世特许创立的,后改名"邮政总局",一直是中央政府的组成部分,皇家邮政发行的邮票是世界上唯一一款不印国名而以女王头像代替的邮票,足见它的实力和地位。总之,随着皇家邮政介入电报业,里卡多和库克电子电报公司成了它的一个部门。1912年,英国邮政局接管了全英电话业务,英国的电信业从此完全国有。

然而,由于邮政和电信完全属于不同的业务系统,因此邮政和电信一直存在分家的争议。直到1981年,英国国会颁布了英国电信法案(The British Telecommunications Act),英国邮电正式被拆分为皇家邮政公司(Royal Mail,BM)和英国电信公司(British Telecom,BT),英国电信公司自此变成独立的国营企业。

1984年4月,撒切尔政府开始对BT公司进行私有化改造,但却将其以有限公司的形式为国家所有,当年11月,出售了BT公司50.2%的股份。如此一来,BT公司变成了完全意义上的民营公司。

为了打破BT在固定电话市场的垄断地位,进一步激发公司的活力,撒切尔政府开始引入新的竞争者,来促进电信市场的发展。

1981年底,英国大东电报公司(Cable and Wireless,C&W)、巴克莱商业银行和英国石油公司合作,成立了由C&W控股的莫克瑞通信公司(Mercury Communications)。随后,英国政府向莫克瑞通信公司颁发了电信运营许可证,鼓励他们与英国电信展开竞争。

莫克瑞通信公司在成立初期,主要专注于提供固定电话服务,与英国电信的竞争也主要集中在这一领域。对此,莫克瑞采用了一系列市场营销策略,推出了具有竞争力的价格和服务。后来,随着电信技术的发展,莫克瑞通信公司也逐渐扩展了业务范围,开始提供数据通信服务和移动电话服务,是英国最早提供数字数据传输服务的公司之一。

1983年,英国政府明文规定,国内只允许BT与莫克瑞通信公司建设、经营固定电话网络和基本电信业务。于是,在1984年

第8章 "铁娘子"开创国企改革风潮(1971—1996)

至1991年,英国电信业形成BT与莫克瑞通信公司双寡头竞争的局面,英国政府期待在电信行业掀起"鲶鱼效应",激发两巨头的活力。

但事实上,通过长达7年的保护扶持,莫克瑞通信公司并没有动摇BT的行业地位。到1991年,BT依然占据当仁不让的主导地位[1]。于是,英国政府决定引入更多的竞争者,从而将电信市场全面自由化。BT所持有的剩余股份,在1991年和1993年被全部出售,彻彻底底实现了私有化。

从上可以看出,英国电信业的私有化是一个循序渐进的过程,从独立运营到部分私有化再到全面私有化,逐步实行。

20世纪80年代后期,当世界各国电信业还处于国内垄断时期时,BT率先实现私有化,并展现出了强大的竞争力。这使得BT得以大举进军国际电信市场,尽早开拓全球业务。

BT先是投资10亿美元进入法国通信市场,成功占据了法国通信市场20%的份额,这使得BT在国际市场上迅速崭露头角。为了在美国市场寻求更多业务机会,1994年,BT和美国当时第二大电话通信公司MCI公司合作,组建了康瑟特通信服务公司(Concert Communications Services),BT公司持有该公司20%的股份。这个合资公司的目标,是通过整合双方的资源和专业知识,为企业客户提供更全面和全球性的通信解决方案。然而,康瑟特在后续的发展中,并没有达到预期的成就,于是BT将股份转卖给当时的世通公司,并从中赚取了20亿美元。此外,BT还进行了一系列小规模的并购,如在欧洲和亚洲地区收购其他电信运营商,加强其国际业务,从而扩大其在全球范围内的影响力。

---

[1] CAVE M, WILLIAMSON P.Entry competition, and regulation in UK telecommunications[J].0xford Review of Economic Plicy, 1996, 12(4): 100-121.

BT成功的关键，在于不断调整和创新自己的业务模式，以适应变化的市场环境和技术趋势。通过海外投资和跨国收购战略双管齐下，实现了跨界发展，核心业务从固定电话、移动通信逐渐向国际话务、互联网业务扩张，并长期占据行业主导地位。2021年，BT在《财富》世界500强企业排行榜中排名第436位。

煤气公司的变革之路

欧洲一位作家曾经夸张地写道："如果晚上外出就餐而不事先立下遗嘱，那可就是一个大疏忽。"

电灯发明之前，人们的生活是很不方便的。每当夜幕降临，外面的世界一片漆黑，夜晚外出确实充满危险。最早，人们通过点植物油灯或者动物油灯照亮；后来，煤气灯改变了这一照明方式，使得照明更为便捷；再后来，电灯被发明了。

人类早在两千多年前就发现了蕴藏在地下的煤，但是煤真正在工业上得到普遍应用并成为工业的"粮食"是在英国产业革命兴起和瓦特发明蒸汽机之后。

人类一开始使用煤炭时，是直接将其燃烧来获取热量的，但这不仅不能充分发挥煤的价值，还会污染环境。而把煤先变成煤气，再作为能源使用，是人类用煤方式上的重大进步。

1792年，"煤气之父"威廉·默多克（William Murdoch）把6.8千克煤放在一个铜壶里用火加热，煤遇热产生煤气，煤气经一根21米长的镀锡铁管，被引到室内。煤气点着后，照亮了整个房间，这是煤气第一次被用于照明，也是煤气第一次被投入应用。

1802年，英法签订休战条约，举国欢庆之际，默多克举行了一次煤气灯照明活动。他在自己的公司大楼的屋顶上点燃了一排煤气灯,当那蓝色的火焰在夜空中蹿起的时候,楼房大厅里的煤气灯也同时大放光明。这一照明活动引起了轰动。法国人和德国人也开始研究煤气灯了。

1804年,在伦敦的科里西姆剧院(Coliseum Theatre)前,德国发明家弗雷德里克·艾伯特·温莎(Frederick Albert Windsor)用蹩脚的英语发表了题为"煤气之光"的演讲,并现场展示了安全可靠的煤气灯。温莎声情并茂地表示,他的梦想就是把伦敦变得灯火通明。演讲过后,他立即为自己申请了专利。

为了更好地引起官方注意,他接下来策划了一个大行动。1807年6月4日,伦敦著名的帕尔梅尔大街成为全世界第一条点起煤气路灯的街道,策划这项盛举的正是温莎,他的目的是庆祝英国国王乔治三世的生日。

这次讨好国王的行为显然很有效,1812年,弗雷德里克·艾伯特·温莎获得乔治三世的皇家认证,成立了煤气灯和焦炭公司,这是世界上最早的公用事业公司之一。

在1813年的12月31日,威斯敏斯特大桥首次亮起了煤气灯,引发了一阵轰动。这些街灯的引入取得了巨大的成功,结果激发了许多公司之间的竞争,它们都迫切地竞相争取铺设煤气管道和获得安装街灯的许可。在接下来的十几年里,英国安装了数万盏煤气灯。巴黎和柏林等其他城市也纷纷效仿。

截至1948年,英国有大大小小1000家私营燃气公司,到1949年5月,政府将这1000家私营燃气公司和市政燃气公司合并成12家分区域运营的燃气公司,统称"英国燃气公司"(British Gas,简称BG公司)。英国燃气工业由此形成了国有企业独家垄断下游供应的市场格局。[①]

国有 BG 公司独家垄断的时期,也是英国经济逐步恢复增长的时期。1951—1973 年被称为英国经济增长的黄金时期,其时经济增长较快,失业率和物价则保持在非常低的水平。但 1973 年后,由于英国固定资产投资增速大幅回落、国际贸易低迷和第一次石油危机的冲击,英国经济增速显著放缓,失业率攀升,英国开始面临严重的滞胀问题,国际收支状况不断恶化。

1979 年,撒切尔政府启动了私有化进程,鉴于石油公司和英航公司的改造成功,1983 年撒切尔夫人再次赢得大选,这一次她把私有化的目标瞄准了天然气、电力等传统公用事业。

1986 年 12 月 8 日,BG 公司在伦敦证券交易所上市,实现了由国有化向私有化的转变。由于 BG 公司的私有化,政府无法再通过直接控制方式对 BG 公司进行管理,因此政府鼓励引入新的竞争者,希望通过开放市场和自由竞争来激发 BG 公司的活力。

随后的实践证明,其他竞争者要想挑战 BG 公司的地位实在太难了。因为 BG 公司同时扮演着天然气供应商和管道运营商的双重角色,其他竞争者必须进入 BG 公司运营的管道,才能和 BG 公司形成竞争关系。这就意味着要想真正建立竞争性市场,需要将 BG 公司的管道运输业务与供应业务进行拆分。于是,1997 年 BG 公司被再次拆分,至此,BG 公司才彻底私有化。

BG 公司被拆分后,一个新的世界 500 强企业诞生了。英国煤气公司拆分重组后的产物叫森特理克(Centrica)集团。森特理克集团在天然气供应业务的基础上,又开拓了电力供应业务,并且积极开拓国际化市场,最终成为一家跨国公用事业公司。它的服

[①] 邓郁松. 英国天然气市场重构历程与启示 [J]. 国际石油经济,2017(2):37-41.

务对象除了英国人民之外，还包括爱尔兰和北美国家的企业和消费者。从2012年起，森特理克集团就是《财富》世界500强企业排行榜的常客。

第9章
创意产业再造帝国辉煌（1997—2007）（上）

二战后，欧洲进入后工业化时期，社会结构发生重大变化。在英国，一方面，战争造成了严重的经济损失，人口凋敝，长期的军需品生产使工业设备老化、工厂破旧不堪，这让高度依赖资金、设备和劳动力的传统重工业受到重创、一蹶不振；而美国、德国的重工业却相继崛起，这让英国"世界工厂"的地位更加难以为继。另一方面，后工业社会城市化进程加快，市民生活的繁荣推动了英国产业结构的调整和升级，受战争影响较小的服务业和技术密集型行业迅速发展，推动了经济增长和就业，使"中等阶层"和"白领阶层"迅速增多；加之战后英国重视教育的普及，更多人通过受教育获得专业技能，跻身白领阶层。于是，为了实现经济复兴，英国将眼光投向了技术与人才密集型的文化艺术领域，希望创意、文化和创新成为经济增长与社会发展新的引擎。创意产业让英国经济重回巅峰，首都伦敦也从"雾都"华丽变身为"创意之都"。自此，一群崭新的面孔开始活跃在商业世界，他们共同塑造了多棱镜般的英国商业。

布莱尔首相与"新英国"

在撒切尔夫人主持国企改革后,英国经济虽有所好转,却造成大量工人失业,削减社会福利的政策更加剧了贫富分化。到梅杰政府执政期间,问题并没有得到实质性改善,民众对保守党彻底失望,转而把希望寄托在工党身上。

1997年5月,托尼·布莱尔(Tony Blair)在英国大选中获胜,结束了保守党长达18年的执政岁月。[1]布莱尔上台后,大力提倡"第三条道路",试图建立"新英国"。所谓"第三条道路",是指一种中间立场的政治理念,试图在传统的左翼社会主义和右翼自由市场资本主义之间寻求一种新的政策方向,找到一种平衡,它强调通过政府的积极干预来解决社会不平等和不公正的问题,同时也认可市场经济的有效性。

"第三条道路"最早起源于20世纪80年代中期的美国,这种不同于传统保守主义和自由主义的新主流价值观,曾帮助比尔·克林顿(Bill Clinton)获得1992年大选的胜利。"第三条道路"在美国的成功,带动了资本主义国家的变革热潮。1994年,英国社会学家安东尼·吉登斯[2](Anthony Giddens)出版了《超越左右》一书,宣告了英国工党理论的整体转型。英国践行"第三条道路"

---

[1] 保守党是英国议会第一大党,前身为托利党,1833年改称保守党。保守党在1979年至1997年期间曾4次连续执政18年。撒切尔于1979年至1990年任职,约翰·梅杰于1990年至1997年任职。

[2] 安东尼·吉登斯:曾任伦敦政治经济学院院长(1997—2003),1987年正式获得剑桥大学教授资格,中国社科院名誉院士,与伊曼努尔·沃勒斯坦、哈贝马斯、布尔迪厄齐名,是当代欧洲社会思想界中少有的大师级学者。

的一个重要举措,是发展"创意产业"。

布莱尔将国家文化遗产部更名为"文化、传媒和体育部"(Department for Culture, Media and Sport, DCMS),并主持成立"创意产业特别工作组"(Creative Industries Task Force),下设"创意产业出口""设计合作""文化遗产与旅游"和"表演艺术国际发展组织"4个机构,全方位增强了英国的国家核心竞争力。

实际上,"创意产业"的概念最早由英国著名经济学家约翰·霍金斯(John Hawkins)提出,他也因此被誉为"世界创意产业之父"。1982—1996年,约翰·霍金斯与时代华纳及美国电影频道合作,在欧洲运营电视产业;1995年布莱尔当选英国工党的领袖后,他加入了布莱尔的"创意产业特别工作组"[1]。1997年,在他的建议下,一系列支持创意产业发展的政策相继出台,经济转型升级之路由此开启,其中,1998年的《英国创意产业纲领文件》明确了"创意产业"(Creative Industry)的内涵。[2]

自从第三次科技革命以来,人们把视野更多地聚焦在信息和数据,但随着科技的普及,越来越多的国家意识到,人才是科技创新的第一驱动力,对人的创造力的发掘是未来发展的关键,而创意产业本质上就是在强调人的价值。

随后,创意产业越来越受到全世界的重视,哈佛商学院教授罗布·奥斯汀(Rob Austin)称赞它是从"工业化制造"向"艺

---

[1] 布莱尔在1996年成立特别顾问团,目的是为其制定发展创意产业国家战略,成员有约翰·霍金斯和时任英国文化、媒体和体育大臣克里斯·史密斯(Chris Smith)等人。"创意产业特别工作组"就是在此基础上成立的。

[2] 《英国创意产业纲领文件》指出:"创意产业是指源自个人创意、技巧及才华,通过知识产权的开发和运用,具有创造财富和就业潜力的行业,包括软件开发、出版、广告、电影、电视、广播、设计、视觉艺术、工艺制造、博物馆、音乐、时装设计以及表演艺术等13项产业。"

化创造"的伟大转变。从制造到创造,从工业化到艺术化,是人类工业文明的一大进步。

时间证明了约翰·霍金斯当初的预言:"总有一天,人类创造的无形资产的价值,会超越我们所拥有的物质数据的价值。"

布莱尔执政10年,是工党历史上在任最长的首相。这10年间,英国经济保持了较快增长,年平均增速达到3%左右[①]。其中,文化创意产业增速最快,成为继金融业之后英国的第二大经济支柱;同时,作为技术和服务密集型产业,文化创意产业有力地促进了就业,困扰英国多年的失业问题终于得到解决。数据显示,1997—2001年,英国文化创意产业产值年均增长率高于6%,而同期英国经济年均增长率为2.8%;文化创意产业的从业人口年均增长率为5%,而当时英国社会就业人口年均增长率仅为1.5%。[②]同期,英国创意产业年均出口增长率约为15%,其他产业整体年均出口增长率仅为4%左右。[③]英国自此成为仅次于美国的世界第二大创意产品生产国。

自欧洲近代以来,英国一直引领着欧洲乃至世界的走向,没有哪个国家比它更善于"开风气之先",用"光而不耀,静水流深"来形容这个国家,再合适不过。发展创意产业,从机器崇拜到人才崇拜,英国的一小步,引领人类文明迈出了一大步。英国再一次走在了世界的前列,一些老牌公司焕发了新生,一些新企业也趁机崛起。

[①] 经济增速2%~3%,失业率4.7%~5.8%,CPI在2%,是比较合理的区间。
[②] 张胜冰.世界文化产业概要[M].昆明:云南大学出版社,2006:79.
[③] 李淑芳.英国文化创意产业发展模式及启示[J].当代传播,2010(6):74-76.

因创意而生的戴森电器

从事设计行业的人，都对一个奖项很熟悉：詹姆斯·戴森设计奖（James Dyson Awards）。作为一项国际性的工程设计大奖，詹姆斯·戴森设计奖对设计工程专业的大学生和已经就业的设计师开放，鼓励他们用想象力去发明设计兼具实用意义和商业价值的创新产品。对于获奖人员，戴森公司将给予2000～30000英镑的奖励。

詹姆斯·戴森设计奖的创立人詹姆斯·戴森（James Dyson），被英国媒体誉为"英国设计之王"。他是最受英国人敬重的、富有创新精神的企业家之一。

1998年，布莱尔首相公开表示，自己最欣赏的企业家是詹姆斯·戴森。戴森公司被列为创意产业的代表，詹姆斯·戴森也被任命为英国设计协会主席和政府发明顾问。戴森真空吸尘器则被布莱尔列为千禧年首选产品。

英国有一句谚语："需要是发明之母！"（Necessity is the mother of invention）。詹姆斯·戴森发明双气旋真空吸尘器，就是基于需要。

1978年，31岁的戴森和家人居住在农舍。家里有一台破旧的胡佛牌真空吸尘器，有一天，这台吸尘器又坏了，戴森一气之下把吸尘器拆了，发现原来是脏东西堵住了气孔，切断了吸力。这是吸尘器自1908年问世以来就一直被诟病，却从来没有人去解决的老毛病！

"解决灰尘堵塞问题就那么难吗？"戴森不信这个邪。戴森毕业于英国皇家艺术学院（Royal College of Art）家具设计和室内设计专业，上大学期间就表现出超凡的创造力。他设计的一件名为"海上卡车"（The Sea Truck）的汽艇，也就是一艘高速的铁制运输船，曾在世界各地的军事和商业领域获得了广泛应用；他做的球轮手推车，获得了1977年的"建筑设计创新奖"。

获得这么多大奖的戴森，当然不会向一个小小的吸尘器屈服。

戴森卖掉了自己球轮小推车的股份，开始全心钻研吸尘器。历经5年时间，在研制了5127个模型后，戴森设计出一种无须集尘袋的新型双气旋真空吸尘器——G-Force。这期间，他将所有积蓄都投入创意发明，还从银行贷了款，一家人的日常开销全靠太太微薄的薪水支撑着。戴森太太很担心他的发明没人买单，就鼓动他："多去做做市场调研吧，这样也好知道人们的意见。"

自信的戴森回答："一般人的意见没必要听，他们又不是设计师，根本不知道未来的产品是怎样的。"

戴森这么自信，是因为他的发明不是拍脑袋得来的。在发明球轮手推车时，戴森观察到工业锯木厂用气旋分离器分离木屑，这激发了他的灵感。他意识到利用旋风原理，可以实现无需使用滤袋的吸尘器，从而解决堵塞和吸力减弱的"顽疾"。

1983年，戴森拿着G-Force样机，在英国和欧洲寻找合作伙伴，但没有人对他的发明感兴趣。1985年，他辗转来到日本，崇尚宅文化、喜欢可爱风的日本人一下子就喜欢上了这款粉粉嫩嫩的机器。1986年，G-Force在日本畅销，日本人一度把拥有一个G-Force视为有钱人的象征。

积累了原始资本后，戴森在英国开设了研发中心和工厂。在英国销售的时候，G-Force与时尚男装品牌"保罗·史密斯"（Paul Smith）进行联合营销，一下子将品牌形象提升到"打造美观生活方式"的高度。戴森真空吸尘器还创造了一个奇迹：让男人爱上了做家务。

G-Force迅速席卷英国市场，销量甚至超过了那些曾经拒绝过他的创新想法的公司，成为在英国极受欢迎的品牌之一。

然而，树大招风，戴森公司很快在市场上遇到各种山寨旋风真空吸尘器。知识产权意识很强的戴森先生，果断拿起了法律武器，在1999年将吸尘器的发明公司——胡佛公司告上了法庭。最终，他赢得了官司，获得了胡佛公司400万英镑的赔偿金。这场官司，让戴森公司的名气更大了。

当企业发展到一定规模的时候，全球化是必然选择。自1998年开始，戴森向欧洲大陆迈出了扩张的第一步，并用了3年左右的时间，在法国、德国、比利时、荷兰、卢森堡和西班牙成立了分公司。2002年，戴森开始横跨大西洋，进军美国市场，还亲自上场为自家产品打广告。在这个崇尚企业家的国度里，戴森自己研发、设计和制造吸尘器的故事，为他"圈粉"无数，还掀起了一股"男人做家务旋风"，连美国前总统克林顿也表示自己是戴森吸尘器的忠实用户。使用价格高达450美元的戴森牌真空吸尘器，一度成为美国的新时尚，并且很快征服了全球市场，以至于戴森忍不住自豪地宣称："我是自披头士乐队后征服美国大陆的第一位英国人！"

两年后，戴森以DC12筒式吸尘器火速抢占日本20%的市场份额，这也增强了他入驻亚洲市场的信心。1996年，他开始布局中国市场，但这一次却一波三折，历时6年，三度迂回，才终于在中国占得一席之地。

当多数人将成功归因于"天赋"这张王牌时，他却认为，"不服输"才是他的底气。事实证明，前期投入的心血并没有付诸东流，中国市场最终也给予了他相当大的回报，以至于他甚至打算将亚洲市场作为长期战略方向。

随着亚洲业务的快速增长，2019年1月，戴森将总部迁往新加坡，因为新加坡素有"先进制造业的热土"之称，这里有很多高级技术工人，制造业供应链齐全[1]，其高端制造业与东南亚优势互补，很容易形成合力，加之比较靠近电动汽车销售量持续增长的市场，因此很符合戴森布局电动汽车的目标。

在很早之前，戴森就对燃油车造成的空气污染耿耿于怀，那时还没有清洁能源，但根据专业知识，他认为这种情况并非不可改变，如果能利用气旋分离技术，将气流中的灰尘颗粒分离出来，或许可以使空气污染得到改善。但直到2014年，条件才渐渐成熟，他们正在研发的高效电池和空气净化风扇技术，或许可以实现制造电动汽车的构想：研发一款在短途驾驶和长途旅行中都很好用的汽车。

只有对创意不计成本的投入，方有颠覆想象的产品。在解决行业痛点方面，戴森始终坚持"以用户为中心"的设计原则，不遗余力进行技术沉淀，持续打磨产品，把用户体验作为终极追求，终于以一己之力完成了一场行业变革。

使命感成就了企业的伟大，而贡献惊喜则是天才的本分。早在创业之初，戴森对公司的定位就不只是一家吸尘器制造商，他希望打造一个全球领先的科技公司。如今，戴森的产品包括吸尘器、电动汽车、农机农具等，战略规划还覆盖有机农业、教育等。

---

[1] 新加坡制造业生态非常多元，涵盖了电子、半导体、精密工程、电动车、生物医疗、能源化工和航天航空等领域，近年来也在积极开拓新兴领域，如医疗器械和农业科技等。同时，随着"新加坡+1"战略的推行，制造商们能有机会充分利用东南亚制造业的互补优势，实现融合发展，未来潜力巨大。

奥美母公司——WPP广告与传播集团

2005年9月，英国首相布莱尔与40名英国商界"大佬"和文体界名流来华考察市场，这已经是布莱尔第三次来华考察了，只不过这次的阵营格外豪华。"群星闪耀"的随行团成为当时媒体关注的焦点。撬开中国市场，是布莱尔带领英国创意产业"走出去"的重要一环。

在布莱尔的随行团中，有一位重量级的商业大佬——世界第一广告大亨、WPP集团的董事长兼首席执行官马丁·索里尔（Martin Sorrell）。他有一个响亮的中文名字：苏铭天。在欧洲的权势社交圈中，他是呼风唤雨般的存在；名流聚集的达沃斯论坛，总有他的一席位置；全球各地的知名商业活动也总能看到他的身影。2000年，他更是被英国女王伊丽莎白二世加封了爵士封号，这也是他一生当中数不清的荣誉里最尊贵的一个。

在广告行业，位列世界第一的WPP广告集团和世界第二的萨奇广告集团，均来自英国。萨奇广告集团原本是世界第一，它是怎么被WPP广告集团超越的呢？

先来说说萨奇广告集团。萨奇广告集团，也叫"盛世长城集团"，是由来自伊拉克的摩里士·萨奇（Maurice Saatchi）和查尔斯·萨奇（Charles Saatchi）两兄弟与人合伙于1970年在伦敦创建的。1975年，萨奇广告集团成功上市，并于1982年与当时最大的广告集团康普顿公司合并成为盛世长城集团。合并后，盛世长城就成为当之无愧的世界第一广告公司，当时全球最有钱的25位"金主"，有20位是盛世长城的客户。在撒切尔夫人竞选的时候，盛世长城帮助她策划宣传，为其赢得大选立下了汗马功劳。

但就在其事业顺遂发展的时候，萨奇兄弟却开始栽了跟头。1994年底，因摩里士·萨奇和最高执行长查里斯·史考特严重失和，再加上经济问题，萨奇兄弟被赶出了自己一手创办的公司。1995年1月11日，萨奇兄弟另立门户，创办"M&C Saatchi广告公司"（通常被称作新萨奇公司），原公司被迫改名为"科迪恩特传播集团"（Cordiant Communications Group），1997年，新萨奇公司分为科迪恩特和萨奇·萨奇（Saatchi & Saatchi）两个独立运作的公司，并分别上市。2000年，萨奇·萨奇公司被法国最大的广告与传播集团阳狮集团所收购。

当年，摩尔斯·萨奇和查尔斯·萨奇两兄弟的创业合伙人之中，就有马丁·索里尔。从1975年到1986年，马丁·索里尔一直在为萨奇兄弟打拼江山，他为萨奇广告集团走上世界第一广告公司的宝座立下了汗马功劳。马丁·索里尔出生在伦敦一个犹太移民家庭，毕业于剑桥大学经济学专业，并拥有哈佛大学工商管理学院MBA学位，耀眼的学历和老到的财务经验是萨奇两兄弟器重他的关键因素。马丁·索里尔当时有一个绰号——"萨奇第三兄弟"。

眼看着萨奇兄弟事业蒸蒸日上，赚得盆满钵满，马丁·索里尔开始心理失衡。1985年，他辞去了盛世广告的财务总监职位，开始自主创业。他以个人名义购买了一家名字叫作Wire and Plastic Product的公司，从字面可直译为"电线与塑料产品"，而这就是WPP集团的前身。

马丁·索里尔收购的这个"壳"公司，从事的业务不是广告，而是专卖超市购物车。马丁·索里尔为什么不直接从广告业务干起，我们不得而知，但他很快就凭借自己在财务上的长袖善舞，复制萨奇兄弟的并购经验，成功切入了广告行业。

创业第三年，马丁·索里尔就爆了一个响雷。1987年，他以5.66亿美元恶意收购了智威汤逊公司（James Walter Thompson，JWT），在广告界引起震动。智威汤逊公司创建于1864年，是全球第一家广告公司，也是全球第一家提出并执行"brand idea"（品牌创意）的广告公司。在许多广告人心中，智威汤逊绝对是神一般的存在。智威汤逊在自己的官方介绍中也毫不客气地写道："请加入我们的历史之旅，而这恰好也是广告业的历史。"它与联合利华合作关系长达100多年，联合利华的很多经典广告背后都有它的影子。

当时，智威汤逊的年收入是WPP的13倍，这次收购是典型的"蛇吞象"。

收购智威汤逊，并不是最轰动的。1989年，WPP又以8.64亿美元收购了大名鼎鼎的奥美广告公司。奥美广告公司由大卫·奥格威（David Ogilvy）于1948年在美国纽约曼哈顿麦迪逊大道上创立。大卫·奥格威是英国西霍斯利人，是举世闻名的"广告教父"。其著作《奥格威谈广告》（Ogilvy on Advertising），被作为全球广告人的标准教材。"做广告是为了销售产品，否则就不是做广告！"大卫·奥格威的这句名言，至今被奉为圭臬。在中国，可口可乐、肯德基、华为、大众汽车等很多知名公司的广告都出自奥美的手笔，比如曾轰动一时的"动感地带，我的地盘听我的"这句广告语就出自奥美。

大卫·奥格威曾经对马丁·索里尔不屑一顾，甚至评价他是"连一句广告语都没写过的门外汉"。当奥美公司落入马丁·索里尔之手，大卫·奥格威在WPP做了3年非执行董事之后就离开了。

WPP收购奥美广告公司之后，基本上确立了全球第一广告公司的行业地位。很快，扬罗必凯（Y&R）、葛瑞（Grey）等知名广告公司，如同等待被捕杀的猎物一样，纷纷被WPP收入囊中。

马丁·索里尔自创业以来，陆续收购了18家公司，他的创业故事一时之间成为传奇。

1997年，马丁·索里尔被布莱尔政府任命为英国商务大使。2000年，也就是萨奇公司被阳狮集团收购的同一年，马丁·索里尔被授予"爵士"头衔。

可以说，马丁·索里尔的成功，很大程度上要归功于20世纪80年代第四次全球并购浪潮。当时，钢铁、汽车等传统制造业衰落，新兴的通信、计算机行业崛起，新旧产业更迭之际，深谙金融之道的他，上演了一次次"蛇吞象"的举措，让其公司迅速崛起。然而，"水可载舟，亦可覆舟"，同样是行业变革，WPP在新一轮产业变革中却遭遇了危机。

随着互联网趋势的到来，广告和营销行业经历了快速的数字化和技术变革，新兴科技和媒体形式层出不穷，并对传统广告模式产生了冲击，加上一些重要的快消品客户预算减少，WPP决定从传统广告转向自家营销。

行业的变化让许多传统广告代理公司猝不及防，WPP也未能幸免。2017—2018年，WPP经历了连续两年的股价下滑，许多大客户流失，此时，马丁·索里尔又遭到董事会"个人不当行为的指控"，被迫卸任WPP集团CEO。他个人的职业生涯在这家全球最大广告集团落幕了，可整个集团的影响力和地位却无人可撼动，变革还在继续。针对数字化和技术变革的趋势，WPP增加了在数字领域的投资，以满足客户在数字化方面的需求。同时，大数据的应用，也让定制化解决方案和可持续性成为可能。

如今，WPP拥有奥美、智威汤逊、电扬、传力媒体、尚扬媒介、博雅、伟达、明略行、杨特、朗涛等知名传播服务品牌，在全球的112个国家设有3000多个办事处，拥有超过40家广告公司，成为世界上最大的营销服务、广告集团之一。马丁·索里尔本人也曾被《财富》评为对全世界最有影响力的25人之一。

默多克、邓文迪与布莱尔

2013年11月20日，新闻集团（News Corporation）创始人鲁伯特·默多克（Rupert Murdoch）与第三任妻子邓文迪离婚，舆论焦点却很快指向了布莱尔首相。

根据当时主流媒体的报道，布莱尔被暗示是默多克与邓文迪婚姻破裂的"背后隐情"。两个人的暧昧关系究竟如何，已成悬案。但这则花边新闻，却带出来一个事实：布莱尔首相和默多克家族存在非同寻常的亲密关系。

英国大力发展"创意产业"的最大受益者之一，就是默多克的新闻集团。新闻集团的业务囊括报纸、杂志、印刷业、电视、电影及数字广播等，这些都在"创意产业"13类项目之中。这只是巧合吗？

新闻集团虽然名义上是一家美国企业，但是它的"大本营"其实在英国。

默多克毕业于英国牛津大学伍斯特学院，大学期间父亲病故，留下遗嘱，由默多克继承其一手创建的报业王国，并将之发扬光大。1953年9月，默多克回到澳大利亚，担任《新闻报》和《星期日邮报》的出版人，正式接管家族事业。默多克面临的现实是：《新闻报》和《星期日邮报》已失去往日影响力，竞争对手《广告商报》抢走了大量市场。因此，默多克立刻采取行动，通过价格战重伤《广告商报》，并趁机诱惑对方同意两家报纸合并。在消灭了最大的竞争对手之后，默多克运用其高超的社交能力，争取到

第 9 章 创意产业再造帝国辉煌（1997—2007）（上）

澳大利亚各家银行的支持，通过资本的力量，夯实了家族事业的地位，与同行彻底拉开差距。1964年，默多克创办了《澳大利亚人报》，这份报纸很快成为澳大利亚最有影响力的报纸之一。

澳大利亚是默多克父亲选中的重点发展区域，而默多克看重的却是英国。1968年，英国最大的星期日周报《世界新闻报》把49%的股份转让给默多克，并任命他为该报主席。默多克以此为跳板，进军英国市场。随后，默多克买下了经营惨淡的《太阳报》，并通过经营改革，扭转了《太阳报》的颓势。走"专业报道"路线的《太阳报》，在默多克的改革下，变成了"煽情性报纸"。很多人批判《太阳报》不专业、不中立、哗众取宠，但默多克毫不在乎，他是生意人，他要的是报纸的销量。经过他的改革，《太阳报》成为全英国销量最高的报纸，这让默多克有了左右英国政治选举的"超能力"。他和布莱尔结缘，就是源自《太阳报》的一线牵。

而让默多克在英国声名鹊起的事件，则是新闻集团对《泰晤士报》的收购。

《泰晤士报》是世界上第一张以"Times"命名的报纸，中文直译为"时报"，因为"The Times"发音和毫无关联的"泰晤士河"（River Thames）有些相似，就被错译成《泰晤士报》，保留至今。《泰晤士报》崛起于英国，是第一家派驻战地记者的报纸，曾在19世纪的重大政治事件报道中发挥过重要作用。比如，美国内战时，曾发文公开反对蓄奴制。《泰晤士报》以独立价值取向针砭时政，从不为了迎合大众而放弃新闻人的职业操守，这种新闻专业主义为其积累了良好口碑。

然而，在加拿大出版商汤姆森家族的经营下，《泰晤士报》陷入了财政危机。汤姆森家族曾为弥补报纸赤字花掉了80万英镑的家产，被迫在1981年以1200万英镑将《泰晤士报》卖给了默多克。此后，默多克立即撤换了编辑团队，并做了较大规模的改革，主要是应用新的采访和传播技术，引入更加高效的管理系统。默多克对《泰晤士报》最具刺痛性的影响是，改变了《泰晤士报》的古板风格，他要求《泰晤士报》既要保持传统优势，又要符合当代读者的口味。被默多克的新闻集团收购后，《泰晤士报》成为英国综合性的全国发行日报，被赞誉为"英国社会的忠实记录者"。

在收购《泰晤士报》的同一年，默多克还收购了柯林斯出版公司40%的股份，成功进入英国出版业，进一步扩展了他的媒体帝国，"新闻集团"由此诞生。随后，默多克乘胜追击，收购《纽约邮报》、《乡村之声报》、《波士顿先驱报》和21世纪福克斯电视公司，从而打开了美国市场。在挤进美国电视领域之后，默多克转而在英国创办了Sky电视台，并租用欧洲第一颗直播卫星传送节目。英国政府经营的英国卫星广播公司曾经试图阻止Sky电视台的发展，却在默多克破釜沉舟式的商业打击下，面临巨额财政赤字。最终，双方握手言和，建立了全新的Sky电视。而Sky电视的老板正是布莱尔的产业文化顾问之一。

1997年，布莱尔当选为英国首相的时候，邓文迪在一个自己本没资格参加的高层聚会上，因为手持的红酒不小心洒到了默多克的衣服上，而认识了默多克。1998年，邓文迪成了默多克的随行秘书，又在1999年成了默克多的第三任妻子。

邓文迪非常善于和政商名流打交道，她的出现为新闻集团积累了大量人脉，其中就有布莱尔首相。默多克与邓文迪有两个孩子：格雷丝和克洛伊，而布莱尔是格雷丝的教父，双方的私人交情由此可见一斑。

不过，根据英国媒体的爆料，布莱尔和默多克的私交远远早于邓文迪的出现。更多的说法是，在新闻集团的大力支持下，布莱尔与默多克组建了英国政坛史上最为强大的政治联盟之一。

1995年，布莱尔竞选首相之前，曾专程前往澳大利亚拜访默多克；布莱尔大选时，多次邀请默多克到赴唐宁街10号办公室密谈。可以说，布莱尔能够率领工党连续3次赢得大选、掌舵唐宁街10号10年、成为工党历史上任期最长的英国首相，离不开默多克的大力支持。

默多克公司旗下的《太阳报》是英国销量最高的报纸之一，2004年后，其日发行量高达320万份。《太阳报》曾在布莱尔第一次竞选期间不遗余力地为其宣传造势，使原本不被看好的布莱尔奇迹般胜出，让英国人不禁发出"英国新闻史上最黑暗的时代"的感慨。布莱尔第二次竞选时，《太阳报》再次为其大造舆论。具有讽刺意味的是，在布莱尔当选首相之前，《太阳报》是公开反对工党的。因此，有专家尖锐地指出，默多克之所以支持布莱尔，是因为他是一个很好的潜在"生意伙伴"。布莱尔上台后，确实没有令他失望。

作为回报，布莱尔政府大兴"创意产业"，新闻出版、广播电视等领域都是新闻集团的主战场，布莱尔私下里多次为新闻集团提供帮助。比如，为了打败竞争对手，默多克曾下令将旗下报纸的头版广告价格调低，英国国会立即予以否决，并提出要立法抵制默多克的不正当竞争行为，却被布莱尔否决。后来，布莱尔还通过了一项通信法案，为默多克的新闻集团在英国的扩张铺平了道路。

即便是卸任后，布莱尔首相还被揭示在为新闻集团效力。在默多克"窃听门"[1]事件中，涉事的《世界新闻报》女主编向英国法庭出示的电子邮件显示，其间她同布莱尔在电话中交谈了一个小时，布莱尔针对该事件的处理给出了几条建议，其中的一条是请知名的法律专家、刑事律师成立独立调查小组，针对窃听指控发表一份强有力的报告。

在接受"窃听门"质询时，布莱尔对他和默多克的关系轻描淡写，认为出于个人形象维护的考虑，资深政治家和资深媒体人的互动无可厚非，然而英国民众对此并不买账。英国国会议员也揭示，布莱尔和默多克的关系更像是政商"拜把子兄弟"。他们珠联璧合、互相成就。

商界大佬角逐足球产业

布莱尔提出创意经济之后，体育文化创意业就被列为经济发展战略的先导产业。自1996年在亚特兰大奥运会上惨败后，英国政府痛定思痛，决定以举国之力挽救体育事业，发展全民体育。

1997年，国家文化遗产部改组为"文化、传媒和体育部"，下设负责竞技体育发展的英国体育局（UK Sport）[2]，以及专注于扶持大众体育的英格兰体育理事会（Sport England，又译"英格兰体育委员会"）、苏格兰体育理事会（Sport Scotland）、威尔士体育理事

---

[1] "窃听门"事件：2005年，传媒大亨默多克的新闻集团旗下《世界新闻报》因曝光威廉王子膝盖受伤一事（此事只有少数亲信知道），被英国王室指控为非法截取、窃听私人电话信息，最后被关停，由此使默多克集团陷入窃听风暴。

[2] 英国体育局：1997年成立，是一个准自治非政府组织，虽不属于政府系统，却承担着某些公共职能。比如，它既扮演体育产业投资者的角色，又与英国奥委会一起承担塑造英国体育精神的使命。

会（Sport Welsh）、北爱尔兰体育理事会（Sport Northern Ireland）等区域性委员会。[①]体育部、体育局和地方理事会的负责人，都是"体育内阁"的成员。自此，竞技体育、大众体育和职业化体育三大体系相辅相成，稳稳支撑起英国的体育产业。

经过10年的苦心经营，2016年里约奥运会上，英国获得的金牌数位居世界第二，成为名副其实的体育强国。体育产业每年对英国经济至少贡献400亿英镑，占全国经济的2%，成为英国排名前10的主导产业，并解决了大量的就业需求。

在体育文化创意产业中，足球是当之无愧的No.1。现代足球运动起源于英国，第一套足球规则[②]也是1863年由英国足球协会（The Football Association）制定的；同时，英国也是最早推行联赛制的国家，1888年英格兰足球联赛（English Football League）开创了现代足球俱乐部联赛制度。然而，20世纪80年代初，足球产业尚处于发展的初期，受足球流氓、球场安全、俱乐部营收不力、电视转播受限等诸多因素影响，当时享誉世界的英国足球甲级联赛在商业化运作方面面临巨大挑战，直到90年代末，英国大力发展创意产业，足球业才彻底"复兴"了。

此后，足球彩票、足球赛事转播版权收益及商业竞赛门票收入，为英国经济做出了巨大贡献。足球博彩生意每年贡献超过10亿英镑，起到体育产业润滑剂的作用。而联赛收入则是足球经济的最大收入来源，从1992年的首个卫星转播协议到最近的2021年

[①] 英国体育产业结构由竞技体育、大众体育和职业化体育（又称"校园体育"）三大体系构成，其中，英格兰体育理事会等是区域性体育委员会，负责扶持和发展大众体育，与英国体育局都属于半官方和半民间的组织。
[②] 这些包括进球、越位、犯规等"英式足球"里的重要规则，为现代足球的规范化奠定了基础。

协议[1]，每场比赛的转播权价值已从100万余英镑飙升到了1960万余英镑，同时，转播的比赛场次由60场增加到260场，仅海外转播协议的总价值就由6100万英镑提升到51亿英镑。

英国旅游业也因为足球的发展而日渐升温。20世纪初，大部分游客来英国都是为了足球。调查数据显示，每年都有超过70万球迷前往英国观看足球比赛，每43个游客中就有1个球迷。打"飞的"看球赛、排队抢购球衣及相关周边，是球迷到英国的惯常操作。因为足球游客的年龄集中在24～34岁，有着旺盛的消费需求，这便又促成了英国广告市场的繁荣——为了吸引主力消费人群的关注，各大品牌商都争相冠名投资足球赛事。据《泰晤士报》的推算，英国足球产业年产值达100亿英镑，占英国体育产业的25%，占英国全年GDP的0.35%。[2]

足球的商业化和产业化，不仅带来巨大收入，还为英国吸引来了世界各地的顶尖投资者。从各大足球俱乐部背后的"金主"，就可以见识到英国足球产业的市场魅力。

出生在俄罗斯伏尔加河畔萨拉托夫的罗曼·阿布拉达莫维奇（Roman Abramovich，简称"阿布"）是犹太人的后裔，继承了犹太族的商业智慧。苏联解体后，俄罗斯开始推行私有化，阿布与另一寡头别列佐夫斯基（Boris Abramovich Berezovsky）合作，以极低的价格将国有的西伯利亚石油公司纳入囊中。此后，阿布又相继控股俄罗斯铝业公司、俄罗斯民用航空公司等，建立起庞大

---

[1] 英超联赛转播权协议有效期一般为3年，但一些英超俱乐部希望英超联赛考虑将英国转播权的周期从目前的3年延长到至多6年。2019—2022年度共签下了42亿英镑的海外转播合同；最新的协议于2021年签订，有效期为2022—2025年。
[2] 王梦.总台记者看世界 | 卡塔尔世界杯刺激英国经济，为何却被天气拖了后腿？[EB/OL].(2022-12-09)[2024-05-30]. https://baijiahao.baidu.com/s?id=1751702559828136683&wfr=spider&for=pc

第 9 章 创意产业再造帝国辉煌（1997—2007）（上）

的产业帝国。在普京竞选总统的时候，阿布组织"团结党"为他助阵，并成功将普京推上总统宝座，被坊间称为"克里姆林宫看不见的手"。

然而，比起政治，阿布对赚钱更感兴趣。因为担心俄罗斯的政治形势有变，影响到自己的生意，他通过一家在英国注册的公司控制着俄罗斯的资产，自己则常年居住在伦敦，经营着英国的关系网——靠切尔西足球俱乐部广积人脉。

2003年，阿布花费1.3亿英镑购买了处于经济困境的切尔西足球队，又投入2亿多英镑，为球队清偿债务、招纳球星。经过阿布连续3年的大笔投入，切尔西俱乐部不仅首次夺取了英超联赛的冠军，而且成长为堪与皇家马德里、AC米兰比肩的"超级俱乐部"。在2003—2004赛季，切尔西俱乐部在球员工资和转会方面的开支总和超过了10亿英镑。很多人认为他在盲目烧钱，但实际上，足球之外的收益是外人所看不到的。通过切尔西足球俱乐部，冰岛总统、几十位英国议员及英国首相布莱尔和梅杰在内的许多知名人士都成了阿布的座上宾。

无独有偶，在阿布买下切尔西球队的同一年，同样拥有犹太血统的美国商人马尔科姆·格雷泽（Malcolm Glazer），也看中了英国足球产业这块蛋糕。

格雷泽家族是全球著名的犹太人家族。1943年，因父亲过世，15岁的马尔科姆·格雷泽被迫成为一家之主。他接管了家中的钟表零件生意，经过苦心经营，最终打造出了囊括食品的生产、包装和供应，以及水产、广播、银行、天然气和石油、网络、股票和债券、肠衣制造等产业的商业帝国。

格雷泽有"钱袋子"之称，大家都知道他很有钱，但没有人知道他究竟有多少钱。

1995年，格雷泽以1.92亿美元买下了美国佛罗里达的NFL

坦帕湾海盗橄榄球队；2002年，NFL坦帕湾海盗队赢得了超级碗（Super Bowl）[1]，从一支"烂队"变为估价6.75亿美元的超级战队。投资橄榄球队的成功让格雷泽家族信心满满，他们决心到其他体育领域去投资，英国庞大的足球产业引起了他们的兴趣。

2003年，格雷泽和他的儿子在仔细考察了俱乐部之后，最终选择了曼彻斯特联足球俱乐部（以下简称"曼联"）。当时的曼联是一家上市公司，其有30%的股份被最大的股东约翰·马尼耶（John Magnier）和麦克马努斯（JP McManus）掌控。格雷泽发现控股有望，便成立了"红色足球"（Red Football LLC）投资机构，通过接连购买散股，持股比例达到了16.31%。2004年2月，格雷泽第一次提出收购曼联，被拒绝了。

接下来，格雷泽继续以250万英镑购买了曼联前秘书莫里斯·沃特金斯（Maurice Watkins）的股份，持股比例达18.25%。

然而，当他再次提出收购时，还是被拒绝了。于是他转而在二级市场上大肆购买曼联股份，同时展开对大股东约翰·马尼耶和麦克马努斯的公关，最终在2005年5月第三次提出收购时，双方达成了协议。格雷泽家族通过收购两人的股份，获得了俱乐部57%的控股权。这场并购成功的原因说起来有些滑稽，不缺钱的富商约翰·马尼耶和麦克马努斯因为一匹赛马闹崩了，双方在对簿公堂的时候，被格雷泽乘虚而入。

格雷泽成为大股东之后，继续在市场上疯狂购买曼联股票，控股比例达到97.6%，成为曼联俱乐部的实际控制人，他的三个儿子乔尔·格雷泽（Joel Glazer）、布赖恩·格雷泽（Brian Grazer）、

---

[1] 超级碗：美国橄榄球联盟（National Football League，NFL）的年度总决赛，也是全球最受关注的体育盛事之一，通常在2月初或中旬举行，胜利者被称为"世界冠军"。

艾弗拉姆·格雷泽（Avram Grazer）则成为董事会董事。然而，不幸的是，曼联俱乐部在完全变成格雷泽家族的资产之后，却从伦敦证券交易所退市了，并首次背上负债。原因在于，格雷泽在疯狂收购股份的时候，自己实际只出资2.5亿英镑，剩下的钱全靠借贷。此后，经过曼联众将士的多年球场奋斗，曼联才开始恢复盈利，格雷泽家族以及借给他钱的华尔街金融机构们，最终都获得了巨额回报。

2007年，一位钢铁业大亨也涉足了足球产业，他就是印度裔英国人拉克希米·米塔尔（Lakshmi Nivas Mittal）。他19岁就继承了父亲在印尼投资的一间小型轧钢厂，并一手创办了米塔尔钢铁公司（Mittal Steel），将钢炼生意发展到全球各地——从哈萨克斯坦至欧洲、非洲，最后延伸到美国。自2004年开始，他就是福布斯全球富豪榜上的常客。

1995年，米塔尔以7000万英镑的天价在伦敦中部购买了一套住宅，刷新了世界上单座房屋交易额的最高纪录，也因此很快成为英国家喻户晓的富人。这座豪宅里配备了土耳其浴池、舞厅、地下游泳池，甚至艺术画廊，成为他打入英国上流社会的社交基地。

为了提高自己在英国社会的地位，在2001年布莱尔第二次赢得大选后，米塔尔向工党资助了12.5万英镑，换来了和首相布莱尔的密切关系。布莱尔政府则帮助米塔尔获得了7000万英镑的贷款，米塔尔因此得以收购罗马尼亚的国营钢铁公司Sidex加拉茨钢厂（Sidex Galati）。

2007年，米塔尔购买了女皇公园巡游者足球俱乐部（Queens Park Rangers Football Club，简称QPR或Rangers）20%的股份，成为俱乐部的最大股东。当时媒体报道说："切尔西一夜之间不再是英国最富有的俱乐部了。"有了"钢铁大王"这个金主的支持，

QPR 放开手脚购买球员，曾经在英冠垫底的球队，从此开始翻身。后来，米塔尔又安排他的女婿阿米特·巴蒂亚（Amit Bhatia）担任了 QPR 的球队主席。

英国的足球产业不仅深受伦敦商界精英热捧，更吸引了阿拉伯王室的加盟。

谢赫·曼苏尔（Sheikh Mansour），阿联酋首任总统谢赫·扎耶德[①]（Sheikh Zayed）的第五个孩子，也是前总统谢赫·哈利法（Sheikh Khalifa）的弟弟，迪拜统治者默罕默德·拉希德·马克图姆（Mohammad Rashid Maktoum）的女婿，曾担任阿联酋副总理、阿联酋总统府部长、阿联酋外交事务部长和总理办公厅主任等多个职务。

他自 1997 年开始就在政府任职，2005 年被任命为最高石油委员会成员，同时成为国际石油投资公司主席和阿布扎比投资局董事会成员。两年后，他又担任酋长国投资局、皇室财富基金会主席。全球油价的上涨，使得曼苏尔成为世界上最有钱和最有权势的人物之一。

2009 年 8 月，曼苏尔以 2 亿英镑收购曼彻斯特城俱乐部[②]，并为其还清了所有债务。此后，曼城经历了长期的蛰伏，终于在 2010—2011 年赛季重夺英格兰足总杯冠军；2011—2012 年又夺得英格兰顶级联赛的冠军。曼城的重生，得益于曼苏尔的大笔投资。曼苏尔成为俱乐部老板后，全欧洲最好的球员几乎都出现在曼城

[①] 谢赫·扎耶德：全名谢赫·扎耶德·本·苏尔坦·阿勒纳哈扬，1971 年当选阿拉伯联合酋长国首任总统，之后 6 次连任直至逝世。生前颇有威望，被尊为"阿联酋之父"。

[②] 曼彻斯特城足球俱乐部（Manchester City F.C.），简称"曼城"，绰号"蓝月亮"。曾多次赢得英甲联赛、欧洲优胜者杯、足总杯和联赛杯冠军。1981 年在足总杯决赛失利后，俱乐部经历了一段衰落期，并于 1998 年一度降级至英格兰第三级联赛。

的邀请清单上。他还在最短的时间内改建了俱乐部的训练基地。

曼苏尔在球员市场上花费了5.6亿英镑,换来了曼城的彻底复兴。曼城接连拿下联赛冠军、足总杯冠军、联赛杯冠军、社区盾杯冠军,成为历史上唯一的"四冠王"。曼城成为巨无霸之后,球队的市值一直在增加,一度飙升到20亿英镑。相对于2亿英镑的购入价,如果卖掉曼城,曼苏尔至少赚了10倍,这笔投资可谓超级划算。但是,不差钱的曼苏尔显然不会轻易卖掉曼城。

当实业大佬纷纷跨界、皇室成员不惜跨国也要加入这场博弈时,痴迷于金钱味道的金融圈又怎会按兵不动呢?

颇有争议的金融巨鳄乔治·索罗斯(George Soros),原名捷尔吉·施瓦茨(Gyoumlrgy Schwartz),是匈牙利出生的犹太裔美国人,以大量放空货币的套利手段闻名全球。他曾在1992年的英镑伏击战中大赚特赚,在当年的"黑色星期三"英镑暴跌时赢利10亿英镑,险些使英国央行破产。

除了热衷货币投机和股票投资之外,乔治·索罗斯还很热衷足球投资。2008年,乔治·索罗斯曾经试图抄底全资收购意大利甲级联赛的罗马俱乐部。当时,罗马俱乐部的投资公司意大利石油背上债务,索罗斯听到消息后,狂掷2.83亿欧元。但因为双方在是否保留原有的管理层上存在分歧,加上阿拉伯集团出资3.7亿欧元竞价,让乔治·索罗斯最终放弃了对罗马俱乐部的收购。

2012年,乔治·索罗斯看准时机,买入了曼联俱乐部7.8%的股份,成为曼联最大的个人股东。在索罗斯与球队实际控制者格雷泽家族的联手之下,曼联于2012年成功上市,随后成为世界上第一支突破30亿美元市值的足球俱乐部。

所谓"众人拾柴火焰高",随着这些全球商业大佬的纷纷入局,在他们"烧钱"投资下,英超创造的财政收入逐渐达到惊人规模,超过美国职棒所产生的经济效益。

"雾都伦敦",这个曾经的世界工业中心,如今因为庞大的足球产业、广告产业、文化产业和其他新兴创意产业的崛起,获得的新头衔也越来越多:"创意之都""足球之都""国际设计之都""广告产业中心""电影制作中心"……创意产业,因为英国的成功实践,逐渐被全球各国借鉴,被世界公认为21世纪全球最有前途的产业之一。

第10章

强强联合让"大象"席地而坐
(1997—2007)(下)

20世纪90年代至21世纪初,世界经济的主旋律围绕"全球化"展开,全球化在商业领域突出的表现之一,就是大型企业的跨国并购,这是自工业革命以来,全球范围内的第五次并购浪潮,而金融危机是这次并购的重要推手。这一时期,英国创意产业蓬勃发展,像医药、烟草、通信、银行这些传统产业的企业,为应对金融危机和来自其他国家的竞争,纷纷加入了此次并购热潮,以此来壮大实力。而在这股并购潮中,英国又诞生了一批世界500强企业。

捷利康和阿斯特拉"制胜的结合"

新冠疫情期间,英国著名制药公司阿斯利康(AstraZeneca)依靠新冠疫苗的研制,在全球的知名度迅速提升。自2019年以来,它不但承诺不会从全球疫情中牟利,还通过开放技术授权其他厂商参与疫苗生产,以提升疫苗产量。

阿斯利康的前身是英国捷利康公司(Zeneca Group PLC)和瑞典阿斯特拉公司(Astra AB)。捷利康公司是英国最大的化工产品生产商帝国化学工业有限公司(Imperial Chemical Industries Ltd,简称ICI)的制药部门,同时生产农业化学品。制药部主要生产针对癌症、心血管疾病、中枢神经系统疾病、呼吸和麻醉等的药物,1993年从母公司独立,命名"捷利康"。作为原公司最赚钱的部门,独立后的捷利康业绩依旧突飞猛进,3年时间利润翻了一番,市值增长了3倍,1997年成为全球第二大抗癌药生产商。

阿斯特拉公司成立于1913年,位于瑞典首都斯德哥尔摩。当时,瑞典制药行业被德国垄断,为了打破这一格局,本土的数百位优秀医生和药剂师"揭竿而起",成立了阿斯特拉公司。第一次世界大战期间,阿斯特拉专注于生产治疗心脏病的药物。因战争的特殊需求,心脏病药物销量大增,阿斯特拉随之发展壮大。

战后,由于来自国外的大型制药公司进入瑞典,制药行业一时间竞争激烈,阿斯特拉公司处境艰难,在1920年被收归国有。一战后瑞典陷入全球经济危机,政府为了度过危机,就把一些优秀企业收归国有,在挺过危机后,又转手把一些盈利欠佳的企业卖了出去。1925年,阿斯特拉公司被迫恢复了"自由身"。

重新变为私人企业的阿斯特拉公司，改变了发展路线。公司不再生产市场投机产品，而是建立了药品研究所，开始走上自主研发之路。有了科技研发实力，公司快速成长起来。1934年，阿斯特拉在芬兰和拉脱维亚设立了附属公司。

瑞典政府对待阿斯特拉公司的态度十分有趣。1939年，二战爆发，保持中立的瑞典，趁机大发战争财，给卷入战争的国家提供财政和武器支持以牟取暴利，而这笔资金自然来自企业。眼见阿斯特拉公司此时业绩有了起色，瑞典政府要将之再度收归国有。

阿斯特拉公司这个时候已经完全不需要政府的庇护了，其生产的治疗恶性贫血和心绞痛的药物非常畅销，在医药界占有一席之地。为了逃脱瑞典政府所谓的"药品工业化改造"，阿斯特拉公司及时收购了一家叫作"AB Ewos"的化工企业，从而跻身化工产业。正是这次"出圈"行为，让阿斯特拉公司和捷利康公司有了日后一拍即合的前提：两者都有医药和化工的"混合基因"。

二战爆发后，很多公司开始投入青霉素的生产，阿斯特拉公司也第一时间加入这一阵营，与青霉素发明者之一的恩斯特·鲍里斯·钱恩（Ernst Boris Chain）签署了一项协议，以改进青霉素的制造。钱恩和弗莱明、弗洛里一起获得了1945年的诺贝尔生理学或医学奖。阿斯特拉公司因为生产青霉素再度崛起，并在美国设立分部，随后又向英国、意大利、加拿大、德国、墨西哥、澳大利亚等国进一步扩张。

1955年，公司在斯德哥尔摩上市，开始了多元化经营，除了药品，还相继布局了农用化学品和日用品等多个领域。1985年，阿斯特拉公司又在英国伦敦上市。至此，公司已成为世界十大药品销售集团。

作为国际前十的药企，接下来的竞争就格外残酷了。为了应对来自英国、美国、德国的药企大佬，阿斯特拉公司加大了科技研发投入，使得公司的科研能力急剧增强。

1987年，阿斯特拉在瑞典成功推出了令业界震惊的重磅产品——奥美拉唑。和之前的重大疾病药物有所不同的是，奥美拉唑可用于胃溃疡、十二指肠溃疡和反流性食管炎，受众的广泛性使得它的销量颇为惊人。两年后，阿斯特拉获美国FDA批准，在美国成功上市。这让药企大咖葛兰素威康公司（Glaxo Wellcome Plc.）坐不住了：奥美拉唑直接打破了雷尼替丁的垄断地位，而雷尼替丁可是葛兰素威康公司的"摇钱树"之一。为了避免被葛兰素威康公司"阻击"，阿斯特拉让出了利润，拉来了默沙东公司为其撑腰，以此换来了在北美市场的江湖地位。

但是，因为一时的共同利益结盟的商业关系注定不会久远，一个奥美拉唑不足以让双方的关系坚不可摧。默沙东之所以帮助阿斯特拉，也是有自己的私心的，它是想借助阿斯特拉的力量，来打压葛兰素威康公司在美国本土的嚣张气焰。

阿斯特拉深知：要稳坐全球药业前十的席位，就必须壮大自己的实力，而捷径就是合并靠谱的同行。于是，捷利康公司就成为它的首选目标。捷利康公司背靠帝国化工这棵参天大树，如果能和它合并，就等于获得了帝国化工的庇护，再也无惧同行的威胁。而当时帝国化工刚把医药、农业化学和特种化学品三项业务剥离出来；年仅6岁的捷利康公司要在竞争激烈的医药界获得快速发展，迫切需要阿斯特拉这个老大哥拉一把。

最重要的是，捷利康公司和阿斯特拉公司在业务上高度重合，在销售和市场结构上优势互补，且都在医药和农业化学品方面有着强大的科研优势，这使得两家的强强联合水到渠成。1998年12月9日，捷利康与阿斯特拉合并，成立了阿斯利康。这次合并被称为"制胜的结合"。帝国化工作为全球最大的化工产品生产企业，在油漆、材料、炸药和化工产品领域有绝对的竞争优势，但在医药界的地位一直不尽如人意，所以很看好阿斯特拉。要知道，瑞典早就有罗氏、诺华两大药业巨头，阿斯特拉能在夹缝中成长起来，必定是有实力在身的。而兼具研发实力和市场优势的阿斯特拉，有了帝国化工的雄厚资金，势必能在产品研发方面再上一个台阶。事实上，阿斯特拉和捷利康面临一个共同的棘手难题：多款爆款药物的专利马上就要到期了，如果再推不出新的爆款，发展势必受阻。

阿斯利康成立后，有了帝国化工这个超级靠山，研发实力倍增，始终处于全球医药创新的最前沿。它在英国剑桥、美国马里兰州和瑞典蒙道尔设立了三大战略研发中心，每年投入超过40亿美元，整体科研实力居世界第3位。合并后，阿斯利康研发的爆款产品越来越多，一时间股票大涨。但阿斯特拉的拳头产品奥美拉唑，在畅销多年后面临诟病，因为化合物不稳定缺陷，丢失了大批老客户。在合并后，阿斯利康精进研发，迭代出了埃索美拉唑，重新挽回了客群。因为捷利康此前专注抗癌药研发，双方结合后，很快就推出了肺癌救星——吉非替尼。简而言之，双方合并后，确实产生了"一加一大于二"的效果。到2008年，在金融危机肆虐全球的特殊时期，阿斯利康却迎来了高光时刻，销量翻番，总资产将近500亿美元，在全球药业的地位无人可以撼动。

尽管随后阿斯利康也遭遇了低谷时期，但尝到兼并甜头的它，每每遇到危机，就会通过寻求外部合作和兼并的方式来解决问题。通过大手笔兼并，阿斯利康快速弥补了在疫苗、罕见病等领域的研发短板，增强了科研综合实力，从而保住了制药巨擘的地位。可以说，阿斯利康是靠"一招（兼并）鲜、吃遍天"的典型代表。

英美烟草集团收购乐富门烟草

行业头部企业之间的较量往往是非常残酷的，许多企业虽然遥遥领先，也依然会选择抱团发展。1999年1月，世界第二大烟草公司英美烟草集团（British American Tobacco Co.）并购世界第四大烟草公司乐富门国际（Rothmans International）烟草（集团）有限公司，就是一次强者愈强的联手。并购完成后，英美烟草集团的总资产达到了151亿英镑，进入21世纪后，以年产卷烟9000亿支的业绩，稳稳占据16%的全球烟草市场。[1]

实际上，英美烟草集团早在1901年就成立了。烟草本来是英国征服北美殖民地的战利品。英国商人靠烟草在美国大发财，财大气粗之后开始在故乡英国兜售烟草，当地的小烟草公司根本不是它们的对手。

为了避免伦敦沦为美国烟草同行的"割韭菜场地"，英国成立了自己的帝国烟草公司。帝国烟草公司其实是由英国13家烟草公司抱团成立的联合公司，这些公司陆续加入，最终成为一家公司。

帝国烟草公司为了和美国烟草公司争夺本土市场，开启了长达一年的价格战、促销战、广告战。只要美国烟草公司降价，帝国烟草公司就跟着降价。双方恶性竞争的结果是两败俱伤，为了共同的利益着想，美国烟草公司和英国帝国烟草公司最终坐上了谈判桌，英美合资的烟草公司由此诞生。

说是两国合资公司，其实从1902年到1972年长达近70年的时

---

[1] 王强.近代外国在华企业本土化研究——以英美烟草公司为中心的考察[D].上海：复旦大学，2008:8-23.

间，帝国烟草公司掌握着英美烟草集团的大部分股权。美国烟草公司前10年还拥有英美烟草集团在美国的销售大权，但1912年之后几乎就和英美烟草集团毫无关系了。值得一提的是，发展壮大后的英美烟草集团，在1994年反过来把这位曾经的股东——美国烟草公司给收购了。

英美烟草集团在帝国烟草公司的实际掌控下，开启了多元化发展之路，先后进入造纸业、化妆品业、食品业、香水业、保险业，甚至金融业。英美烟草集团跨界发展的途径简单粗暴，就是靠在全球50多个国家和地区不断收购区域公司。[1]

英美烟草集团之所以如此"不务正业"，是因为它的老对手、世界烟草老大菲利普·莫里斯公司（Philip Morris）比它更加"不务正业"。菲利普·莫里斯公司收购了米尔印刷公司、卡夫食品、米勒啤酒、七喜饮料……看着老对手在其他领域频频出手，英美烟草集团当然坐不住了。两大烟草集团从20世纪60年代到80年代，展开了多元化竞赛，前者涉足某个领域，后者立马跟进。

凭借多元化发展，英美烟草集团的利润在20世纪80年代达到了20亿英镑。在其他业务的带动下，低迷的烟草业务再度兴旺起来。

1989年，英美烟草集团决定放弃新业务，将公司的经营核心回归烟草业务和金融服务领域。后来，金融服务从公司业务中分离，与苏黎世集团合并。1998年，英美烟草集团在伦敦证券交易所和纽约证券交易所上市。收购乐富门烟草，是英美烟草集团华丽回归烟草老本行的重要宣言，也是其并购史中最大的一次。

乐富门烟草的前身，是路易斯·乐富门（louis Rothman）于

---

[1] 陈真，姚洛，逄先知.中国近代工业史资料（第二辑）.北京：生活·读书·新知三联书店.1958：93.

1890年在伦敦开设的一家商铺。路易斯·乐富门创业的时候，兜里只有40英镑，凭着生意人的精明，他把自己的商铺开到英格兰、苏格兰、欧洲其他国家及远东区域。后来，乐富门逐渐变成了一个同行抱团的国际烟草集团。

乐富门烟草最初由来自欧洲、亚洲、非洲、澳大利亚和加拿大的一群小公司组成，它们在世界免税贸易中有着紧密的利益关联。与英美烟草集团和菲利普·莫里斯公司相比，乐富门烟草才是不折不扣的集团化公司，它对子公司的控制很松散，旗下的成员公司都有较多的自主权。乐富门烟草更像是一个合股联合公司。

乐富门的烟草业务遍及全球，除了欧洲的29家和加拿大的2家卷烟厂，它在澳大利亚和牙买加等地也开办了大型工厂，其产品畅销150多个国家，并在免税贸易中占有相当大的比重。乐富门烟草的系列闻名品牌包括：乐富门、卡地亚、登喜路、皮德·史蒂文森、No.7和黑猫。除了世界名牌外，乐富门烟草下有些区域性工厂也出产和出售区域性品牌，知名的有澳大利亚温菲尔德牌和欧洲的公爵牌。乐富门烟草通过它的子公司和这些品牌香烟，控制着欧洲、北美、大洋洲和中东烟草市场，在进口贸易方面占据绝对优势。

通过合并，英美烟草集团融合了许多重要品牌，贡献最大的要数登喜路和卡地亚，因为它们不只是香烟品牌。登喜路公司在世界范围内出售服装、箱包、手表、书写用具和烟具等男用奢侈品，旗下除了登喜路，还有莫特·布兰卡等明星品牌；卡地亚拥有百年品牌历史，品牌自有的产品线囊括手表、珠宝和其他高质量奢侈品。有了这些品牌的加持，再加上英美烟草集团自有的555、健牌、金边臣、希尔顿、总督、卡碧及时运等，英美烟草集团从此拥有了一个在全球市场所向披靡的品牌帝国。英美烟草集团将这些品牌统一整合，划分为不同的等级，根据不同国家的不同需求和消费偏好，进行有针对性的品牌投放，从而对这些市场有了更精准的掌控力。

与乐富门烟草合并后，英美烟草集团弥补了自己的市场短板。英美烟草集团在加拿大市场一直缺乏足够的影响力，而凭借与乐富门烟草的合并，其在加拿大市场的股权立即发生了重大变化。2000年，过去由乐富门烟草掌控的加拿大业务已重组为加拿大帝国烟草（Imperial Tobacco Canada），是英美烟草集团的全资子公司，主营烟草业务，为英美烟草集团创造了极高的利润。

乐富门烟草在日本、韩国、中国的影响力为英美烟草集团夯实了其在远东的地位，乐富门烟草为英美烟草集团在中国市场的发展提供了很大的助力。英美烟草集团自成立以来就一直将中国视作最大的市场，很早就在中国建立起了良好的业务。日本发动侵华战争之前，英美烟草集团在中国境内的香烟销量已经破亿。二战的爆发让其失去了中国市场，英美烟草集团对此耿耿于怀。与乐富门烟草合并后，英美烟草集团得以重拾中国市场。乐富门烟草与中国的协作由来已久。乐富门烟草自1979年起就向中国出口其商品，自1985年开始从中国采购烟叶。借助乐富门烟草这个"中国通"，英美烟草集团在中国市场的影响力开始逐渐超越老对手菲利普·莫里斯公司。

在全球一体化的大形势下，英美烟草集团和乐富门烟草的结盟，无疑是一种顺势而为的有效举措。通过兼并来换取更大的市场份额，英美烟草集团在壮大自己的同时对菲利普·莫里斯公司造成巨大的压力，进而改变了世界烟草业的市场格局。

英美烟草集团本来在多元化竞争中，输了菲利普·莫里斯公司一大截，但是通过与乐富门烟草的合并，这个"百年老二"已经赶超菲利普·莫里斯公司了。

2017年1月17日，英美烟草集团收购美国雷诺烟草公司

（Reynolds American tobacco Co.），该交易使英美烟草集团变成全球最大的烟草公司。

目前，英美烟草集团在非洲、亚太和欧洲三个地区被评为全球杰出雇主，并首次获得包括美国在内的全球37个国家的杰出雇主认证。2021年，英美烟草集团的Vuse成为全球第一的电子烟品牌；2022年，加热不燃烧烟草产品消费者增加了420万，达到2250万。预计到2030年，将拥有5000万加热不燃烧烟草产品的消费者。同时，英美烟草集团正致力于多元化、包容性的文化建设。

在2022年《财富》世界500强企业排行榜中，英美烟草集团排名第403位，菲利普·莫里斯公司排名第454位。

沃达丰收购曼内斯曼：史上最大并购案

英美烟草公司收购乐富门烟草的同年，1999年11月，世界并购史上最大一宗收购案发生了。英国沃达丰（Vodafone）电信公司收购德国曼内斯曼（Mannesmann）公司，涉及金额超过1000亿英镑，这个纪录至今还没有被打破。

沃达丰是英国电信巨头，历史悠久，成立于1984年。沃达丰公司的前身是英国瑞卡尔电子公司（Racal Electronics Plc.）。该公司的创始人叫Racal Radio，公司名字由此而来。

瑞卡尔电子公司原本只是无线电设备商，乘着英国电信业改革的东风，早早拿到了移动牌照，从而跻身电信行业。沃达丰原本只是瑞卡尔电子公司的移动电话中心，因为业务做得有声有色，从而独立出来，成立了公司，最早的名字就叫瑞卡尔电信公司（Racal Telecom Limited）。

正所谓"站在风口上，猪都能飞起来"，当时移动电话业务如日中天，瑞卡尔电信公司迅速成为家喻户晓的移动电话运营商，并在1991年成功上市。上市后，为了脱离母公司瑞卡尔电子公司的掌控，公司正式从"瑞卡尔（Racal）"改名为"沃达丰（Vodafone）"。Vodafone名字是由voice（语音）、data（数据）、fone（电话）三部分组合而成。完全独立之后，沃达丰招来了许多电信专家和营销专家，很快就发展成为仅次于英国电信公司的英国第二大电信公司。

1997年，本土客户开发殆尽，沃达丰就启动了全球扩张计划，它将第一站瞄准了美国市场。为了拿下美国市场，沃达丰采取"借船出海"战略，花重金收购了美国空中通信公司（Air Touch）。

与美国空中通信公司合并后，沃达丰在规模和资金方面拥有了雄厚的实力，不仅顺利打开了美国市场，还不费吹灰之力打入了欧洲市场。因为美国空中通信公司经过多年深耕，在欧洲电信市场早已有一席之地。

沃达丰攻占欧洲市场的时候，曼内斯曼公司慌了。一时间，电信界流传着这样的说法："继美国空中通信公司之后，沃达丰下一个要吞下的目标就是曼内斯曼！"

曼内斯曼决定先发制人，以328亿欧元强势吞并了另一家电信巨头——Orange电信公司。Orange是英国第三大电信公司，曼内斯曼拿下Orange公司的控制权，就等于在沃达丰的后院铲土。沃达丰与曼内斯曼此前早就签订了不竞争协议：互相不进入对方市场。曼内斯曼此举无疑是背信弃义，沃达丰当然不能忍受。[①]

曼内斯曼是一家老牌德国公司，比沃达丰历史更悠久，公司从煤炭、钢铁工业起家，逐渐发展成为多元化集团公司。1990年，曼内斯曼公司开始正式进入电信市场，设置了德国第一个私人无

---

① 梅里登. 疯狂过山车：沃达丰与克里斯·金特的激流岁月[M]. 上海：上海远东出版社 .2009：28—34.

线电网络，很快电信业务后来居上，成为曼内斯曼公司的主要业务，曼内斯曼也因此成为当时欧洲最大的通信商。

20世纪末，全球电信业呈现出沃达丰、曼内斯曼、Orange公司三足鼎立的局面。沃达丰并购美国空中通信公司之后，就曾立下军令状，要把沃达丰打造成全球最大的通信公司。曼内斯曼公司并购Orange公司之后，三足鼎立的均衡关系，变成两强对峙关系。两强相争的结果，很可能是两败俱伤。为此，沃达丰决定走一步狠棋：并购曼内斯曼！

沃达丰宣布公开收购曼内斯曼的时候，有一个人笑了，这个人就是华人富豪李嘉诚。

Orange公司名义上是一家法国电信运营商，1994年正式步入英国市场，1996年先后在伦敦和纳斯达克证券交易所上市，实际上，它背后的老板是华人富豪李嘉诚，李嘉诚早在20世纪90年代初就以5亿美元收购了Orange公司。与在香港投资房地产所不同的是，当时李嘉诚对欧洲市场的判断是：最好的交易机会在电信和基础设施领域。李嘉诚一直希望介入欧洲电信市场，听说Orange公司连年亏损，就果断收购了它。在李嘉诚的运作下，一直亏损的Orange公司被分拆上市了。通过资本化运作，李嘉诚盘活了Orange公司，并将其发展为英国第三大移动电话运营商。

熟悉李嘉诚的人都知道，他投资项目多是为了大量套现。李嘉诚早就看清形势了，Orange公司根本无法和沃达丰对抗，高价卖掉Orange公司才是最合算的。于是，当曼内斯曼发出收购信号后，李嘉诚欣然答应了。实际上，在这个过程中，沃达丰也参与了竞购，只是它出的价位比曼内斯曼低。对于李嘉诚而言，无论是卖给德国的电信巨头还是英国的电信巨头，唯一的衡量指标就是出价数字。当然，作为卖家，他更乐意看到"鹬蚌相争，渔翁得利"的局面。

曼内斯曼收购Orange公司后，沃达丰一气之下提出以680亿英镑高价公开收购曼内斯曼。曼内斯曼显然不满意这个数字：沃达丰刚刚以560亿美元并购美国空中通信公司，在曼内斯曼心中，自己的价格要比美国空中通信公司高很多才可以接受。

最后，沃达丰把价格提高到1050亿英镑，折合1850亿美元。面对史无前例的高价，曼内斯曼点头同意了。

可是，曼内斯曼是德国百年老企，民众无法接受这个事实。英国与德国隔海相望，历来就是"世仇"，从德国足球与英国足球互不相让的局势就可以管窥一斑。在民族情怀上，德国民众难以释怀。但曼内斯曼过半的股东并不是德国人，他们只在乎利益最大化而不在乎所谓的民族情绪，所以德国政府的"强烈谴责"和德国民众的游行示威，并没有改变最终事实：2000年2月3日，曼内斯曼以1050亿英镑正式卖给了沃达丰。

有人说，这起收购案的最大赢家不是沃达丰，也不是曼内斯曼，而是华人富豪李嘉诚。李嘉诚把Orange公司卖给曼内斯曼的时候，还拿到了曼内斯曼10.2%的股份。曼内斯曼以天价卖给沃达丰后，李嘉诚所持的10.2%股份立即套现500多亿元。从卖Orange公司到股份套现，李嘉诚两次获利高达1600亿元，正是这笔交易，让李嘉诚坐上华人首富的宝座，在此之前，《福布斯》上的华人首富一直是恒基兆业主席李兆基。

不过，这只是就一时的利益转化而论，从长远看，沃达丰公司才是并购的最大赢家。通过并购，沃达丰公司补齐了自己在欧洲市场上的短板，后又通过整合欧洲、美国和亚洲的移动通信业务，如愿以偿地成为全球移动通信领域的领导者。从财务数字上看，沃达丰市值在并购后飙升至3650亿美元，摇身一变成为世界第四大企业，仅次于微软、通用电气和思科，业务遍及全球五大洲的27个国家。虽然沃达丰在并购后也有亏损的时候，但它始终稳坐《财富》世界500强企业排行榜到现在。2022年，沃达丰在世界500强企业排行榜中排名第247位。

苏格兰皇家银行蛇吞象

2000年之前，世界第一投资银行——苏格兰皇家银行，一直被视作一家"地区性商业银行"，尽管它设有海外业务，拥有700家分行和275年的历史。说到世界银行排名，苏格兰皇家银行更是委屈，因为它始终在200名左右徘徊。

因为"小有名气"加上国资背景，苏格兰皇家银行一直是著名银行猎取的重要目标。

1981年3月，长期盘踞在远东市场的两大银行——汇丰和渣打银行，将目光投向了英国。它们瞄准了苏格兰皇家银行，准备通过收购苏格兰皇家银行来建立自己在英国的桥头堡。最先发出收购信号的是汇丰银行，但最先付诸行动的却是渣打银行。渣打银行在没有开出价格的时候，明确对苏格兰皇家银行表态：愿意以自己面值1英镑的普通股加现金50便士，换取对方面值25便士的普通股5股。面对渣打的截胡行为，汇丰自是不甘落伍，于是在渣打的价格基础上抬高了收购价格，渣打银行接着又抬价……面对诱惑，苏格兰皇家银行很快做出了出售决定。可惜，英国政府最终出面表示反对，表示此举有损大英帝国的公共利益，并且会影响到苏格兰的就业前景。而苏格兰皇家银行从而躲过一劫。[①]

对苏格兰皇家银行虎视眈眈的还有英国劳埃德银行和西班牙

[①] 内斯维索娃, 帕兰. 金融创新的真相[M]. 何文忠, 刘蜜蜜, 林雪松, 译. 北京: 中信出版集团. 2021:119-120.

桑坦德银行。弱小注定会被吞并。为了避免被收购的命运，苏格兰皇家银行决定化被动为主动，通过收购别人来壮大自己，于是有了一段"蛇吞象"的商业传奇。

2000年2月，苏格兰皇家银行终于等来了一个扬名立万的崛起机会。

这一年，资产总量首屈一指的国民西敏寺银行出大事了：因为一位高级经理监管不力，这家银行竟然陷入了高达5000万英镑的巨额亏损的困境。刚出任苏格兰皇家银行CEO的弗雷德·古德温（Fred Goodwin），敏锐地嗅到了机会，虽然苏格兰皇家银行整体实力不及国民西敏寺银行的1/3，但是古德温决定试试，毕竟新官上任三把火，机不可失、时不再来。古德温说自己不是一个机会主义者，而是一个"直觉主义者"，他认为"第一直觉总是正确的"。

想乘虚而入把国民西敏寺银行揽入怀中的，不只苏格兰皇家银行。实际上，更早盯上国民西敏寺银行的，是另外一家地方银行——苏格兰银行。苏格兰银行和苏格兰皇家银行一直是"冤家对头"，只要是苏格兰皇家银行要做的，苏格兰银行都会想法搅和。苏格兰皇家银行指望通过收购国民西敏寺银行，实现自己的龙门之跃，苏格兰银行又何尝不想呢？

然而，两家银行毕竟都属于资本规模较小的地方银行，一开始对收购国民西敏寺银行都没有底气。在得知彼此都有收购意愿之后，为了避免两败俱伤、丢掉这块肥肉，两家银行破天荒做出了一个决定：联手收购国民西敏寺银行。可惜在收购流程及后续管理等执行环节中，双方始终没有谈拢。于是，古德温决定绕开苏格兰银行，单独收购国民西敏寺银行。

古德温没有大张旗鼓，而是背着苏格兰银行"暗度陈仓"。一方面，他故意放出"放弃竞购"的虚假信息，让苏格兰银行放松警惕;另一方面,他率领精干人马挑灯夜战,私下制订了一整套极富诱惑力的并购计划,正是这份详细的秘密商业计划,赢得了投资者的支持,从而拿下了国民西敏寺银行。最终,苏格兰皇家银行以264亿英镑购买了国民西敏寺银行。

如果说购买靠价格到位即可完成,那么并购后的融合就需要智慧了。古德温是如何完成"蛇吞象"的消化工作的呢?

古德温坦白了自己的秘诀:"我唯一的目标是收入的增长,为我们的客户、我们的股东和员工创造价值。"

古德温以强硬和精明闻名,在完成收购后,他进行了一系列铁腕措施:第一,疯狂削减成本。古德温在成本控制方面非常精明,素有"剪刀手弗雷德""弗雷德碎纸机"之称。他对员工的要求近乎苛刻,"做就要做成"(Make It Happen)是他的口头禅。他非常讨厌闲聊,他有个"五秒钟法则",即根据最初5秒钟的感觉来判断一个建议是否靠谱,如果下属浪费了这5秒钟,他的建议很可能就不被听进去了。如果员工不能完成绩效,他会毫不犹豫地解雇他们。在合并后的3年中,他裁员了1.8万人(占员工总数的18%),节省了30亿美元。[1]

第二,注重柔性融合。众所周知,当两家业务有重叠的银行合并时,收购者往往会为了削减成本而关闭或者极力削减被收购者的相关业务。但是,古德温并没有这么做,他坚持保留国民西敏寺银行近1500家分行,此举既为苏格兰皇家银行赢得了大批忠实客户,也为国民西敏寺银行的员工喂下"安心丸",减少融合阻力。

第三,效率至上。整合为一家之后,古德温眼中就没有大小

---

[1] 时锐.最佳商人与碎纸机——记苏格兰皇家银行首席执行官弗雷德·古德温[J].银行家,2003(3):124-127.

之分、收购者与被收购者之分。他做了一件外人觉得不可思议的事情：把国民西敏寺银行的IT系统引入苏格兰皇家银行，而非像下属强烈建议的，把苏格兰皇家银行规模较小的IT系统放入国民西敏寺银行的大网络中。古德温认为，网络升级的唯一考核指标就是提升银行的效率。

第四，讨好顾客。顾客永远是古德温考虑的第一要素。为了讨好他们，古德温取消了对使用自动取款机和透支的收费。另外，他坚持不追流行：当时各大银行都开始建设成本更低的电话中心。古德温觉得这样做银行省心了，但顾客糟心了。因为顾客实际上是非常不喜欢电话中心的，他们投诉后很难遇到同一个客服人员，这样他们不得不多说很多话，有时候还不得不面临不同客服人员之间的推诿。因此，古德温拒绝建设电话中心，而是允许顾客直接把电话打到离他们最近的分行。

第五，多品牌战略。合并后，古德温不仅保留了国民西敏寺银行的品牌，还保留了直接在线（Direct Line）品牌[1]、公民金融集团[2]（Citizens Financial Group）品牌、UlsterBank爱尔兰子银行[3]。别的银行在努力统一全球品牌形象，而古德温对此不屑一顾。他认为品牌是企业和客户沟通的媒介，如果只有一个品牌，那就是不够灵活的表现；只有拥有多个品牌，向不同客户提供不同的产品和服务，才是理智的做法。

苏格兰皇家银行不仅顺利"消化掉"国民西敏寺银行这头"大象"，还打开了国际并购的"魔盒"。有了"蛇吞象"经验，苏格兰皇家银行在接下去的几年时间，频频出手，先后完成了大大

---

[1] 直接在线：英国私人汽车保险市场和电话金融服务的领导者。
[2] 公民金融集团：总部设在美国的罗德岛，是新英格兰州第二大银行。
[3] UlsterBank爱尔兰子银行：总部设在北爱尔兰，在北爱尔兰银行业占据重要地位。

第 10 章 强强联合让"大象"席地而坐（1997—2007）（下）

小小 20 余次收购，收购对象不局限于本土领域的公司，还包括美国和荷兰的商业银行。其中，2007 年收购荷兰银行，让它再次站到了舆论的风口浪尖。当时，和它竞争的是英国老牌银行——巴克莱银行和比利时富通银行。最终苏格兰皇家银行高调胜出，夯实了"金融并购大王"的名号。通过这两大并购案例，苏格兰皇家银行在 2008 年实现了自己的夙愿：一跃成为全球市值排名前五的商业银行。

古德温"一战"成名，荣获"并购大师"的称号。值得一提的是，在成为苏格兰皇家银行首席执行官之前，古德温只在银行业工作过 3 年。从中，我们可以看出，并购成功与从业经验未必成正比。

鉴于古德温在收购过程中的卓越表现，苏格兰皇家银行做过一个承诺：苏格兰皇家银行将视古德温为终身员工，作为其退休时的保障。[①]

回头来看，这场"蛇吞象"并购，让苏格兰皇家银行受益匪浅。并购让苏格兰皇家银行一举跻身欧洲银行业顶级阵营，股价随之飙升，投资者们对此欢欣鼓舞。

苏格兰皇家银行并购国民西敏寺银行的时候，正是银行业异常艰难的时期。当时抵押市场的竞争日趋激烈，这使得那些正在成长中的资产管理公司难有喘息的机会；而南美的经济危机和美国的公司丑闻又加剧了股票市场的不稳定。当时的苏格兰皇家银行虽然也有海外业务，但更多的还是被认定为"地区性银行"，它迫切需要到世界上更多的地方去看看，而这次收购，使苏格兰皇家银行一举迈入世界著名商业银行之列，高达 264 亿英镑的价格，

[①] Iain Martin. Making it Happen：Fred Goodwin，RBS and the Men Who Blew up the British Economy[M]. New York：Simon & Schuster，2013.

创下了英国银行业收购金额的最高纪录,古德温的勇气、智慧和执行力由此可见一斑。鉴于苏格兰皇家银行在大环境如此艰难之下并购成功,欧洲金融界形象地称苏格兰皇家银行为"熊市中的奔牛"。

第11章

不遗余力抢夺世界能源（2008—2013）

从2000年开始，第四次科技革命开启，能源的使用效率成为社会关注的焦点，并成为一国经济和科技的试金石。石油、铁矿等传统能源的争夺战在各大国之间频频上演，太阳能、风能等新能源的开发和利用也成为较量的中心，围绕能源发生的国际争端此起彼伏。英国作为岛国，自身能源匮乏，因此英国企业在拓展能源、抢夺资源方面高歌猛进、剑指全球，在"石油七姊妹""矿石三巨头"中均有英国企业的席位，它们甚至垄断了钻石产业。但颇有意思的是，英国本土的天然气和电力市场却长期被国外财团掌控。

石油之争：BP与壳牌

100多年来，石油被称为液体"黑金"，作为重要能源影响着全球政治、经济、军事、工业、交通、日常生活等方方面面。但由于全球石油资源分布差异较大，石油自被发现的那一天起，就成为全球争夺的焦点。在石油工业领域，欧美发达国家捷足先登，并在很长一段时间里占据垄断地位。

早在19世纪末和20世纪初，美国、英国就率先涉足石油勘探，并诞生了美国标准石油公司、英波石油公司等行业巨头。其中，有"石油大王"之称的约翰·洛克菲勒(John Rockefeller)创建的美国标准石油公司，不但在石油领域独占鳌头，还投资钢铁、铁路等领域。随着资本的魔掌严重撕裂社会经济，阶层矛盾不断激化，终于引来政府"磨刀霍霍"。反垄断法出炉后，以州为单位，标准石油公司被拆分为34家石油公司，其中三大子公司脱颖而出：新泽西标准石油公司（Standard Oil Company of New Jersey），后改名为埃克森（Exxon）石油公司；纽约标准石油公司（Standard Oil Corporation of New York，SOCONY），随后更名为美孚（Mobil）石油公司；加利福尼亚标准石油公司（Standard Oil of California,Socal），后来更名为雪佛龙（Chevron）石油公司。

标准石油公司被削弱的同时，美国本土诞生了新的石油巨头。1901年，美国南部得克萨斯州发现了"纺锤顶"油田，由此诞生了海湾石油公司（Gulf Oil）和德士古石油公司（Texaco）。

而在大西洋彼岸的欧洲，长期由两大巨头公司控制着石油话语权：荷兰皇家壳牌石油公司（Shell）和英国石油公司。

埃克森、海湾、壳牌、美孚、德士古、雪佛龙、BP被业内称为"石油七姊妹(Seven sisters)"[①]。20世纪50年代,是"石油七姊妹"的巅峰时代,它们控制了世界上绝大部分石油特许权。

面对"石油七姊妹"的沆瀣一气,最早站出来反抗的是亚、非、拉石油生产国,它们在1960年联合成立了石油输出国组织,即"欧佩克"。欧佩克团结起来迫使"石油七姊妹"做出双方"五五分"的让步。

20世纪70年代,其他西方国家,诸如意大利、德国、西班牙、法国和日本也站出来反抗"石油七姊妹"。这些国家纷纷成立国有石油公司,倾国家之力,来抢夺石油蛋糕。以意大利国有公司为首,新兴国有公司给"石油七姊妹"带来了巨大冲击。

接二连三的反抗斗争,让"石油七姊妹"逐渐瓦解。进入21世纪,几经并购洗牌后,"石油七姊妹"只剩下"四姊妹":埃克森美孚、壳牌、雪佛龙和BP。为了保住霸主地位,埃克森美孚和雪佛龙这两家美国公司继续窝里斗,壳牌和BP这两家英国公司也展开了殊死较量。

壳牌公司的创始人叫马库斯·塞缪尔(Marcus Samuel),其祖先是1750年从荷兰和巴伐利亚来到英国的移民,其父是靠着从远东贩运贝壳首饰起家的,这就是壳牌名字的渊源。壳牌开展石油运输业务的时期,正是洛克菲勒标准石油公司独霸世界石油市场的鼎盛时期,为了躲过标准石油公司的"猎杀",壳牌与著名的罗斯柴尔德家族攀上了关系。马库斯·塞缪尔是犹太人后裔,与罗斯柴尔德家族搭上关系是自然而然的。在罗斯柴尔德家族的荫庇下,壳牌公司发展迅速。和罗斯柴尔德的9年合同结束之后,为了

[①] "石油七姊妹"的说法是意大利国有公司的创建人恩里科·马太伊根据源出希腊神话"列依阿德斯七姊妹"提出的,表达对英美石油卡特尔的强烈反感。

避免被洛克菲勒的标准石油公司收购,壳牌选择和荷兰皇家石油公司合作。于是,英国人创立的壳牌公司就变成了英荷合资的皇家壳牌集团。

此后,壳牌集团将业务扩展至非洲和南美洲,发展相对稳健。到20世纪末,壳牌的能源触角已达到了全球140多个国家和地区。

BP作为和壳牌几乎同时期发展壮大的石油企业,其前身是威廉·诺克斯·达西于1909年成立的英波石油公司,在1954年成为国有企业后,被正式命名为"英国石油公司"。一直以来,BP在综合实力上逊色于一路有"金主"扶持的壳牌。经过撒切尔政府私有化改革后,BP获得了新生,到1997年,BP已成为英国最大的公司,但其实力依然弱于壳牌。

为BP扭转局面的人是"英国最受人尊重的商人""石油教父"约翰·布朗(John Browne)。布朗上台后,BP人喊出的口号就是:"甩掉贝壳。"在布朗的资本运作下,BP在1997年大手笔收购了洛克菲勒财团组建的阿莫科公司,又在1999年收购了大西洋富口公司(ARCO,又叫"阿科公司")这一美国第七大石油公司,由此,BP一举超越壳牌,成为世界第二大石油公司,仅次于埃克森公司。[1]

成也布朗,败也布朗。2007年5月1日,约翰·布朗被迫辞职。因为其特殊的性取向,布朗的私人生活被媒体大肆曝光。为了避免影响公司的形象和发展,BP公司只能舍弃了这位为公司立下汗马功劳的领导人。

离开约翰·布朗后,BP公司开始走下坡路。2010年4月,墨西哥湾特大漏油案更让BP公司陷入岌岌可危的处境。当时,BP公

---

[1] 布朗.超越商海:BP石油总裁约翰·布朗自传[M].毕崇毅,译.北京:机械工业出版社,2011.

司在美国的一家深海钻油平台发生井喷并爆炸,这起事故导致11人死亡、17人受伤,附近大范围的水质受到污染,6000多只鸟类、600多只海龟、100多只海豚因为油污死亡。因为美国时任总统奥巴马的一句话,BP公司几乎陷入灭顶之灾:"墨西哥湾漏油的影响力,堪比9·11恐怖袭击!"经过两年的撕扯,2012年11月,BP公司与美国达成和解,接受罚款并为改善环境提供资金,为此,BP公司付出了约300亿美元的代价。

在BP公司祸不单行的日子里,壳牌趁机崛起。墨西哥湾漏油事件爆发后,剩下的"三姊妹"——埃克森美孚、雪佛龙公司、壳牌都虎视眈眈地盯上了BP公司。BP在炼油、深海勘探方面的技术优势,在安哥拉和墨西哥湾的资源优势,和领先业界的全球渠道优势,让"三姊妹"垂涎欲滴。

其中,壳牌要收购BP的消息传得最盛。毕竟,壳牌也有这个实力。墨西哥湾漏油事件爆发的当年——2010年,BP公司还拥有比壳牌更多的油气产量,市值和壳牌不相上下。两年后,它的市值就被壳牌超越。2012年在世界500强企业排行榜中,壳牌排第一,BP下降到了第四。虽然BP的江湖地位还在,但经济实力已经被"三姊妹"甩下很远。

2010年起,业界就开始疯传壳牌将天价收购BG公司。漏油事件爆发第一时间,媒体一致认为"一旦BP破产,壳牌必然接盘"。2012年,壳牌收购BP的传闻再起,壳牌CEO在圣诞节的时候公开表示"和其他同行一样,我们对BP的资产很感兴趣";2014年收购传闻达到极点,具体的收购数字和"双方已经坐到了谈判桌前"的说法,传得有模有样。面对机会主义者的收购,BP采取了防御性措施,不愿给虎视眈眈者机会。

壳牌收购BP的传闻最终不了了之,还有两大客观原因:其一是收购案涉嫌垄断,壳牌和BP原本是"同根生",两个公司在业务上高度重合，欧盟公平竞争委员会不会同意。其实双方早在2004年就有过"强强联合"的打算，但是被反垄断部门否决了。其二是国际石油形势低迷，不仅壳牌，埃克森美孚、道达尔、雪佛龙也都效益下滑。反倒是BP的首席执行官鲍勃·杜德利（Bob Dudley）上位后，对BP实施的"资产剥离+投资控制"为主的"瘦身战略"，效果明显。2013年在其他公司普遍业绩下滑的时候，BP居然逆势反弹，一枝独秀，让被收购的传言戛然而止。

在接二连三的危机面前，BP最终挺了过来，它用实力向同行发出了振聋发聩的咆哮：BP注定是石油行业的"捕食者"，永远不会沦为他人的"猎物"！

美国前国务卿基辛格曾经说过："如果你控制了石油，你就控制住了所有国家。"因此，关于石油的争夺战，一直都没有停止过。英美两国为了争夺石油控制权，缠斗过百年，比如罗斯柴尔德控制的壳牌公司和洛克菲勒控制的标准石油公司就激战过无数个回合，BP曾经为了收购美国的石油公司不惜血本；而英美两国石油巨头公司之间的"内战"也从不间断，"石油七姊妹"变成了"四姊妹"就是明证。同是从英国走出来的BP和壳牌，它们的石油争夺赛持续了一个世纪，之后也极可能还将继续下去。

铁矿之争：力拓与必和必拓

除了石油，英国在铁矿石方面也长期掌握着话语权。在世界铁矿石领域，有三大巨头公司，分别是巴西淡水河谷公司（Companhia Vale do Rio Doce，CVRD）、澳大利亚必和必拓公司（Broken Hill Proprietary Group Limited，BHP Group Limited BHP）、英国力拓集团（Rio Tinto Group）。这3家公司总计掌控了世界铁矿石70%以上的海运量。而这3家公司都和英国有关。

巴西淡水河谷公司最早是由英美民间资本创立的。1909年，一位英国工程师最先发现了铁矿石矿藏，英美投资者闻风而至，果断成立公司进行开发。直到1942年，这家民营铁矿公司被巴西政府收归国有。[①]

必和必拓公司是英国的必拓公司（Billiton）和澳大利亚的必和矿业公司（Broken Hill Proprietary）在2001年合并成立的。必和公司是由一位叫查尔斯·拉斯普（Charles Rasp）的德籍工程师在1883年澳大利亚"淘金热"中建立的；必拓公司是一群荷兰人在苏门答腊岛勿里洞岛（Belitung Island）发现了锡资源时成立的，后搬到了伦敦。[②]

3家矿业巨头中，只有力拓是不折不扣的英国公司。"力拓"（rio tinto）是西班牙文，意为黄色的河流，创始人是怡和洋行创始人之一詹姆斯·马地臣的后人。1843年，詹姆斯·马地臣从怡和洋行退休，将经理职位交给了大卫·渣甸（David Jardine），之后怡和洋行进入渣甸家族经营时代，而詹姆斯·马地臣回到英国发展。因为在远东的卓越贡献，他进入国会，当了长达19年的议员，还担任过英格兰银行行长。

1873年，詹姆斯·马地臣的后人休·马地臣（Hugh Matheson），拿着家族在远东做鸦片贸易赚的钱，在西班牙南部收购了一家铜矿，成立了力拓公司，并于成立之年在伦敦股票交易所上市，公司股东之一就有罗斯柴尔德家族。

[①] 淡水河谷公司的前身是英国国有铁路公司和美国投资者成立的伊塔比拉铁矿公司。

[②] 必拓公司在1970年被壳牌石油公司收购，又在1994年被卖掉。

力拓公司在西班牙政府的支持下，于1877年至1891年间，成了世界最大的铜矿生产商，每年铜矿产量占到全球总产量的8%，位居世界第一。作为"资本的产物"，力拓将大半利润所得以股息形式返还给股东，让各大股东赚得盆满钵满。

力拓公司和必和必拓原本没有冲突，直到20世纪50年代它们才产生了交集，从此开启了无休无止的争夺模式。

1951年，力拓公司迎来杰出人物——瓦尔·邓肯（Waer Duncan）。这位律师出身的管理者，利用自己的非凡口才，说服力拓的大股东逐步剥离西班牙的矿产业务，转而在世界政治稳定的国家广泛撒网，布局多品类自然资源的开发。在这一战略指导下，1955年，力拓公司开始涉足澳大利亚矿业，进入必和必拓的地盘，"两拓之争"不可避免地发生了。

需要指出的是，虽然澳大利亚是必和必拓的大本营，但这里的铁矿是力拓公司先发现的。成就力拓澳大利亚事业的人叫兰·汉库克（Lang Hancock）。汉库克是一位澳大利亚西部农场主，他的业余爱好是驾驶飞机探险。1952年11月，汉库克在飞往珀斯的过程中，遇到了暴风雨，只好到一个峡谷躲避。在暴雨的冲刷下，汉库克意外地发现了铁锈色矿藏。这个名叫皮尔巴拉的矿区是当时铁矿蕴藏量最大的矿区。当时，在美朝战争的刺激下，钢铁成为整个世界都为之疯狂的东西。汉库克的发现，无疑是澳大利亚乃至世界的福音。然而，汉库克在推销他的重大发现时却四处碰壁。

首先，澳大利亚的政客完全不相信一个农场主能发现炙手可热的宝贵铁矿。其次，澳大利亚人之前一直以为自己的国家严重"缺铁"，所以对铁矿采取强硬的保护措施，禁止过度开发。因此，汉库克既难获得政客的信任，也难拿到政府的特许权。

接下去，汉库克无数次尝试给矿业公司打电话，但依然没人相信他。这些公司认定一个农民能发现的铁矿，质量也好不到哪里去。在绝望之际，汉库克终于看到了一线希望，这个希望正是瓦尔·邓肯给的。

瓦尔·邓肯在力拓伦敦总部亲自拍板，表示可以一试。汉库克多次带着力拓的人员到现场勘察。此时日本的经济正在快速崛起，对铁矿石的需求巨大。有了潜在的大买家，力拓终于下定决心开采铁矿。力拓与汉库克谈妥的条件是：这一区域的矿藏开采全部交给力拓，汉库克可以拿到力拓每年矿产销售额的2.5%。汉库克因此成为暴富阶层的一员，而力拓因此登陆澳大利亚，成为世界三大铁矿巨头之一。

因为力拓和必和必拓在业务和矿区上都有重叠，且双方都在伦敦和墨尔本设有总部，所以竞争一直很激烈，"互掐"长达半个世纪。

2004年8月，必和必拓完成并购融合，成功登陆澳大利亚、伦敦和纽约的股票交易所。上市后，其一跃成为全球第一大矿业集团公司。坐上第一宝座后，必和必拓就对力拓公司这个"眼中钉"起了吞并之心。

2007年，必和必拓计划以470亿美元收购美国铝业公司（以下简称"美铝"），希望借此弥补铝生产方面的短板，进一步主宰铝和氧化铝市场。对此，力拓当然不会无动于衷。在美铝对并购还没点头同意的时候，力拓与美铝发生了对加拿大铝业公司（以下简称"加铝"）的争夺。

2007年11月，力拓完成对加铝的收购，因此背负了400亿美元的巨额债务。必和必拓于是放弃了对美铝的收购，开始释放出收购力拓的消息。必和必拓直接给力拓董事会提出了建议：必和必拓愿意以"三股换一股"的方式，对还债压力巨大的力拓进行换股合并。对于必和必拓的"趁火打劫"，力拓表示拒绝。

必和必拓扬言收购力拓的消息，震惊了世界。两者一旦合并成功，铁矿石三巨头秒变二巨头，这对于世界各国来说都是灾难性的消息。相比巴西的淡水河谷公司，力拓、必和必拓的产量更大，它们控制全球产量和价格的话语权也更甚。"二合一"之后，新公司可以将矿石的价格压到更低，让无数相关企业破产。所以，世界钢铁协会、日本钢铁联盟、欧洲钢铁联盟纷纷站出来反对。作为铁矿石最大进口国，中国的反对声音最响亮。

就在必和必拓对力拓志在必得的时候，中国铝业股份有限公司（以下简称"中铝"）出手了，它大量购入力拓股份。2008年2月，在距离最后期限还有5天的时候，中铝宣布，它取得了力拓英国上市公司12%的股权。这起全球最大矿业并购案因为中铝的介入而戛然而止。[①]2008年11月25日，必和必拓正式宣布，放弃对力拓的收购。

接下去，中铝出资帮助力拓解决因收购加铝所背负的债务压力。在中铝的帮助下，力拓成功渡过了难关。但让中铝窝火的是，自己非但没能收购力拓，还遭到了力拓的背叛。虽然中铝的综合实力高于必和必拓，但澳大利亚政界和社会各界都对中铝的国企背景心存忧虑。他们担心中国政府会因此控制澳大利亚的矿石资源，所以反对收购。2009年6月5日，解除还贷压力后的力拓，突然宣布撤销了合并协议，放弃了中铝这个强大外援。就在同一天，必和必拓卷土重来，向力拓抛出了新的诱饵：必和必拓可以不收购，但双方可以在西澳大利亚的铁矿石业务方面建立合资公司，双方各持50%的股权。这一次，力拓动心了，欣然同意。

两拓的联盟，再次遭到欧盟成员国、日本、韩国、中国等相

[①] 姚树洁，刘贻佳，萨瑟兰，中国对外直接投资与海外资源寻求型并购——中铝并购力拓的案例分析[J]，西安交通大学学报（社会科学版），2010（2）：41-49.

关国家的强烈反对。2010年10月,"两拓"不得不宣告终止成立铁矿石合资公司的方案。

反观这次并购,力拓是妥妥的赢家。它成功收购了加铝,然后利用中铝解除了债务危机,挡住了必和必拓的攻势,接着又利用澳大利亚政府和国际反垄断的助攻,让必和必拓彻底打消收购念头。经过这一系列操作,力拓恢复了元气,再次与必和必拓平起平坐。在之后的10年,曾经扬言要收购力拓的必和必拓,却被反超了。2022年《财富》世界500强企业排行榜中,力拓集团排名第201位,必和必拓集团排名第213位。

钻石之争:英美资源集团与戴比尔斯

2007年12月8日,根据真实事件改编、由著名影星莱昂纳多·迪卡普里奥主演的电影《血腥钻石》,一举提名了奥斯卡金像奖、美国金球奖等七项大奖,"小李子"也喜获奥斯卡最佳男主角提名。但是,影片让钻石大亨戴比尔斯无限恼火!

很多人看过《血腥钻石》之后,纷纷表示再也不喜欢宣传"钻石恒久远,一颗永流传"的钻石了。戴比尔斯的销售大受冲击。对此,戴比尔斯一方面对影片制作方——华纳兄弟影业提出了抗议,一方面对媒体表示:"影片揭发的是过去发生的事情,现在已经没有走私钻石这种事情了。"

显然,没人买账,曾经在钻石行业叱咤风云的戴比尔斯,从此开始走向没落。

中国有句俗话:报应迟早会来,也许会迟到,但从未缺席。戴比尔斯的倒霉,从奥本海默犹太家族在"钻石之父"塞西尔·约翰·罗得斯手中"抢走"戴比尔斯公司的时候就注定了。

1880年,欧内斯特·奥本海默(Ernest Oppenheimer)出生于德国弗里堡的一个底层犹太家庭,父亲是雪茄商人。大约16岁的时候,奥本海默和哥哥前往伦敦,加入钻石行业,当时钻石行业刚刚兴起。奥本海默最早的身份是钻石挑拣工人。长期分拣钻石,让奥本海默练就了一个绝活:他只需要看几眼就可以判断出哪些"石头"可以炼出来钻石。

1902年,由于业绩突出,伦敦的钻石商派遣奥本海默去南非做经营代表,在这里,他的人生发生了翻天覆地的变化。

在南非,奥本海默顺利赢得了矿主托马斯·库利南(Thomas Cullinan,世界上最大的金刚石就是以他的名字命名的)的青睐。当时,托马斯·库利南名下的普雷米尔矿山(世界上最大的钻石矿产地)刚开始开采,矿藏丰富;而托马斯·库利南拒绝了戴比尔斯集团的合作邀约,把自己的产品全部交给奥本海默销售。

普雷米尔矿山的产量很大,加上奥本海默对钻石的估价和市场判断很精准,他很快就成为钻石界的明星人物。1910年,纳米比亚发现钻石矿,奥本海默赶往当地考察,后来趁着第一次世界大战的混乱局面,成立了西南非洲矿业公司。

一战后,由于过度开发,钻石价格出现了大滑坡。在钻石商普遍为营销发愁的时候,奥本海默又及时成立集中销售钻石的组织——中央销售组织(Central Selling Organization,CSO),大家共同捍卫钻石价格,以免它跌破底线。在钻石大衰退时期,奥本海默扮演着行业保护者的角色。

在这个过程中,奥本海默结识了美国工程师威廉·洪诺德(William Honnold)。此人给奥本海默带来了JP摩根这个投资机构。凭借着摩根注资的100万英镑,奥本海默和洪诺德于1917年共同建立了英美资源集团(Anglo American Plc.,AAL)。

英美资源集团一开始是开采金矿的，靠黄金站稳脚跟后，开始盯上了钻石产业。

1926年，奥本海默以全部身价作抵押，通过互换股权的方式，让英美资源集团与塞西尔·约翰·罗得斯旗下的德比尔斯钻石公司合并。此时，罗得斯本人已经去世，他的后人禁不住诱惑，就同意了。

3年后，奥本海默成了公司的第一任董事会主席，已然是真正的掌权人。几年后，奥本海默将手里的权力逐步移交给儿子哈利·奥本海默（Harry Oppenheimer）。哈利在英美资源集团担任主席长达25年之久，他的身价也随英美资源集团水涨船高，连续多年都是当时世界上极富有的人之一。

正是哈利赋予了钻石爱情的象征。当时经济不景气，人们对钻石的需求大幅下降。戴比尔斯钻石公司作为世界上最大的原钻供应商，占据了80%的市场份额。市场不景气，它受到的冲击最大，怎么拉动钻石需求呢？哈利先是与著名的香奈儿品牌合作，推出了一些钻石首饰，可市场反应并不理想。于是哈利调整战略，提出了钻石饰品是忠贞爱情的象征这一品牌内涵，以吸引更多的人来购买戴比尔斯钻石。1947年，他和爱尔广告公司一起推出了"钻石恒久远"（A Diamond is Forever）的标语，营销效果十分明显。

戴比尔斯钻石在美国畅销之后，危险就一步步逼近了。因为美国反垄断组织开始盯上了它。

在哈利执政期间，戴比尔斯一度垄断了世界钻石市场90%的份额。如此业绩，并非靠"钻石恒久远，一颗永流传"这个经典广告洗脑，而是靠垄断式经营。奥本海默早在1910年就定下了基调："提升钻石价值的秘诀，就是使它变得稀缺。"哈利进一步完善了父亲的主张，把垄断游戏做到了滴水不漏。

第 11 章　不遗余力抢夺世界能源（2008—2013）

戴比尔斯自在伦敦设立"中央销售组织"起，就一直奉行垂直垄断的客户政策。他对客户有一套严格的选择标准，通过重重考核被选中，且持有"戴比尔斯"牌照的销售商，才能从"中央销售组织"这里"进货"，其他没有入选的，彻底没有机会拿到戴比尔斯原石。"中央销售组织"的销售政策也是苛刻之极，在集中了所有销售商的"看货会"上，戴比尔斯将钻石放进密封的塑料袋里，销售商只能隔着塑料袋现场盲选，这些销售商不被允许讨价还价，即使"开箱"之后对钻石不满意，也没有退换货的机会。①

这套"一言九鼎"的垄断操作体系一直维持到哈利去世。垄断生意看起来很香，但是维护垄断的成本和代价也很高。

戴比尔斯最先遇到的阻挠是俄罗斯。在戴比尔斯企图垄断钻石上游的时候，俄罗斯在西伯利亚发现了钻石巨矿。哈利得知后，为防止俄罗斯倾销钻石，拉低价格，就用高出市场价的价格，大量收购俄罗斯钻石原坯。

刚摆平了俄罗斯，这边罗斯福主政的美国就来找麻烦了。司法部反垄断局接到一个匿名举报，说戴比尔斯控制了金刚石制造业，于是反垄断局就立刻起诉戴比尔斯。举报者据说是从戴比尔斯离职的高管，他另起炉灶，企图建立全球钻石销售网络，于是就把戴比尔斯出卖了。但是，精明的哈利早就做好了"狡兔三窟"的准备，他在对奥本海默家族非常友好的国家注册了300多家公司，通过这些关联小公司，来间接掌控美国钻石市场。这让反垄断局找不到把柄。

多年来，哈利小心翼翼地不去刺激美国政府，谨慎地度过了一生。2000年8月，一代商业奇才哈利离开人世。第二年，美国

---

① 张世明. 钻石折射出的反垄断法 [N]，中华读书报，2016-09-25（13）.

法院就开始对他的"钻石恒久远"提出指控，说戴比尔斯的公司存在广告误导，是"天价的谎言"。垄断指控和广告误导指控双管齐下，让戴比尔斯不堪重负。

等到奥本海默第三代继承人——尼古拉斯·奥本海默接手时，戴比尔斯的垄断帝国已经保不住了。

2009年，俄罗斯联邦及地方政府控股的埃罗莎公司（Alrosa），与戴比尔斯终止了合作，自此成为戴比尔斯的全球最大竞争对手。加拿大的钻石公司与蒂芙尼（Tiffany）联手，打破了戴比尔斯的销售垄断。随后越来越多的竞争者加入钻石原石市场，越来越多的钻石"会员"公司脱离了奥本海默的钻石垄断联盟。奥本海默家族一手遮天的状况就这样一去不返了。

为了挽救奥本海默帝国，尼古拉斯曾做出了不懈努力。为了绕开美国反垄断局，尼古拉斯和法国奢侈品公司酩悦·轩尼诗—路易·威登集团（Louis Vuitton Moët Hennessy，LVMH）成立了合资公司，通过对方的销售渠道，在美国合法销售钻石。随后，他甚至还以支付1000万美元罚金作为代价，和美国反垄断局达成协议，只为了换来戴比尔斯的重新出发。

然而，大势已去，尼古拉斯的这些努力无济于事。2010年，戴比尔斯的市场份额由曾经的90%降到了35%左右，俄罗斯埃罗莎钻石公司的份额甚至已经超过了它。2011年，不愿意做"家族罪人"的尼古拉斯，把家族持有的所有股份转让给了英美资源集团，奥本海默家族从此退出了钻石市场。①

中国有句俗话，富不过三代，穷不过五服。意思是，富裕的家业一般传不到三代，贫穷的命运也不太可能超过五代。奥本海

---

① 2011年是钻石行业的分水岭，此后国际市场的钻石价格指数开始下跌，尼古拉斯等于是在最好的时候卖掉了家族产业。

默家族似乎应了这个"魔咒",他们在钻石行业叱咤风云了一个世纪,经过3代人的努力,最终把从别人那里"抢来"的戴比尔斯,拱手让了出去。而作为钻石代名词的戴比尔斯,几经转手,慢慢走下了神坛。2022年,英美资源集团在《财富》世界500强企业排行榜中,排名第331位,但是戴比尔斯的钻石贡献只有区区5%。曾经的钻石贵族、达官显贵,一度为皇室所拥有,而今面对人造钻石的冲击波,从大声疾呼反对,到"打不过就加入",创立人造钻石品牌,戴比尔斯的降格以求、颓势难掩,令人唏嘘。一代传奇帝国已经落幕,而全球关于钻石的争夺仍在继续。

电力之争:"六巨头"

说起电力的商业化,英国对世界的影响巨大。英国国家电网一直被世人赞誉为全英国最伟大的成就之一,英国对电力的私有化改革至今被多国所借鉴学习。

前文讲过,英国早在19世纪就率先利用电能给街灯供电了。英国的电力公司在20世纪20年代就突破了500家。但是,因为电力公司太多,导致每条街的电力系统和电压等级都不一样,整个电力市场很混乱。直到斯坦利·鲍德温(Sir Stanley Baldwin)出任英国首相[①],这个问题才得以解决。

1926年,鲍德温首相提出了一个革命性法案:搭建"国家电网",将全国的122个发电厂联结在一起。这个建议在今天看来没有什么可争议的,但是当时欧美国家的老百姓十分抵触政府用权力干预民生,他们认为政府控制电网会威胁自由民主,于是在法

---

① 斯坦利·鲍德温三次出任英国首相,这里指他第二次出任首相。

案提出后，英国国民纷纷走上街头表示抗议。鲍德温顶住压力，最终，英国中央电力局（Central Electricity Board）成立了。

随后，国家电网建设工程也在一片争议声中按时动工了。这项工程涉及跨越英国的4000英里的输电线和地下电缆，体量非常大，有超过10万名工人参与建设。1933年9月，国家电网的主网架终于搭建完成，电力开始进入千家万户。

英国的另外一个大举措——电力私有化改革，发生于撒切尔执政时期。在撒切尔改革之前，英国由国有化的中央电力局统管英格兰和威尔士的发、输、配电业务，实行垄断经营，下属12个地方电力局（Regional Elect city Company，REC）按照所划分的区域进行供电。

1989年，英国率先实行电力市场的私有化改革。先是将中央发电局拆分为3个发电公司，接着将这些拆分后的公司逐步私有化。1995年12月，国家电网公司改制成为股份公司，随后它与一家天然气公司合并，改名为国家电网天然气公司，主要经营英国与美国的电力和天然气传输系统。

在进行电力分拆、私有化的同时，英国电力工业开始引入市场机制，比如分离发电部门和零售部门，在零售部门采用竞争机制，采取合理的价格规制等。

这套市场化机制，一直被视为世界电力市场改革的成功典范。然而，让英国政府始料不及的是，电力自由化之后，英国电力市场越来越失控，渐渐被"六巨头"（Big Six Energy Suppliers）所掌控。

这"六巨头"都是世界500强企业，分别为：英国天然气公司（British Gas）、南苏格兰能源公司（Scottish & Southern Energy，SSE）、德国意昂集团（E.ON）、德国莱茵集团（RWE）、法国电力集团(Electricite De France，EDF）以及西班牙伊维尔德罗拉

（Iberdrola）能源公司。"六巨头"中，只有英国天然气公司和南苏格兰能源公司是英国企业，其他则属于法国、德国和西班牙企业，"六巨头"通过收购英国电力公司而化身英国电力巨头。

英国天然气公司是英国最大的天然气供应商，为超过1100万户家庭提供天然气、600万户家庭提供电力。它和苏格兰天然气公司都是森特理克集团的子公司。英国天然气集团在2009年《财富》世界500强企业排行榜中排名第390位。

南苏格兰能源公司，是英国第四大能源公司，掌握着英国15%的电力供应，在2018年世界500强企业排行榜中排名第265位。

电力市场化之后，"六巨头"控制着发电部门与零售部门，即电力的"生产"和"消费"。在电力生产端，法国电力集团占比24%，莱茵集团占比14%，南苏格兰能源公司占比8%，意昂集团占比7%，英国天然气公司占比5%，西班牙伊维尔德罗拉公司占比4%，其他发电公司占比38%。在电力销售端，英国天然气公司占比20%，南苏格兰能源公司占比14%，意昂集团占比13%，法国电力集团占比11%，西班牙伊维尔德罗拉占比10%，莱茵集团占比9%，其他公司占比23%。

"六巨头"拥有独立的发电厂和天然气源，当发电成本提高时，它们就会提高电价以维持电厂运行，这样就能始终保持高利润运营，也让其他企业难有插足之地。"六巨头"凭借行业垄断，每年都对电力和天然气进行提价，这让英国的电价居高不下，国民苦不堪言。

2008年7月，触犯众怒的"六巨头"被媒体公开口诛笔伐。英国商业与企业委员会在接受采访时公开表示："由于燃气费和电费呈大幅上涨形势，数以百万计家庭可能由此陷入严重困境，尤其是'燃料贫困群体'。显然，这是在英六大能源巨头在集体哄抬价格，使英国电气价格高于其他欧洲国家，进而牟取暴利。"①

英国政府曾多次尝试打破"六巨头"对电力市场的控制。2009年，英国保守党就提出了拆分"六巨头"的计划。按照该计划，政府将出台强硬政策，迫使英国六大电力企业主动放弃拥有的大量发电厂，让其他中小企业加入市场竞争。但是，保守党的这一激进拆分提议，立即遭到了"六巨头"的反对。它们甚至放下狠话：要想完成英国老化的能源基础设施升级，就一定不能动"六巨头"，否则接下去的2000亿英镑投资，就甭想拿到手。②

碍于"六巨头"的威胁，英国政府只能放弃了拆分计划。毕竟，这些政党都离不开它们的资金支持，如果"惹怒"这些公司，竞选资金没了，很多能源项目的资金来源也就被掐断了。

但堡垒总是从内部破裂。在政府乏力的情况下，首先打破电力垄断僵局的是"六巨头"之中的南苏格兰能源公司。2011年10月，南苏格兰能源公司宣布"脱离"其他五大电力公司，向英国国内电力供应商销售电力，由"六巨头"掌控得严严实实的市场出现了一点缝隙。南苏格兰能源公司还号召其他5家公司，能够和自己一样主动出售电力业务。但南苏格兰能源公司的号召似乎没有激起太大水花。

2013年，英国国会召集"六巨头"的高层，谴责他们的垄断做法，还出示了价格、利润、准入壁垒等调查数据，但这些指摘没有什么实质意义。英国首相戴维·威廉·唐纳德·卡梅伦（David William Donald Cameron）对"六巨头"公开表示不满，还建议消费者放弃提价的电力公司，选择其他服务，可"六巨头"操控着整个市场，这些倡议也没什么实质意义。

---

① 语出商业与企业委员会主席彼得·勒夫接受英国《泰晤士报》采访记录。
② 李慧. 英国电力"六巨头"格局或被打破 [N]. 中国能源报，2009-12-10.

第 11 章 不遗余力抢夺世界能源（2008—2013） ▶ 241

就像戴比尔斯无法只手遮天一样，任何垄断行为都不会长久下去。政府拿"六巨头"没有办法，但市场竞争会给它们教训。从2013年开始，英国电力用户就逐渐脱离"六巨头"的掌控，转入中小型电力公司的怀抱。一开始只是家庭用户，后来蔓延到了像沃尔玛、玛莎百货这种大型商业用户。玛莎百货公司之前一直与南苏格兰能源公司长期签约，后改签英国八达通能源公司（Octopus Energy），以表示抗议。消费者的转向，让更多的竞争者入局了，"六巨头"的日子越来越不好过了，到2020年，"六巨头"所占的市场份额已小于一半。"六巨头"触犯众怒后，先后有60多家电力公司趁机加入竞争行列，其中就有我们熟悉的李嘉诚家族。[①] 在2013年到2017年，李嘉诚家族趁着英国政府打压"六巨头"，斥资400多亿元收购英国能源公司，英国最大的配电商——英国配电公司（UK Power Networks Holdings Limited）、海岸（天然气）电站（Seabank Power Station）、北方天然气网络公司（Northern Gas Networks）、西北电力公司（Electricity North West）等。截至2019年，李嘉诚家族已经控制了英国25%的电力分销市场、近40%的英国天然气市场。

在英国，电力一直是高利润产业，这就是"六巨头"始终盘踞英国、李嘉诚豪赌"抄底"英国电力的根源所在。但是，电力毕竟只是基础设施，真正决定国家和产业竞争的是高科技、新兴产业，因此，精明的英国政府没有把更多精力放在打压"六巨头"上，而是引导它们放更多的心思在鼓励创新、占领科技高地和寻求新能源转型上。

---

① 早在2010年，李嘉诚就以2.12亿英镑收购了海岸（天然气）电站50%股份，又以58亿英镑收购英国电力公司（UK Power Networks）。

第12章

不甘做"二流强国",抢夺科技高地(2014—2023)

20世纪以来，外界有不少唱衰英国的声音，如日不落帝国解体、制造业的领先地位丧失，等等，但如果因此而小瞧了英国，那可就大错特错了。事实上，英国在高科技、航天事业、人工智能等方面仍旧有很强的实力，美国大名鼎鼎的"The Big Five"——微软、谷歌、苹果、Facebook（脸书）、亚马逊，其在人工智能领域的幕后团队，皆来自英国。"阿尔法狗"（AlphaGo）的开发者就是英国Deep Mind公司。美国硅谷正在被伦敦的"硅环岛"所替代，这里聚集着无数个独角兽公司。苹果、三星、华为等智能手机的代表企业，都长期向ARM公司提交专利费。埃隆·马斯克引发的太空争夺战中，英国人也不甘落后，维珍集团也抢在贝索斯之前飞上了太空。在脱欧之后，英国正在抢占科技高地，以此来重振昔日辉煌。

英国"脱欧"后的现代工业战略

作为岛国,英国一直对欧洲大陆保持相安无事的态度,奉行对欧洲大陆事务不干预政策,保守党称之为"光荣孤立政策"(Splendid Isolation)。可以说,英国与欧洲大陆国家自始至终存在敏感关系。对于欧盟这个超国家联合组织,英国打心眼里是排斥的。

二战结束后,法国为了跟德国搞好关系,与之建立了"煤钢共同体",通过经济利益捆绑,建立"你中有我、我中有你"的紧密关系。随着意大利、比利时、荷兰等国家的不断加入,"煤钢共同体"后来发展为"欧洲共同体"(后改名欧盟)。一开始,英国是不愿意加入欧盟的,但英国战后经济一蹶不振,殖民地纷纷闹独立,为了寻求突破方向,才不得不加入欧盟。

1961年,英国第一次申请加入"欧洲共同体",其他国家都赞成,但法国总统戴高乐却一票否决了。戴高乐认为,英国是美国的"密探",不希望它掺和欧洲大陆的事情。直到1973年,法国换了领导人,英国也努力撇清与美国的关系,才正式加入了"欧洲共同体"。但欧洲其他国家一致认为,英国虽然肢体迈进了"欧洲共同体",但灵魂始终没有加入。一个明证是,英国既没有加入欧元区,也没有办理签证互通。彼此的不信任,加上英、法、德之间的长期利益博弈,为英国"脱欧"埋下了伏笔。

加入欧盟40年之后,英国首相戴维·卡梅伦上台,提出了"脱欧"主张。2013年1月23日,卡梅伦承诺,如果他赢得2015年大选,会重新制定与欧盟关系的原则,就脱欧问题举行全民公投，让人民有机会选择继续留在或退出欧盟。2013年1月29日至2月6日，英国《金融时报》进行了一次试投票，结果显示，一半多的英国人对举行全民公决表示赞同。

2016年6月23日，"脱欧"公投正式开始。投票持续了15小时，公投结果显示，支持"脱欧选民"票数占总投票数的52%。"留欧选民"对结果表示不满意，超过400万民众发起联署签名请愿，呼吁二次公投。英国政府拒绝了请愿，着手为脱欧做准备工作。

自从脱欧公投以来，英国在经历了三年僵局、两次大选、三任首相（特雷莎·梅、鲍里斯·约翰逊、戴维·卡梅伦）后，终于结束了其47年欧盟成员国的身份，于2020年1月31日正式脱离欧盟。

有人说，脱欧原本是卡梅伦为了选举，以此为筹码向欧盟讨价还价，然而事与愿违，没想到公投结果竟然是支持脱欧，最后只能顺应民意。事实上，英国脱欧不是一时兴起的，而是"蓄谋已久"。

那么，英国为什么要脱欧？英国人讲究"没有永远的朋友，只有永远的利益"，当留在欧盟没有给英国带来太大利益的时候，离开在所难免。正如英国政客丹尼尔·汉纳（Daniel Hannan）在其畅销书《我们为什么要支持留欧》中所言："留在欧盟意味着更多的风险和成本。更安全的选择是，我们自己来管理自己的国家。"

具体而言，英国选择脱欧至少有四方面的考虑：

其一，最重要的因素是难民问题。英国对欧盟的难民政策不满，这是英国民众支持脱欧的直接原因。作为欧盟成员国，英国有义务开放边界，允许其他27个成员国的公民在英国生活与工作。2008年欧债危机后，经济相对稳健的英国，成为欧洲人心中的新大陆。2011年之后，受战乱影响，许多难民都开始往欧洲跑。官方数据显示，至少有300万欧盟其他成员国公民居住在英国。脱欧支持者往往抱怨移民抢走了自己的饭碗。除此之外，移民问题衍生的社会和治安隐患，尤其是巴黎恐怖袭击发生后，给了脱欧支持者愈加坚决的理由。

其二，付出与收获不对等。英国脱欧是因为它作为大国，在欧盟的负担较多，经济发达的英国需要每年提供大量的资金去扶持经济落后的国家。过去，英国每年向欧盟支付约70亿英镑的"会费"。脱欧后，英国可以节省下这笔高额的财政预算来专注本国经济。

其三，为它的优势产业寻找新的市场以及增长点。英国应有的全球市场，被欧盟的条条框框所累，尤其是单一市场（Single Market）这一条约。欧盟区内的"自由流动"，对英国与其他国家自由贸易构成阻碍。英国需要发展更多的贸易伙伴，来寻求新的发展机会。

其四，英国不甘心"世界老大"头衔不保。支持"脱欧"的英国人，不少沉浸在大英帝国"明日黄花"的愤懑中：在二战之前，英国拥有大量海洋控制权和海外殖民地，长期戴着"世界第一强国"的桂冠，但是在美国的作用力下，大英帝国分崩离析，英国失去了与美国争夺世界霸主的资源，这让英国人耿耿于怀，加入欧盟是为了恢复往昔辉煌，但是在加入欧盟之后，这一夙愿逐渐落空。英国渴望重现昨日辉煌，实现帝国复兴。

整体来说，英国脱欧既是积怨所致，又隐藏着争霸野心。那么英国脱欧之后如何"重拾往日的繁荣"呢？女首相特雷莎·梅提出了"现代工业战略"对策，并专门设立了商业、能源和产业战略部，打算"以更为积极的角色来促进工业部门发展和确保经济红利全国共享"。

"我不想吓唬你们",法国总统奥朗德在英国提出脱欧时明确表示:"脱欧将会带来方方面面的代价。""短期内,GDP、直接投资、生产量、工资水平都会减少或降低,连坚挺多年的英镑也会缩水,伦敦作为欧洲金融中心的地位或将不保……"这些英国人显然早就有所准备,所以他们并不惧怕。

　　为应对脱欧后可能遭遇的经济震荡,英国政府一方面加大对基础设施建设的财政投入,另一方面推出现代产业政策,旨在依托"现代工业战略",奠定多个产业在全球的领先地位,以此来提振英国经济,进而提高国际地位。

　　如果你对特雷莎·梅"再工业化"的理解是传统工业的复兴,那就大错特错了。英国"现代工业战略"计划的要点包括:"加大对科学、研发和创新领域的投资,提升科学技术领域的关键技能,升级能源、交通等基础设施,支持初创企业,发展清洁能源,培育世界领先的经济部门。"

　　由此可以看出,英国的复兴不是简单的"工业复兴""转型升级""鸟枪换炮",而是要大力发展高科技,占领新的高端产业,做食物链顶端的顶级掠食者,如同工业革命一般再度引领世界经济,以此来实现伟大复兴。

　　英国站在了全新的起跑线上,向世界经济发起了新的挑战。

"人工智能之父"图灵与"阿尔法狗"

　　英国是人工智能(AI)的发源地,"人工智能之父"图灵的故事就发生在这里。

　　艾伦·马西森·图灵(Alan Mathison Turing),1912年6月

23日出生于英国伦敦一个知识分子家庭，其父朱利叶斯·马西森·图灵于1894年获得牛津大学基督学院的学士学位，后到印度从政；其母艾赛尔·萨拉·斯托尼是巴黎大学文理学院的毕业生。

图灵在年少时就表现出对自然科学，尤其是对数学和化学的偏好。12岁时，他用海藻提取出了碘；15岁时，他对爱因斯坦相对论著作产生了浓厚兴趣，并写了详细的内容提要；17岁，他写信给专家讨论薛定谔的量子理论；23岁时，他就开始构筑自己的"通用图灵机"。可以说，图灵就是为人工智能而生的，他一直在积聚力量，等待着生命的绽放。

1931年，图灵顺利进入了剑桥大学国王学院。之所以能轻松进入这样的高等学府，是因为他年纪轻轻就两次获得自然科学奖。国王爱德华六世曾经亲自为其颁发过数学金盾奖章。剑桥大学是不会放过这种天才人物的。

1935年，图灵凭借非凡的数学才华，成为剑桥大学国王学院的风云人物。他的数学论文刷新了欧洲数学界的认知，随后他提出的"丘奇论点"，更是震惊世人，直接影响到现代计算机科学的形成和发展。大学毕业后，图灵顺理成章地留在剑桥大学国王学院，开始了计算机专业研究。

然而，天有不测风云，正当图灵摩拳擦掌准备研制全球第一台计算机的时候，二战爆发了。图灵被官方征用，专门破译希特勒的恩尼格玛密码。不过，这项特殊的工作，并没有中断他的计算机研发梦想，反而加速了他的实战步伐，因为破译密码有助于他的编程研究。

图灵向来是一个讲究高效的人，他在破译密码的时候，嫌每月人工破译3万条情报太慢，就花了两年工夫，研发出来一台自动破译机，有了这台机器，情报人员每月至少可以破译8万条情报，而且误差很小。这台机器的发明，让图灵声名大噪，连英国首相都夸他凭借一己之力让二战提早两年结束。

二战结束后,图灵被英国顶级科研中心聘用,专门研制高智慧计算机。没有了干扰,图灵终于可以一展才华了,他洋洋洒洒写了上百页设计说明书。根据他超详细的说明书,英国在1958年研制出了大型计算机。

在图灵看来,计算机设备不是重点,重要的是,它是否具备人的"灵性"。为了让计算机能够通人性,图灵设计了一套测试"模仿游戏",这就是著名的"图灵测试"。在这套测试中,图灵通过真人互动和人机互动的对比,来判断计算机对人类语音识别的准确度。通过反复测试,图灵大胆预测:2000年之后,计算机对人类语音的识别准确率将达到70%。如今的语音识别系统,验证了图灵的超前预测。

模仿和识别人类语音,在图灵看来,并不智能。在他看来,计算机能够和人类一样思考,才是真正的智能化象征,为此他发表了论文《计算机器与智能》(Computing Machinery and Intelligence)和《机器能思考吗》(Can Manchines Think)。他的大胆论证,引发了人类对未来的大胆想象,而他本人也因此赢得"人工智能之父"的封号。

图灵不是理论家,他是不折不扣的实践家。为了验证自己的设想,他在担任计算机研制顾问的间隙,编写了一套国际象棋程序,来验证计算机的思考能力比人类还棒。可惜的是,当时的计算机厂家根本生产不出运算能力合格的配套计算机。如果当时厂家给力,很可能就没有"阿尔法狗"什么事儿了。图灵总是这么超前。

也许是天妒英才,天才的人生大多充满坎坷。就在积极实践人工智能畅想的路上,图灵却因为性取向问题而被逮捕。1954年6月7日,图灵被发现死在床上,床头还放着一个被咬了一口的苹果，乔布斯后来设计的苹果公司的logo（标识）就是致敬图灵的。图灵逝世时只有41岁，有人说他是自杀的，也有人说他是被毒害的。

天才生命的戛然而止，留给世人无限唏嘘。但是，天才开启的伟大梦想，并没有因此而终止。1956年，在图灵死后两年，为了纪念他，并让历史铭记他的贡献，在诺贝尔经济学奖得主赫伯特·西蒙的牵头下，美国顶级学府的高级研究人员齐聚一堂，大家一致认可了图灵关于"机器可以模仿人类学习以及其他方面的智能"是具有可行性的，并首次提出了"人工智能"的概念，1956年就这样被称为"人工智能元年"。

接下来的10年，关于人工智能的研究开始零零碎碎开展起来。为了加速计算机和人工智能的发展，1966年，美国计算机协会（ACM）牵头设立了一个计算机图灵奖，以鼓励和奖赏更多从业者。这种方式有点儿效仿诺贝尔奖，是计算机界能想到的纪念和缅怀图灵的最佳方式。

图灵精神鼓舞着一代又一代计算机和人工智能从业者。在大家前赴后继的努力之下，人工智能终于开花结果。

1981年，日本率先开启第五代计算机项目，该项目的主攻方向为人机互动，旨在打造出具有人类思考能力的计算机。紧接着，英国、美国也加入进来，加上计算机制造技术成熟许多，人工智能终于迎来了春天。

新的"AI教父"——杰弗里·辛顿（Geoffrey Hinton）就这样走进了人类视野。而这位"AI教父"，也是一位英国人，是图灵的剑桥大学晚辈。他一直痴迷于计算机神经网络的研究，曾在长达20多年的时间里备受质疑，在他的不懈努力下，神经网络技术得以应用于实践，被认为是当代AI发展的基础。杰弗里·辛顿后来被称为"人工智能扛把子"的谷歌公司聘为副总裁，直接下场推动了人工智能的研发工作。

人工智能的研发圣火被彻底点燃之后,"阿尔法狗"随即横空出世。谷歌旗下公司Deep Mind开发的"阿尔法狗",以总比分4∶1战胜围棋世界冠军李世石,在2016年震惊了世界。至此,没人再怀疑图灵的"天方夜谭"。Deep Mind名义上是谷歌旗下的公司,大本营却在伦敦,研发靠山正是剑桥大学。

AlphaGo问世的同一年,微软以2.5亿美元收购了智能手机可预测人工智能键盘开发商Swiftkey,以加强其人工智能研究。Swiftkey也是一家英国公司,是由乔恩·雷诺兹(Jon Reynolds)和本·梅德洛克(Ben Medlock)于2008年在伦敦创立的,他们背后的靠山也是剑桥大学。

谷歌和微软都出动了,Facebook自然也不甘落后,先后收购英国人工智能企业Bloomsbury AI、Deeptide和Scape Technologies,同样是借助英国的人工智能研发团队,补齐了自己的人工智能短板。

可以说,人工智能领域的幕后团队,皆来自英国。英国没有孕育出AI巨头企业,但英国公司却掌握着人工智能的命脉。这可能是图灵在九泉之下最欣慰的事情。

图灵虽然英年早逝,但历史是公平的。在图灵去世55年后的2009年,英国计算机科学家约翰·康明(John Comyn)发起了为图灵平反的在线请愿活动,因为请愿人数过多,舆论声势过大,英国首相不得不站出来向图灵道歉。

2012年12月,图灵百年诞辰之际,诺贝尔生物学或医学奖得主保罗·纳斯(Paul Nurse)和英国皇家学会会长马丁·里斯(Martin Rees)等人再次给英国政府施压,要求给图灵一个明确的说法,而不仅仅是口头道歉。2013年12月24日,英国女王伊丽莎白二世,发布英国王室特赦令,宣布图灵无罪。

第12章 不甘做"二流强国",抢夺科技高地(2014—2023)

2016年4月16日,英国三大情报机构之——政府通信总部(GCHQ)主管罗伯特·汉尼根(Robert Hannigan)公开道歉,表示向当年对图灵的错误对待进行忏悔,并且肯定图灵当年破解德国纳粹的神秘加密密码,贡献巨大,是"战争英雄"。

2020年,英国央行英格兰银行行长马克·卡尼宣布,从2021年底开始,图灵正式登上英国50英镑面值新钞的封面。马克·卡尼行长称赞图灵是对今天人们的生活方式产生巨大影响的巨人,作为人工智能之父,他的突破性研究对人类发展的影响是深远且难以估量的。这段表述,最让世人信服。

图灵在人类计算机和人工智能开发方面发挥了至关重要的作用,这一点再无人有异议。在他百年之后,一个因他而生的新兴产业正蒸蒸日上。英国政府在为图灵平反之后,对AI事业越来越重视:"据估计,截至2035年,人工智能将给英国经济增加8140亿美元(约合6300亿英镑)的额外收入。我们的愿景是让英国成为世界上最适合发展和部署人工智能的国家,从起步、发展到繁荣,实现技术所能带来的最大便利。为确保英国在AI领域的领先地位,英国应将重点更多放在如何在图灵的基础上更好地开展工作。"[1]

---

[1] HALL D W, PESENTI J. Growing the Artificial Intelligence Industry in UK(在英国发展人工智能)[EB/OL].(2017-10-15)[2024-02-22]. https://www.gov.uk/government/uploads/system/uploads/attachment_data/file/652097/Growing_the_artificial_intelligence_industry_in_the_UK.pdf.

ARM芯片抢占技术高地

2020年新冠疫情暴发后,全球经济陷入危机,就连财大气粗的软银公司也不例外。软银旗下的愿景基金所投资的企业绝大部分处于亏损状态,为了缓解财务危机,日本首富孙正义先是变卖部分阿里股份,接着又传出出售ARM公司的消息。消息放出去的瞬间,苹果、三星、英特尔等巨头立刻争相表示愿意收购,而美国芯片巨头——英伟达(Nvidia Corporation)的诚意最大:抛出了500亿美元的收购价格。英伟达作为全球领先的GPU芯片、AI芯片厂商,在收购后也将在技术上激活ARM公司。总之,一切看上去都很诱人。但是,ARM公司创始人赫曼·豪瑟(Hermann Hauser)对此态度很明确:拒绝收购。在面对BBC的采访中,赫曼·豪瑟声称,"这将是一场灾难"。为了引起英国政府的高度重视,赫曼·豪瑟创建了一个名为"savearm.co.uk"(救救ARM)的网站，发出一封给唐宁街10号的公开信。[1]

作为ARM公司创始人，赫曼·豪瑟的一生充满传奇。[2]

1948年，赫曼·豪瑟出生于奥地利维也纳。1964年，赫曼·豪瑟16岁，开始在英国剑桥大学学习语言。之后，豪瑟回到奥地利首都维也纳，在维也纳大学攻读物理学硕士学位。最终，豪瑟在剑桥大学拿到了物理学博士学位。他所在的实验室，正是诞生了29位诺贝尔奖得主的卡文迪许实验室（Cavendish Laboratory）。在卡文迪许实验室，豪瑟的前辈，有发现电子的约瑟夫·约翰·汤姆逊（Joseph John Thomson），有将放射性物质命名为 α 射线和 β 射线的欧内斯特·卢瑟福（Ernest Rutherford），也有发现中子的詹姆斯·查德威克（Sir James Chadwick），以及用粒子加速器研究原子核的约翰·道格拉斯·考克饶夫（Sir John Douglas Cockcroft），等等。近代科学史上很多著名的发现，都出自这里。卡文迪许实验室和贝尔实验室，并称全球实验室双雄。

---

[1] 赫曼·豪瑟在2020年9月致英国首相鲍里斯·约翰逊的公开信中说："这绝对是一场大灾难！如果英伟达不可避免地决定将ARM总部迁至美国，那么这意味着在英国剑桥、曼彻斯特、贝尔法斯特、华威的数千名ARM员工可能会失去工作，就像卡夫当初收购吉百利（Cadbury）时的结果那样。此外，ARM的商业模式堪称半导体行业的'瑞士'，与500多家被许可人以平等的方式交易。他们大多数是英伟达的竞争对手，当中有不少英国公司。一旦ARM被出售给英伟达，就将破坏ARM的商业模式的根本，对整个行业都是毁灭性打击。更为重要的是，这是国家经济主权的问题。由于美国总统特朗普在与中国的贸易摩擦中将技术优势'武器化'，因此除非英国拥有自己的讨价还价武器，否则英国将成为附带受害者。ARM为苹果、三星、索尼、华为以及几乎世界上所有其他品牌的智能手机提供动力，因此可以对它们施加影响。如果ARM变成一家美国公司，那么将受到美国外国投资委员会（CFIUS）的监管，英国将从此失去在芯片领域的话语权。总之，这笔交易对于剑桥、英国乃至欧洲都是一个完完全全的灾难。"

[2] 老石谈芯.ARM公司创始人、亿万富翁赫曼·豪瑟博士的传奇人生[EB/OL].（2020-09-29）[2023-05-04].https://blog.csdn.net/csdnnews/article/details/108878259.

然而，从卡文迪许实验室走出来的赫曼·豪瑟，从来没想过要做一名埋头科研的物理学家，他更倾向于像爱迪生一样把发明运用于商业实践。

早在剑桥攻读物理学博士学位的时候，赫曼·豪瑟就和安迪·霍珀（Andy Hopper）一起创立了一家名为"奥比斯"（Orbis）的计算机公司，业务是焊接并售卖印刷电路板。安迪·霍珀是地道的计算机专业出身，他在研究生阶段就开始设计芯片。后来，安迪·霍珀曾被BBC誉为"英国计算机历史中的一位偶像级人物"，可谓是芯片研究领域的泰斗。

1978年，赫曼·豪瑟偶然结识了剑桥本地辛克莱（Sinclair）公司工程师克里斯·库里（Chris Curry），志同道合的两人一起创立了艾康电脑（Acorn Computers，简称Acorn）。后来，赫曼·豪瑟和安迪·霍珀合开的奥比斯公司并入艾康电脑公司。这时候，美国3Com公司、甲骨文（Oracle）和西捷（Seagate）也诞生了。

得益于BBC启动的"计算机认知计划"项目，Acorn迅速成长。

赫曼·豪瑟和安迪·霍珀联合研发出了欧洲第一台畅销的个人电脑——BBC微机，从而声名鹊起。1983年，Acorn实现盈利860万英镑，就在这一年，苹果公司（Apple Inc.）和摩托罗拉公司（Motorala Inc.）联合推出了Lisa电脑。1985年，Acorn自主研发的ARM1处理器诞生，Acorn在英国家用及教育用电脑市场的领先地位得以巩固。

据说，这期间微软创始人比尔·盖茨（Bill Gates）来剑桥参观，发现Acorn研发的微机自带"神器"，就惊讶地问："这是什么？"

Acorn的人告诉他："这是网络。"

比尔·盖茨再次惊讶地问道："网络是做什么的？"

就在Acorn蒸蒸日上之际，IBM电脑杀了出来。随着IBM电脑在全球的普及，Acorn生产的大批电脑立刻成为库存垃圾，除了卖给学校和广播站，无人问津。在公司面临破产的时候，全球首台个人电脑的生产者意大利奥利维蒂（Olivetti）公司趁机以超低价收购了Acorn。

1990年，赫曼·豪瑟创建了"Advanced RISC Machines"公司，也就是后来的ARM。创立ARM的第一年，非常艰苦，为了省钱，赫曼·豪瑟将办公室设在剑桥大学附近的一个谷仓中。

为了尽快推出新品，ARM公司专为苹果公司设计出了ARM610。这一芯片很久之后才被苹果公司采用。所以严格来说，ARM拿到的第一笔订单不是苹果公司的，而是来自英国本土的一家半导体公司。创业打开局面后，ARM公司就及时制定了授权商业模式，让越来越多的企业成为ARM的经销商，这种先进的商业模式，让ARM公司快速崛起，并使之在1998年4月17日同时在伦敦和纳斯达克证券交易所上市。经过20多年的不懈努力，ARM公司已经成为全球著名的芯片公司，如今全球每秒有64件、每天会有550万件基于ARM技术的产品被生产出来。

和金钱、名誉相比，赫曼·豪瑟更在意自己对科技企业的贡献。ARM上市后，赫曼·豪瑟富可敌国，但他依然把大部分时间花在剑桥，而非伦敦富人区。因为他对AI、网络安全和金融科技等最新技术始终抱有浓厚的兴趣，所以对英国科技企业的创业投资不遗余力。他还创立过一家叫作"动感书籍"的公司，"动感书籍"公司推出了一款带有手写笔的电脑，这台电脑被视作平板电脑的鼻祖之一。后来"动感书籍"公司被美国电话电报公司（AT&T）收购，不过没有发展起来。

创立ARM公司，为英国争光，是赫曼·豪瑟一生的骄傲。每一次ARM面临被收购，最揪心的人就是赫曼·豪瑟。2016年，软银集团以240亿英镑收购ARM的时候，赫曼·豪瑟站了出来，公开表示反对。后来孙正义在收购ARM后承诺,会将ARM在英国的员工人数增加一倍,并将ARM总部保留在剑桥,而且不干预也不影响ARM的商业计划和决策,赫曼·豪瑟这才放了心。所以,当英伟达发出收购ARM的消息后,面对ARM随时可能改变国籍的风险,赫曼·豪瑟坐不住了。

赫曼·豪瑟之所以敢于"上书逼宫"鲍里斯·约翰逊政府,是因为ARM芯片作为"英国最后一个国际化IT公司",是英国工业复兴的重点保护对象。英国推行的再工业化,不是对工业化进程的简单重复,而是着眼高端,从高科技、创意设计等高附加值领域入手,抢占新的制高点。

守护ARM公司,是赫曼·豪瑟一生的使命,也是英国工业复兴不能丢失的阵地。

发展到现在,ARM公司已然是全球领先的半导体知识产权(IP)提供商,英特尔、IBM、三星电子、德州仪器、富士通、任天堂、英飞凌科技、恩智浦半导体、OKI电气工业等世界知名企业都持有ARM的授权,这保证了ARM公司在世界数字电子产品开发中的核心地位。

2016年,软银创始人孙正义以320亿美元的高价收购了ARM公司,到2023年9月14日,ARM再次在纳斯达克上市,首日股价就大涨25%,可见资本市场对它的信心。

"硅环岛"与独角兽公司

美国的硅谷(Silicon Valley),尽人皆知,那里有著名的斯坦福大学、加州大学伯克利分校,有大名鼎鼎的谷歌、苹果、脸书、

第 12 章　不甘做"二流强国",抢夺科技高地(2014—2023)

英特尔、甲骨文,还有数以万计的新兴科技创业公司。

在英国,也有一个类似于美国硅谷的地方,那就是伦敦东部的硅环岛(Silicon Roundabout)。它的知名度虽没有美国硅谷高,但过去10年,却悄无声息地改变着全球的科技格局。2008年,是伦敦硅环岛的元年。这年3月,一家名为多普勒(Dopplr)的旅游社交公司从伦敦东区的一个狭窄的办公室搬到了附近一个稍微大一点的办公室。公司的创始人马特·比达尔夫(Matt Biddulph)(刚从诺基亚辞职自主创业,后来多普勒被诺基亚收购)在推特上发布了一条自嘲推文:"'硅环岛',一个在伦敦老街地区冉冉升起的有趣的初创企业聚集地。"[1]

马特·比达尔夫怎么也没有想到,自己的话竟然被载入史册。他的这句推文被媒体引用,经过社交发酵之后,越来越多的初创企业来这里落户。2010年时,这个地区已经被称为伦敦的"迷你硅谷"。

为了让"硅环岛"更加具有规模效应,英国政府特意颁布了一项"迷你硅谷发展计划",该计划拟把包括奥林匹克公园在内的东伦敦地区打造成世界级高科技产业中心,并命名为"东伦敦科技城"(East London Technology City)。

这里原本是充满暴力风险的落后贫民区,因为靠近码头,吸引了不少底层人民来这里居住,而且人员混杂,凶杀案件时有发生;后来,一些文艺青年来这里聚集,情况才有所转变,但是这里的确没有深厚的"科技基因"。为了将这块旧地打造成"高大上"的"东伦敦科技城",英国政府可谓不遗余力。

政府曾经投入4亿英镑建设孵化区,并制定了相当诱人的优惠

---

[1] 马特·比达尔的夫推特原文为:"'Silicon Roundabout': the ever-growing community of fun startups in London's Old Street area."

政策，吸引科技企业入驻。政府还号召金融企业捐款，建立资金库，鼓励和扶持新成立的科技公司。

在英国政府的大力扶持和营销推广下，"东伦敦科技城"的产业集群开始逐渐形成。思科、英特尔、亚马逊、推特（现更名为X）、高通、脸书、谷歌等大型公司开始在这里建立分公司，在这些标杆企业的带动下，数以万计的科技企业在硅环岛扎根。附近的伦敦大学、帝国理工大学、牛津大学和剑桥大学的毕业生，纷纷选择来这里就业，更有来自全球各地的技术精英，不远万里来这里求职，一时间这里的地价、房价和租金纷纷上涨，距离"高大上"的定位目标越来越近。资本嗅到了味道，纷纷来这里寻找投资机会。随着资本、企业和人才的聚集，这里成为独角兽公司的孵化基地。

其中，英国最大的独角兽公司——数字银行Revolut，就诞生于东伦敦科技城。Revolut为英国估值最高的金融科技公司，2021年的估值达到330亿美元，已经超过英国四大银行之一的国民西敏寺银行的市值。一家仅成立6年的数字银行打败了一家百年老牌银行，这个消息足够震惊英国。

Revolut公司成立于2015年，由英俄混血企业家尼克·斯托伦斯基（Nik Storonsky）和乌克兰企业家弗拉德·亚岑科（Vladyslav Yatsenko）创办。尼克·斯托伦斯基是一位英俄混血的企业家，1984年出生于莫斯科。他在莫斯科物理技术学院拿到物理学硕士学位，并在读书期间参加游泳比赛，拿到国家级赛事的冠军。在取得硕士学位后，来到伦敦，先后在瑞士信贷银行和雷曼兄弟公司做交易员。2015年，斯托伦斯基遇到了志同道合的、他的同行弗拉德·亚岑科。两位野心勃勃的年轻人一拍即合，在伦敦加拿大广场一号（One Canada Square）顶楼的创业孵化空间成立了Revolut。Revolut的名字正是从revolution（革命）衍生出来的。两位创始人创办这家公司的初衷：一方面是要颠覆商业，改变企业和个体过去过度依赖线下支付的痛苦模式；另一方面是要鼓励新一代青年，要勇于"革命"，做新时代的主人。

作为一家新兴金融科技公司，Revolut的主要业务是在线货币兑换。它快速崛起的秘诀是：尽最大努力帮用户省钱。它通过降低货币转化费、手续费、汇率差等，为客户提供卓越的体验。再加上Revolut快速的产品开发，公司始终处于有利地位，可以持续发展，并扩张服务至更多地区。当时正值数字银行挑战传统银行的红利期。Revolut的"革命"措施，为它赢得了大批拥趸。

Revolut之所以能精准解决这一用户痛点，完全是因为斯托伦斯基的个人经历。之前在瑞士信贷银行和雷曼兄弟公司工作的时候，因为经常出差，加上爱好旅游，他对外币兑换所带来的一系列麻烦深恶痛绝。Revolut的目标是建立一个无国界的网上银行。

Revolut一开始是为了吸引年轻的个体，满足他们的国际旅行硬需求，后来则瞄准了企业家需求。自新冠疫情暴发以来，传统的贸易方式被打破，为了实现更便捷的跨境贸易和扩张，线上银行成为企业家的新需求。Revolut抓住新机遇，增加和升级了产品和服务，以满足公司范围的费用管理和采购需求。推出新功能后，Revolut迅速签约了超过10万家企业。

业界对于独角兽企业的一个重要定义就是拥有独创性或颠覆性技术，在这一点上，Revolut公司做到了。Revolut公司重新定义了金融服务机构的角色，让用户体验得到了极大提升。鉴于Revolut公司的"革命性"，投资界普遍看好它的发展前景。2020年，36岁的尼克·斯托伦斯基登上《财富》"金融精英"榜单。2021年，Revolut市值飙升到330亿美元，获得日本软银集团的新一轮投资，两位创始人成功加入亿万富翁俱乐部。

短短几年时间，Revolut一跃成为英国身价第一的金融科技独角兽，这鼓舞了无数创业企业。他们纷纷以Revolut为榜样，以争做硅环岛独角兽为目标，新一代商业英雄正在"东伦敦科技城"集体发力，"迷你硅谷"取代"美国硅谷"似乎指日可待。

维珍"上天"

众所周知，美国有一个"太空侠"——埃隆·马斯克（Elon Musk）。他的梦想是把人类送到火星去，如此一来，全球变暖、气候异常、淡水资源不足和粮食危机等长期困扰人类的问题就会迎刃而解。为此，埃隆·马斯克不断向太空发出挑战，人们嘲笑他是妄想家，但是埃隆·马斯克用实际行动证明了自己真的能带大家"上天"。

在遥远的英伦岛国，也有一个"太空侠"——理查德·布兰森（Richard Branson）。他对太空的痴迷程度，比埃隆·马斯克有过之无不及；他的话题营销能力也不输于埃隆·马斯克。作为企业家的理查德·布兰森，在吸引眼球方面，比一般的娱乐明星还要厉害。

2021年7月11日，71岁的理查德·布兰森，乘坐自家公司正在测试的太空飞船，在美国新墨西哥州的沙漠上空完成了一次惊险旅行，圆了一生的太空梦。

这次飞行之所以引人注目，是因为2014年的时候，理查德·布兰森试飞的同款飞船发生了严重事故，两名宇航员一死一重伤。失败的试飞，并没有打倒理查德·布兰森。"维珍银河"还没有准备好，但理查德·布兰森已然等不及了。当公司的宇航员心有余悸的时候，理查德·布兰森说："让我来亲自证明我们维珍可以登陆太空！"

就这样，在全公司和家属的担心之下，理查德·布兰森登上了"团结号"太空船，向着80千米高度的亚轨道"太空边缘"发起了诚挚的挑战。在大约一个小时的航程中，全世界的太空迷都为理查德·布兰森捏了一把汗。有一个人却很淡定，那就是埃隆·马斯克。在理查德·布兰森正式出发之前，埃隆·马斯克特意赶来为他壮行。尽管美国太空探索科技公司（SpaceX）和"维珍银河"存在竞争关系，但这丝毫不妨碍两个"太空极客"的惺惺相惜。

这两位冒险家都信奉这样的生命观："生命诚可贵，飞天价更高。"而另一位太空迷杰夫·贝索斯（Jeff Bezos）则并不看好这次飞行，他曾经不客气地嘲笑"维珍银河"的飞船根本飞不过卡门线[①]。贝索斯态度不友好的另外一个原因是：他刚放言自己将在7月20日乘坐"蓝色起源"计划的太空飞船进行太空短途游，没想到被理查德·布兰森抢到了前面。年轻的埃隆·马斯克已经抢尽了风头，如果理查德·布兰森再次试飞成功，那么贝索斯会很没有面子。然而，理查德·布兰森真的成功了！

当"团结号"安全返回发射场"美国太空港"的时候，我们看到了这个"上天"前还动作迟缓的老人，突然变得行动矫健起来。他向媒体侃侃而谈，兴奋得像个孩子。

理查德·布兰森用非凡的胆识向世人证明了：梦想还是要有的，万一实现了呢？

和埃隆·马斯克、杰夫·贝索斯一样，理查德·布兰森从小就热爱太空。理查德·布兰森出生于1950年，时值航空热时期。和埃隆·马斯克、杰夫·贝索斯不一样的是，理查德·布兰森从

[①] 卡门线：外太空与大气层的分界线，位于海拔100千米处。

小学习就不好。理查德·布兰森虽然出生在伦敦的一个中产家庭，从小就被望子成龙的父母送到贵族学校学习，但他就是学不会基本的算术题，就连体育也是倒数第一名。不过，他的商业头脑很发达，16岁时，理查德·布兰森离开学校，拿着老妈给的4英镑在位于伦敦贝斯沃特路附近的圣约翰教堂的地下室创办《学生》杂志。1968年1月，《学生》杂志第1期出版。1年后，理查德·布兰森的净资产达到5万英镑。小试牛刀后，理查德·布兰森建立了经商信心。此时的他刚好已经成年，于是决定正式创业。

在经营杂志的时候，理查德·布兰森为该杂志采访了不少20世纪60年代末的知名人物，其中包括甲壳乐队的成员约翰·列侬等名人。

当布兰森发现唱片的利润空间远远高于杂志利润时，就毫不犹豫地要做唱片生意。新的出发，需要一个新的起点，在给公司取名的时候，朋友偶然的一句话，让布兰森上心了："干脆叫'维珍（Virgin）'公司吧，这样人们一下子就记住了！"virgin是"处女"的意思，用它做公司名字，很难让人忘记。于是，"维珍"公司就这么诞生了。

布兰森非常有商业头脑。因为没有钱租门店，布兰森就极力游说一家鞋店的老板，说自己的客户和鞋店的客户是一致的，都是热爱追赶潮流的年轻人，而自己本身就是很有人格魅力的年轻人，只要老板肯给他机会，他就能像现在的"网红"一样，给鞋店带来无尽的流量。老板被他的提议打动了，就让他试一试。于是，布兰森就在鞋店的阁楼上天天超大声地播放流行唱片，并在街头和校园发放传单，这样很快就吸引到大批年轻人。鞋店和唱片店，逐渐成为年轻人聚集地。

在唱片店生意红火的时候，理查德·布兰森却摊上了牢狱之灾。因为偷税漏税，他入狱了。在狱中，他第一次意识到商道的真谛：在不违法的前提下为社会做贡献。

出狱后，布兰森变卖了资产，计划重新来过。他从出租录音棚做起，逐渐开始印发唱片、包装艺人，打造出一条全新的产业链。入狱的经历没有将他摧垮，反而让他的事业更加辉煌。但是，布兰森并不满足于做唱片公司的老板，他始终不忘自己的飞天梦。

1981年，在一次从英国飞往波多黎各的旅行中，布兰森被临时通知航班取消了。布兰森非常生气，又拿航空公司没有办法，财大气粗的他就自掏腰包，临时租了一架飞机，开放剩余的座位给其他乘客，如期完成了自己的旅行。这次经历让布兰森有了自造飞机的念头。

于是，1984年，民营洲际航空公司——维珍航空（Virgin Atlantic）成立了。这一次，理查德·布兰森的目标是成为亿万富翁。

为了达成这个目标，理查德·布兰森在进军民航业的同时，开始了多元化尝试：从唱片的发行很快延伸到图书出版、电信、铁路、酒店、传媒、食品等领域。凡是能涉足的，他都尽力尝试了。布兰森这个人很倔强，别人越是不看好他，他就越是要去做。当他踏足饮料行业的时候，饮料行业的两大巨头可口可乐、百事可乐就当他是一个笑话，而布兰森依然硬着头皮推出了维珍可乐。当他要踏足银行业的时候，劳埃德银行和北岩银行也当他是一个笑话，而布兰森却趁着次贷危机，最终收购了北岩银行。关于多元化经营，布兰森的秘诀就是：跟着大牌干就完事了，能抢多少是多少。在他的不懈努力下，维珍集团逐渐成为英国最大的私有企业，旗下公司一度超过200家。

在庞杂的产业群之中，令理查德·布兰森魂牵梦绕的始终是维珍航空。这是梦想开始的地方，也将是梦想开花结果的地方。

航空业门槛非常高，不仅需要雄厚的资本，还要过硬的研发实力。曾经，航空业被政府垄断。维珍航空公司只是一家名不见经传的民营公司，照理说，在弱小的时候，埋头苦干，悄悄壮大就好了。但是，布兰森的性格不允许维珍航空这么低调。他选择直接挑战英国的航空老大——英国航空（British Airways）。

布兰森的确是一位擅长惹火竞争对手的人。1990年，第一次海湾战争爆发后，恐怖主义者扣押了一批英国人充当人质。在这关键时刻，英国航空毫无作为；而布兰森趁机动用他的私人关系，从巴格达把人质接回了英国。维珍航空从此声名鹊起，而英国航空则颜面扫地。

英国航空对布兰森恨得牙痒痒，从此下决心要把维珍航空挤出市场。英国航空借助舆论批判维珍航空；布兰森则趁机抓住把柄，与英国航空打官司。结果，维珍航空赢了官司，这下维珍航空的名气更大了。

维珍航空公司就是靠这种死磕精神后来居上的。但是，布兰森对于维珍航空公司的定位，从来不是争名夺利，而是飞上太空。为了不影响航空公司的整体业绩，布兰森甚至成立了专门的太空旅游分公司——"维珍银河"公司。在经过长达16年的研究和工程测试之后，布兰森终于开始自己的太空旅行了。

从2014年到2023年，"维珍银河"共进行了11次太空飞行。

2014年第一次飞行的时候，一名飞行员在事故中遇难，于是联邦航空当局下令禁止"维珍银河"发射，但是布兰森没有因此放弃，而是通过更加周密的研发，改进飞船，通过了联邦航空管理局的审查要求，从而有了后面的飞行尝试。[①]

当"维珍银河"扬言挑战"蓝色起源"的太空计划时，亚马

[①] 布兰森.维珍创业经：理查德·布兰森如何颠覆传统行业[M].方颖，译.北京：中信出版社.2015:234-235.

逊和"蓝色起源"创始人杰夫·贝佐斯嗤之以鼻。2023年5月,当"维珍银河"宣布6名员工将航天飞机运至13500米高空并安全降落后,杰夫·贝佐斯沉默了。而另一位"太空极客"埃隆·马斯克,则为布兰森疯狂点赞。

人类从来就对梦想家不吝赞誉。理查德·布兰森和他的维珍集团,带给人类的不只是惊喜,更是一种人类一定能够征服宇宙的信仰。

当然,对于英国政府来说,他们希望像布兰森这样的企业家越来越多,通过后者在尖端领域的非凡努力,为英国带来新的竞争力,将英国这艘巨船载向更远的地方……

> 致谢

自 2008 年专业从事财经写作以来,我在过去 16 年间阅读了大量中外企业的历史文献和企业家的传记,每次对不同企业、不同企业家按照国家、行业、时代做交叉对比研究时,总有新的收获与启发,也总有遗憾与无奈。我发现,今天国内企业所犯的错误或遭受的挫折,在数十年甚至几百年前,全球的商界巨头就已经经历,并总结出了系统而实用的"教科书",可我们偏偏对前人用数万亿美元写下的教训熟视无睹。更遗憾的是,我发现国内还没有一套丛书系统梳理过全球商业史,对纷繁复杂、割裂模糊的全球商业变迁做过完整描述,甚至连讲述商业史的著作都很少。因此,我经常会冒出一个念头:立足当下,在中文世界,为全球商业史留下一些可供参考和研究的文字。

2011 年,我所创办的润商文化秉承"以史明道,以道润商"的使命,汇聚了一大批专家学者、财经作家、媒体精英,为标杆企业立传塑魂。我们为华润、招商局、美的、阿里巴巴、用友、卓尔、光威等数十家著名企业提供企业传记、企业家传记的创作与出版定制服务,还策划出版了全球商业史系列、世界财富家族系列、中国著名企业家传记系列等 100 多部具有影响力的图书作品，堪称最了解中国本土企业实践、理论体系和精神文化的传记创作机构之一。

2015 年，出于拓宽企业家国际化视野、丰富中国商业文明的专业精神和时代使命，在中华工商联合出版社的策划与鼓励之下，我带着几位商业史研究者与创作者开启了"全球商业史"系列图书的创作历程。我们查阅、搜寻、核实各个国家的历史、商业史、经济史、企业史、企业家传记等资料，每天埋头于全球商业史的浩繁史料中。2017 年夏天，"全球商业史"系列图书（四卷本）顺利出版，包括《财富浪潮：美国商业 200 年》《商权天下：日本商业 500 年》《铁血重生：德国商业 200 年》《霸道优雅：法国商业 200 年》，面世以后深受读者欢迎。5 年之后的 2022 年底，蓝狮子建议我重新策划、精准定位，启动"世界是部商业史"系列图书的修订、改写、完善工作，在美国、日本、德国、法国商业史的基础上增加英国、韩国等国家的商业史。我希望日后能将"世界是部商业史"系列图书不断丰富完善，将更多国家在商业领域的有益探索和成功经验奉献给读者。

感谢中华工商联合出版社的李红霞老师最早对这套丛书的慧眼识珠，你一如既往的鼓励和支持令我十分感动。感谢蓝狮子文化创意股份有限公司的陶英琪、李姗姗、杨子琪、应卓秀诸位老师，你们的严谨认真令我铭记于心、受益匪浅。感谢王晶、王健平、邢晓凤、邓玉蕊、李倩等诸位创作者，你们的才华和热情为作品锦上添花。感谢孙秋月、马越茹、刘霜、周远等老师的支持和参与，你们为作品的精彩呈现付出颇多。

为创作"世界是部商业史"系列图书，我们查阅了大量图书、杂志、报纸，以及网络文章，引用近百部企业传记、人物传记等史实资料，感谢所有图书著作和精彩报道的写作者。

整个写作过程堪称一场不知天高地厚的冒险，甚至有些勉为其难，错漏之处难以避免。但我们相信，在认真、严谨、客观的努力创作中，每本书都有精彩、闪光、值得回味的故事和道理，无论是写作还是阅读，面对浩瀚商史、全球巨擘，谦虚者总是收获更多。

一直以来，润商文化都致力于为有思想的企业提升价值，为有价值的企业传播思想。作为商业观察者、记录者、传播者，我们将聚焦更多标杆企业、行业龙头、区域领导品牌、高成长型创新公司等有价值的企业，为企业家立言，为企业立命，为中国商业立标杆。我们将不断完善"世界是部商业史"系列图书，重塑企业家精神，传播企业品牌价值，推动中国商业进步。

人们常说，选择比努力更重要，而选择的正确与否取决于认知。决定人生命运的关键选择就那么几次，大多数人不具备做出关键选择的能力，之后又要花很多代价为当初的错误选择买单。对于创业者、管理者来说，阅读全球商业史是形成方法论、构建学习力、完成认知跃迁的最佳捷径之一，越早阅读越好。希望"世界是部商业史"系列图书能够为更多企业家、创业者、管理者提供前行的智慧和力量，为读者在喧嚣浮华的时代打开一扇希望之窗。

陈润